라이벌 세계사

라이벌 세계사

발행일 초판1쇄 2006년 10월 25일   초판11쇄 2020년 7월 1일
지은이 강응천
펴낸곳 (주)그린비출판사 | **펴낸이** 유재건 | **주소** 서울시 마포구 와우산로 180, 4층
주간 임유진 | **편집** 방원경, 신효섭, 홍민기 | **마케팅** 유하나
디자인 권희원 | **경영관리** 유수진 | **물류유통** 유재영, 이다윗
전화 02-702-2717 | **팩스** 02-703-0272 | **이메일** editor@greenbee.co.kr | **신고번호** 제2017-000094호

ISBN 978-89-7682-966-5 03900

철학과 예술이 있는 삶 **그린비출판사**

인류의 진로를 결정한
역사의 맞수들

라이벌 세계사

강응천 지음

그린비

머리말

싸우면서 키 큰다고 한다. 개인의 성장 과정에만 국한되는 이야기가 아니다. 역사를 돌이켜 보면 인류 사회 역시 수많은 싸움을 겪으면서 성장해온 것을 알 수 있기 때문이다. 그 싸움은 한 사회 내부의 주도권을 놓고 벌어지는 것이기도 했고, 국가와 국가 사이에 벌어지는 것이기도 했다. 서로 자기가 옳다고 실랑이를 벌이다가 끝내는 무기를 들고 살상을 벌이는 전쟁으로 치닫곤 했다. 이처럼 싸움이 커지는 과정에서 사람과 사람, 집단과 집단, 사상과 사상이 가지가지 맞수 관계로 얽혀 들어갔다.

인류 사회가 공존과 화합 속에서 조화로운 발전을 꾀하지 못한 채, 툭하면 싸우고 상대방을 넘어뜨리면서 커온 것은 유쾌한 일이 아니다. 또 모든 싸움이 인류의 키를 자라게 한 것도 아니다. 때로는 지저분한 권모술수와 지나친 힘자랑으로 희망의 싹을 잘라 버린 세력도 있었고, 서로가 멈출 줄 모르는 승부욕을 과시하다가 함께 몰락해버린 맞수들도 있었다. 그러나 역사가 나아가는 길목에서 제대로 만난 맞수들끼리의 '진검승부'를 지켜보면 감동적인 인간 승리를 맛볼 수도 있고 인류 사회가 나아가야 할 길을 발견할 수도 있다.

멋진 맞수 관계이든 추한 맞수 관계이든 역사 속에서 벌어진 경쟁과 대립은 모두 오늘날을 살아가는 우리에게 교훈으로 다가온다. 왜냐하면 우리들 자신이 아직도 인간 집단 사이의 맞수 관계가 역사의 진로를 결정하는 시대에 살고 있기 때문이다. 게다가 현대 세

2006년 10월 강응천

계의 경쟁과 대립은 이전의 어느 시대보다도 더 파괴적이고 증오에 가득 차 있다. 개인의 성장 과정에서는 대체로 청소년기를 지나면 싸움을 자제할 줄 아는데, 현대 사회가 아직도 무기를 들고 서로 죽이는 짓을 계속하는 걸 보면 인류는 아마 사춘기조차 벗어나지 못한 모양이다.

현대의 맞수 관계는 파괴적이면서 전면적이다. 과거에 인류 사회가 지역별로 나뉘어 성장할 때에는 각 지역의 골목대장 자리나 지도적 이념을 놓고 경쟁이 벌어졌다. 그러나 지금은 한 지역의 분쟁이나 쟁점이 떠오르면 곧 바로 그것을 둘러싸고 전세계가 둘로 나뉜다. 9·11 테러는 미국과 아랍만이 아니라 모든 인류를 맞수 관계로 몰아넣었다. 2006 독일 월드컵 결승전에서 나온 지단의 박치기가 상대방의 인종 차별 발언 때문일까 봐 온 세상이 긴장했던 것을 우리는 기억한다.

이 책은 지금까지 인류 역사를 끌고 온 맞수 관계들을 훑어본 뒤 현대 인류를 갈라놓고 있는 몇 가지 전지구적 쟁점을 살펴볼 것이다. 그러다 보면 인류 사회에서 대립과 갈등은 영원히 일어날 수밖에 없다는 인상을 독자에게 줄 수도 있겠다. 그러나 이 책이 정말로 다루는 것은 사춘기도 채 벗어나지 못한 인류의 치기와 성장에 관한 기록이다. 어느 때보다 대규모로 벌어지고 있는 현대의 맞수 관계들은 인류가 다 함께 겪는 성장통이며, 과거의 경험은 이 성장통을 이겨내는 데 좋은 교훈이 될 것이라고 믿는다.

차례

2부 라이벌 중세사

3부 라이벌 근대사

4부 라이벌 현대사

남성 VS 여성 프롤로그

글로 된 기록이 남아 있는 역사 시대 이전을 흔히 선사 시대라고 부른다. 이 시대는 인류가 문명 생활을 시작할 때까지 수백만 년 동안 진행되었다. 인류 역사의 99% 이상을 차지하는 그 시대에 인류는 소규모 집단을 이루고 이동 생활을 했다. 그들의 작은 공동체에서 사람들은 함께 일하고 똑같이 나누었다. 인류와 자연의 대결은 있었을망정 인류 내부의 의미 있는 맞수 관계는 성립하기 어려웠을 것이다. 현생 인류라는 호모사피엔스사피엔스와 '네안데르탈인'으로 불리는 호모사피엔스 사이에 유일한 인간의 종(種)으로 살아남기 위한 경쟁이 있었다는 학설도 있다. 그러나 이 경쟁의 실체에 관해서 우리는 아직 인류학자와 고고학자의 연구를 더 기다리는 게 좋을 것이다.

우리가 확인할 수 있는 인류 내부의 맞수 관계 가운데 가장 오래된 것은 남성과 여성이다. 맙소사! 인류를 구성하는 기본적인 짝, 사랑이라는 고귀한 가치를 공유하는 사이인 남성과 여성이 적이라니!

누구나 고개를 저으면서도 인정할 수밖에 없는 이 맞수 관계가 언제부터 시작되었는지는 알 수 없다. 역사 시대 전체에 걸쳐 남성이 여성을 억압하고 여성은 여기에서 벗어나려고 하는 관계가 지속되었다는 것은 분명하다. 그리고 이들의 불평등한 맞수 관계는 아직도 해소되지 않았다. 인간은 누구나 남성이거나 여성이기 때문에 이 맞수 관계는 인류 사회의 가장 근본적인 갈등 구조를 이루며 아직도 해결을 기다리고 있다.

이 세상 절반끼리의 애증 백만 년

남성 V

고대 아테네의 비극 시인 에우리피데스가 지은 희곡 『메데이아』에는 다음과 같은 대사가 나온다. "남자들은 말하죠. 여자들이야 편안하게 집이나 지키고 있으면 되지만, 우리 남자들은 창을 들고 싸움터에 나가야만 하지 않느냐고. 말도 안 되는 바보 같은 소리! 한 번 출산의 위험을 겪느니 차라리 세 번이라도 전쟁터에서 방패를 들고 서 있겠어요." 이 글에서 볼 수 있듯이 남녀 평등의 문제는 오랜 옛날부터 제기되어 왔다. 하지만 이를 해결하려는 노력, 이른바 '여성해방운동' 은 근대에 들어와서야 본

S 여성

격적으로 시작되었다. 각각 인류의 절반을 이루고 있는 남성과 여성은 개인적인 삶을 위해서나 인류라는 종(種)의 생존과 번식을 위해서나 서로를 절실히 필요로 하는 동반자이다. 그런데 어쩌다가 여성이 남성으로부터의 '해방'을 부르짖어야 할 만큼 불평등한 관계를 맺게 되었을까? 첨단 문명을 자랑하는 현대에 이르러서도 여전히 동지이면서 적인 남과 여. 이 숙명적인 맞수 관계의 역사는 그 해결을 위해 어떤 교훈을 남기고 있을까?

1, 2 15세기에 프란체스카가 그린 이탈리아 몬테펠트로 가(家)의 공작과 공작부인.

선사 시대—남성과 여성이 함께 사회를 운영하다

돌이켜 보면 '역사'가 시작된 이래 남성과 여성은 줄곧 불평등한 관계를 맺어왔고, 여성은 그런 관계를 날카롭게 의식해왔다. 그러나 이런 관계를 바로잡아야 하고 바로잡을 수 있다는 의식이 생겨난 것은 그리 오래된 일이 아니다. 수천 년 동안 인류는 남녀 사이에 존재하는 불평등을 자연의 섭리이거나 최소한 어쩔 수 없는 것으로 받아들여 왔다.

그런 고정 관념에 금이 가기 시작한 것은 19세기 후반, 그러니까 지금으로부터 불과 백수십 년 전의 일이었다. 영국, 프랑스 등 자본주의 선진국을 중심으로 여성 노동자가 늘어나고 전통적인 가족 체제가 해체되면서, 여성이 남성과 동등하게 일하고 대접받을 권리를 주장하기 시작했다. 그리고 이러한 주장에 일부 남성이 합세했다.

그런데 이런 주장을 밀고 나가는 데는 한 가지 근본적인 문제가 있었다. 만약 남녀가 '역사' 이래로 평등한 적이 없었다면, 인간 사회에서 남녀 간의 차별은 불가피한 것은 아닌가 하는 체념이 생길 수 있었기 때문이다. 이 문제에 대해 돌파구를 마련한 것이 19세기 유럽을 풍미한 '먼 옛날 돌아보기' 바람이었다. 그 당시 낡은 사회를 확 바꾸어버리겠다고 마음먹은 사람들은 대안을 마련하기 위해 역사 이전, 즉 '선사 시대'를 돌아보려고 했다. 그 결과 이들은 수만 년 전에는 신분, 계급 등에 따른 차별이 없었다는 심증을 굳히고 이것을 증명하기 위해 노력했다.

3 1911년 오스트리아 빈에서 열린 여성권리 집회의
모습. 여성들이 들고 있는 피켓에는 "평등한 의무,
평등한 권리"라고 쓰여 있다.

이 과정에서 1861년 바흐오펜이라는 스위스의 인류학자가 『모권론』이라는 책을 펴내면서 여성운동은 커다란 전기를 맞았다. 이 책에 따르면 인류 사회는 원시 군혼 시대에서 모권제 시대로 변하고, 다시 부권제 시대로 발전했다.* 이 가운데 군혼 시대와 모권제 시대에는 어머니가 한 집안이나 한 씨족의 중심이 되어 권위와 권력을 가졌고, 나아가 전체 사회에서도 여성이 우월한 지위를 가졌다고 한다. 여성이 단지 차별을 받지 않았을 뿐 아니라 남성을 지배했다는 이 학설은 그 당시 선풍적인 관심을 끌었다.

그러나 연구가 진행됨에 따라 과연 모권제 사회가 실제로 존재했는가에 의심을 품는 사람들이 늘어났다. 문화인류학자들은 현대에도 원시 생활을 유지하고 있는 오지의 여러 부족을 조사했다. 그리고 진정한 모권제 사회는 없었다는 의견을 내놓았다. 그들의 연구에 따르면, 모권제 사회처럼 보이는 곳에서도 재산이나 지위, 신분의 상속이 여성을 통해 이루어질 뿐 여성이 권력을 쥐고 있는 것은 아니라고 한다. 또 그 사회의 가족을 들여다보아도 여성이 가부장제의 남성처럼 식구들을 좌지우지하는 것도 아니라는 것이다.

'모권론'은 용어 선택부터 적절하지 않았는지 모른다. 왜냐하면 '권력'이라는 것은 벌써 차별이 존재하는 것을 전제하는 말인데, 오랜 옛날의 인류는 남성이든 여성이든 평등한 공동체 생활을 했기 때문이다. 그들은 각자 능력과 소질에 따라 일했고, 남녀의 생리적 특징에 따른 자연적 분업은 당연한 일로 여겼다. 생산물은 필요한 만큼만 나누어 가

4 기원전 1000년경 이집트에서 작성된 유언장. 이 유언장을 쓴 사람은 여성인데, 그녀가 자신의 재산을 관리했음을 알 수 있다. 이집트 여성들은 많은 권리와 특권을 누린 것으로 알려져 있다.

---

* 원시 군혼 시대는 여러 명의 남성과 여러 명의 여성이 동시에 부부 관계를 맺었던 시대를 말하고, 모권제 시대는 여러 자식의 공통 조상인 어머니가 사회의 중심이 되던 시대를 말한다. '모계제'는 재산과 토지가 여성에 속하고 혈통이 어머니의 계통을 따르는 제도로, 여성이 그 사회에서 정치적 권력을 가지고 있는 '모권제'와는 구별된다. 한편, 아버지가 사회의 중심인 시대는 부권제 시대라 한다.

졌으니 경제적 지위의 차이도 없었다. 따라서 사람 사이에 귀천이 있을 리도 만무했다.
만약 그 시대에 여성이 다소 특별한 대접을 받았다면, 그것은 다음과 같은 이유에서였을
것이다. 대자연 앞에서 약자였던 그 당시 인류에게는 자식을 한 명이라도 더 낳아 일손
을 보태는 것이 절실했다. 따라서 2세를 출산하고 양육하는 여성의 존재를 무척 귀하게
여겼을 것이다. 세계 각지의 선사 시대 유적지에서 '비너스' 라고 불리는 여인상이 발견
된다. 이 여인상은 유난히 배가 큰 것으로 보아 그 시대 사람들이 아이를 잘 낳는 여성을
숭배했고, 또 여인의 다산(多産)을 간절히 기원했다는 것을 짐작하게 해준다.

역사 시대—남성이 여성을 배제하고 사회를 꾸려가다

상대적으로 평등했던 남녀 관계가 깨지고 남성 중심의 사회가 나타난 것이 언제부터인
지는 기록이 남아 있지 않아서 알 수 없다. 짐작건대 그것은 매우 오랜 세월에 걸쳐 아무
도 의식하지 못하는 가운데 서서히 이루어졌을 것이다. 이 과정을 일컬어 독일의 사상가
엥겔스는 '여성의 세계사적 패배' 라고 불렀다.
농업이 발달하면서 모든 사람의 생존에 필요한 식량 외에 남아도는 생산물이 생겨났다.
남는 생산물은 모든 사람에게 공평하게 분배된 것이 아니라 지도적 위치에 있던 가족에
게 집중되었다. 그런데 그 가족의 주도권은 생산 노동에 더 많이 기여한 남성에게 있었

5 오스트리아 빌렌도르프에서 출토된 구석기 시대
유물인 이 석상은 '빌렌도르프의 비너스상' 이라 불
린다. 다른 선사 시대 여성상과 마찬가지로 가슴과
배가 풍만하게 강조되어 있다.

고, 가족의 재산은 그 남성의 소유로 인정되었다.

이처럼 남보다 많은 재산을 차지하게 된 사람은 권력도 갖게 되어 다른 사람들을 지배하기 시작했다. 그리고 재산과 권력에 대한 도전을 막기 위해서, 나아가 다른 부족과의 전쟁에서 이기기 위해서 군사력이 필요했다. 무력을 사용하는 데 적합한 사람이 남성인 것은 더 말할 나위도 없다.

요컨대 사람이 사람 위에 군림하고 사람과 사람이 싸우는 살벌한 세상이 되면서, 그 과정을 주도한 남성의 지위가 여성을 압도하기 시작한 것이다. 이런 차별과 투쟁의 시대에는 여성도 남성의 '힘'에 의존하는 것이 생존하는 데 유리하였다. 그 대표적인 사례가 고대 그리스의 스파르타였다. 아테네와 힘겨운 생존 다툼을 벌여가던 이 도시 국가에서 여성은 힘세고 똑똑한 아들을 낳아 국가를 위해 싸우도록 하는 것이 최대의 영광이었다. 오죽하면 그 당시 이 나라의 여성들은 갓 태어난 자식을 벼랑에 굴려 온전히 살아남은 아이만 키웠다는 이야기까지 생겨났을까?

이제 남성은 여성을 가족이라는 사적인 영역 속에 가두어 두고 자신들끼리 사회를 운영해 나갔다. 민주주의를 시행했다는 고대 아테네에서도 참정권을 가진 것은 남성 시민뿐이었다. 여성은 아무리 지위 높은 시민의 가족이라 해도 천한 노예와 똑같이 선거권과 피선거권이 없었다. 그들은 공적인 영역에서 투쟁하고 고생하는 남편을 위해 밥을 지어

6 샘터에서 물을 긷고 있는 그리스 여인들. 그리스의 아테네는 민주주의를 꽃피운 도시국가로 알려져 있으나 여성들에게는 그 '민주주의'의 빛이 미치지 않았다. 에우리피데스가 쓴 『메데이아』에는 다음과 같은 아테네 여인의 탄식이 나온다. "슬프도다! 영혼과 생명을 지닌 자들 중 우리 여성들이야말로 가장 비참한 존재일 것이다. 우리들은 지참금으로 남성을 사야만 한다. 그리고 더욱 참을 수 없는 것은 바로 그때부터 우리들의 몸은 남편의 소유가 된다는 것이다."

7

바치고 쾌락을 제공하고 2세를 낳아주었다. 남성의 '사유물'로 전락했던 것이다.

고대 사회든 중세 사회든 이후의 역사는 이 같은 남성 중심의 원리 위에서 움직였다. 세계사를 움직인 중요한 인물은 대부분 남성이었으며, 역사 기록 자체도 남성이 남성의 시각에서 남겼다.

간혹 신라의 선덕여왕, 중국 당나라의 측천무후, 이집트의 클레오파트라, 영국의 엘리자베스 1세 등 권력의 정점에 올랐던 여성들이 있기는 했다. 그러나 그들이 신분·계급 투쟁과 전쟁으로 뒤범벅된 '남성적' 사회를 바꿔놓았다는 기록은 어디에도 없다. 오히려 그들은 남성보다 더 남성적인 투지와 냉혹함으로 자신의 권력을 다지고 남성 중심 사회를 튼튼한 주춧돌 위에 올려놓은 '남성들의 대리인'이었다.

근대 이후 — 여성이 남성에게 사회의 공동 운영권을 요구하다

신분 사회를 폐지하고 모두가 평등한 권리와 의무를 갖는 사회를 이룩하려는 노력은 서유럽에서 가장 먼저 시작되었다. 이 일에 앞장을 선 사람들은 루소, 로크 등의 계몽주의자들이었다. 그들은 오직 이성적으로 옳다고 판단된 권위나 권력만을 인정함으로써 모든 사람이 이성 앞에 평등한 사회를 건설하자고 부르짖었다.

계몽주의자의 대부분은 남자였지만, 그들의 사상대로라면 남녀 간의 불평등이 해소되는

---

7 측천무후는 13세에 당태종의 후궁으로 궁궐에 들어온 후 태종이 죽자 신임황제인 고종의 왕후가 되었다. 병약했던 고종 대신 실질적 통치자 역할을 했던 그녀는 고종이 죽자 중국 역사상 최초의 여황제가 되었다.

8 프랑스혁명 당시 여성들의 정치 모임. 파리에는 혁명에 공감하는 여성들이 많았다. 이 여성들은 모여서 함께 신문을 읽고 혁명운동 자금으로 돈을 기부하기도 하는 등 혁명운동의 지원자가 되었다.

9

것도 기대해볼 만했다. 그러나 정작 계몽주의자들은 이 점에 대해 유보적이었다. 그들은 여성을 아동과 비슷하게 '계몽'을 필요로 하는 존재로 취급했다. 그리하여 "여성은 이성적으로 미개한 상태이므로 우월한 이성을 가진 남성, 특히 아버지와 남편들이 교화시켜야 한다"고 주장했다.

계몽주의의 영향을 받아 일어난 프랑스혁명에서 적지 않은 여성이 남성과 함께 새로운 사회를 만들기 위해 싸웠다. 그러나 그들에게는 거의 아무런 보상도 이루어지지 않았다. 바로 이때 여성의 정치적 권리를 주장하다가 투옥되어 단두대의 이슬로 사라진 올랭프 드 구즈는 다음과 같은 유언을 남겼다.

"여성이 단두대에 오를 권리가 있다면 의정 단상에도 오를 권리가 있다!'

이 유언은 여성 자신에 의한 여성해방운동의 물결을 비장하게 예고하고 있었다. 그 뜻을 받들어 여성 스스로 남성 중심 사회에 도전장을 던지고 권리를 쟁취하려는 운동이 본격적으로 시작되었다. 이 운동에 불길을 당긴 사람은 영국의 메리 울스턴크래프트였다. 그녀는 여성이 복종해야 할 대상은 남성이 아니라 이성(理性)이라면서, 남성에게 합리적인 친구 관계를 제의했다. 그리고 여성에게 남성과 동등한 교육과 직업의 기회를 달라고 외쳤다. 그녀의 주장은 보수적인 남성들에게 큰 충격이었다. 하원 의원이었던 호러스 월폴은 그녀를 가리켜 "페티코트(스커트 밑에 받쳐입는 속치마로, 여기서는 여성을 비하하는 의

9 울스턴크래프트는 프랑스혁명 직후 인권에 대한 관심이 증폭된 시기에 파리로 가서 당대 지식인들과 교류하며 자신의 생각을 넓혀갔다. 그녀는 프랑스 인권선언에 여성의 권리에 대한 부분이 빠진 것을 상기하고 직접 『여성 권리옹호』라는 책을 저술했다.

미로 사용되었다)를 입은 하이에나"라는 저주를 퍼붓기까지 했다.

울스턴크래프트의 뜻을 이어받아 행동에 나선 여권 운동의 선봉장들을 우리는 1848년 뉴욕에서 만날 수 있다. 그 당시 이곳에서는 엘리자베스 스탠턴, 루크리셔 모트 등 내로라하는 여성운동가 200여 명과 그들에 동조하는 남성 40여 명이 모여 사상 최초의 여성 권리 대회를 열었다. 그들이 이 대회를 개최한 이유를 보면, 왜 여성해방이 여성 자신의 손으로 이루어져야 하는지를 잘 알 수 있다. 그들은 본래 노예제에 반대하는 인권운동가였지만, 1840년 런던에서 열린 '세계 노예제 반대 회의'에 단지 여성이라는 이유로 참가를 거부당했던 것이다.

그 뒤 분노한 여성들의 투쟁은 두 가지 축으로 전개되면서 서서히 뜨거워졌다. 여성 노동자의 임금 인상과 근로 조건 개선을 요구하는 경제 투쟁이 하나의 축이고, 참정권을 요구하는 정치 투쟁이 또 하나의 축이었다.

19세기 말에서 20세기 초까지 노동운동의 최대 이슈였던 '하루 8시간 노동제' 쟁취 투쟁에는 여성 노동자도 열렬히 동참했다. 1893년 뉴질랜드를 시작으로 하여 여성의 선거권도 점차 인정받기 시작했다. 그후 1940년대에 이르면 상당수의 나라에서 여성이 남성과 법적으로 동등한 선거권을 행사하게 된다.

여성운동이 시작된 지 2세기가 지났고 세계 각국에서 여성의 지위 향상을 위한 법률적

10 스탠턴과 함께 조직적인 여권운동의 기초를 닦은 미국의 개혁운동가 루크리셔 모트. 그녀는 여성의 권리뿐만 아니라 노예해방운동도 펼쳤는데 그녀의 집은 도망쳐온 노예들의 성역이었다고 한다. 또한 남북전쟁 이후에는 해방 노예들의 투표권 쟁취를 위해서도 애썼다.

정비는 많은 진전이 있었다. 그러나 법적으로 남녀 평등을 보장할수록 남녀 간의 불평등한 현실은 더욱 크고 분명하게 보이는 법이다. 생리, 출산, 육아 등을 포함하여 여성이 실질적인 사회의 주역으로 활동하기 위한 경제적·사회적 조건을 확보하는 일은 이제 막 시작되었다. 그리고 이 과제가 완수되었을 때 인류 사회의 힘과 부(富)가 이전보다 두 배로 커지리라는 것은 두말할 나위도 없다.

글을 맺으며 ― 화이트데이와 세계 여성의 날

3월 14일은 '화이트데이'라는 신종 기념일이다. 한 달 앞선 '밸런타인데이'(2월 14일)가 여성이 남성에게 초콜릿을 선물하며 사랑을 고백하는 날이라면, 이날은 거기에 대응하여 남성이 여성에게 사랑을 고백하는 기념일로 '발명'되었다. 이날 우리나라 곳곳의 과자점과 백화점 등은 부인과 애인에게 줄 선물을 사려는 남성들로 하루 종일 북적거린다. 그러나 이보다 며칠 앞선 3월 8일이 어떤 날인지 알고 있는 한국 남성은 그다지 많지 않을 것이다. 중국 남성은 이날만은 하루 일을 쉬면서 여성에게 사랑을 표시하고 봉사하며, 러시아 남성은 사랑하는 여성에게 선물을 하기 위해 백화점에서 장사진을 친다.

3월 8일, 이날은 1908년 미국 여성 노동자들이 벌인 역사적 시위를 기념하는 '세계 여성의 날'이다. 당시 1만 5,000여 미국 여성 노동자들은 '정치적 평등권 쟁취', '노동조합

11 1913년 프랑스의 여성참정권 운동가 샬로트 드파르가 군중에게 연설하고 있는 모습.

결성', '임금 인상' 등을 요구하며 대대적인 시위를 벌였다. 1910년 독일의 여성 사회주의자 클라라 제트킨이 이날을 여성의 날로 제안한 이래, 남녀의 진정한 동지적 관계를 바라는 세계인들이 이를 기념해오고 있다.

'화이트데이'에 여성에게 선물을 하는 남성은 사랑스러운 그녀에게 진실한 애정을 고백하면 된다. 그러나 '여성의 날'에 남성은 그러한 애정을 넘어 그녀에게 동지애와 존경심, 그리고 그녀의 어깨를 짓누르고 있는 일만 년 '남녀 불평등의 역사'에 대한 반성을 표시하지 않으면 안 될 것이다.

12 2003년 3월 8일 런던에서 열린 '세계 여성의 날' 행사 모습.

라이벌

선사 시대의 인류는 자연의 아들딸이었다. 자연에서 태어나 자연 속을 떠돌다 자연에서 죽었고, 자연이 제공하는 집에서 자며, 자연이 제공하는 식량을 사냥하거나 채집해서 먹었다.

기원전 8천 년경 마지막 빙하기가 끝나자 물이 많아지고 기후가 따뜻해지면서 인류는 새로운 삶을 시작했다. 인위적으로 식량을 대량 생산하는 농경과 목축이 시작되었고, 인위적으로 지은 집과 마을에서 정착 생활이 시작되었다.

그리고 3천 년쯤 흐르자 지구상 곳곳에는 우리가 고대 문명이라고 부르는 삶의 모습들이 나타났다. 먹고 남은 식량과 쓰고 남은 도구들을 교환하는 상업이 발달하고, 문자를 사용하고, 학문과 기술을 연마하고, 도시와 국가를 이루어 살고, 계급과 국가 간에 전쟁을 벌이고…… 이집트, 이라크, 인도, 중국의 네 곳이 이러한 고대 문명의 대표적인 발상지였다.

이 가운데 이집트와 이라크의 고대 문명은 그리스, 로마 등으로 퍼져 나가 서양 문명의 원류를 이루었고, 중국의 고대 문명은 한국, 베트남 등에 영향을 주어 동양 문명의 뿌리가 되었다. 인도는 동서의 한가운데 자리를 잡고 문명 교류의 교차로이자 진원지 역할을 했다.

기원전 2세기를 전후하여 로마 제국과 중국의 한나라로 결집된 동서의 고대 문명은 중앙아시아의 실크로드를 매개로 삼아 꾸준히 교류를 넓혀갔다. 그러나 힘

고대사

준한 산맥과 사막이 가로놓인 중앙아시아의 장벽은 매우 높아서, 동서는 직접
상대를 마주하기보다는 각자의 자리에서 특색 있는 문명을 일구어 나갔다.
중국은 유학 사상을 밑바탕으로 한 중화 문명을 꽃피웠고, 그리스와 로마는 헬
레니즘을 밑바탕으로 한 고전 문명을 꽃피웠다. 이들은 주변의 여러 나라를 야
만족으로 부르면서 자기중심적인 세계관을 구축했지만, 그 '야만족'이란 사실
이란, 흉노, 고조선 등 개성이 강한 독자 문화의 소유자들로서 로마와 중국의 멋
진 맞수들이었다.
고대는 선사 시대의 직접적인 계승자였지만, 훗날의 어느 시대보다도 선사 시대
와 다른 모습을 하고 있었다. 언제 사람들이 평등하게 일하고 평등하게 나누었
나 싶을 만큼, 고대는 사람들 사이의 불평등이 극에 다다른 모습을 보여준다. 잉
여 생산에 힘입어 부와 권력을 한 손에 넣은 지배자들이 수많은 사람을 동원하
여 우리가 보기에도 눈부신 문명의 장관들을 연출해냈다.
고대 문명은 지역에 따라 다른 빛깔로 반짝였지만, 그 모든 고대 문명을 움직인
하나의 동력원이 있다면 그것은 바로 지배자와 피지배자라는 계급의 분화일 것
이다. 소수의 자유민과 다수의 예속민이라는 고대의 근본적인 맞수 관계는 고대
문명의 엔진인 동시에 고대 사회를 일거에 무너뜨릴 수 있는 시한폭탄으로서 쉼
없이 돌아가고 있었다.

고대 동서 문명의 맞수

한나라 V

중국의 고대 문명은 황하 유역에서 시작되어 그곳에서 발전했다. 하·은·주라는 고대 왕조, 주나라가 무너진 뒤 여러 나라가 경쟁하며 500여 년간 이어진 춘추전국 시대, 다시 중국을 통일한 진·한 제국은 모두 황하와 장강 사이의 중원을 무대로 펼쳐졌다. 기원전 202년 진나라에 이어 중국을 통일한 한나라는 유학을 기본 이념으로 삼고 흉노와 고조선 등 주변 여러 나라를 평정하여 중화 제국의 기초를 닦았다. 중국과 달리 서양의 고대 문명은 이집트와 이라크에서 가장 먼저 일어난 뒤 중심지를 여러 차례 옮겨다녔다. 유럽 사람들이 동쪽이라는 뜻에서 '오리엔트'라고 부른 두 곳

1 만리장성. 중국의 역대 왕조가 변경을 지키기 위해 축조한 성벽이다.

S 로마 제국

의 고대 문명은 기원전 550년에 등장한 이란 제국(페르시아 제국)에 의해 일단 통일되었다. 그러나 이란 제국은 여러 도시 국가로 나뉘었던 그리스를 정복하려다가 도리어 패배하고 주도권을 그리스에 내주었다. 그리스의 바통을 이어받은 로마는 기원전 146년 북아프리카의 강대국인 카르타고와의 전쟁에서 승리한 뒤 지중해 세계의 패자가 되었다. 그리고 남유럽, 북아프리카, 서아시아에 걸친 대제국을 건설했다. 이처럼 비슷한 시기에 등장한 한나라와 로마 제국은 동서양의 고대 문명을 집대성한 고대 세계의 쌍두마차였다.

2 하드리아누스의 성벽. 브리튼 속주의 북쪽 국경을 지킬 목적으로 세워진 로마의 방어벽이다.

한나라와 로마 제국의 등장

아주 오랜 옛날 유라시아 대륙과 인도 대륙은 서로 떨어져 있었다. 본래 남반구에 있던 인도 대륙은 서서히 북쪽으로 올라와 유라시아 대륙의 가운데 아랫부분을 들이받았다. 그때의 충격으로 히말라야 산맥을 비롯하여 '세계의 지붕'이라 불리는 중앙아시아의 험준한 산악 지대가 솟아올랐다고 한다. 지금도 인도는 자꾸만 북쪽으로 움직이면서 이 산악 지대를 밀어 올리고 있기 때문에 우리가 8,848미터로 기억해온 에베레스트 산은 그보다 2미터가 더 높아졌다고 한다.

이렇게 솟아오른 산악 지대와 그 북쪽의 초원·사막 지대는 역사가 생겨난 뒤로 줄곧 인간의 발길을 거부하면서 이 대륙의 인류 문명을 동과 서로 나눠왔다. 사람들은 동쪽으로는 중국과 한반도·일본 열도 등지에서, 서쪽으로는 서아시아의 '비옥한 초승달 지대'*와 그리스·이탈리아 반도 등지에서 제각각 문명을 꽃피워왔다. 중앙아시아라는 거대한 장벽에 가로막힌 동서 문명은 서로 아주 다른 모습으로 성장할 수밖에 없었다.

그러던 어느 날, 유라시아 대륙의 양쪽에서 또 다른 거대한 산맥들이 거의 동시에 솟아올랐다. 이 산맥들은 대륙과 대륙이 충돌하면서 만들어진 대자연의 산맥이 아니라 인간과 인간이 충돌하면서 빚어낸 문명의 산맥이었다. 동쪽의 '한(漢)나라', 서쪽의 '로마 제국'이 그 산맥의 이름이었다.

3 고대 동서 문명의 교통로였던 비단길(사막길). 한나라 때 처음 열린 비단길을 통한 무역이 가장 활발했던 시기는 당나라 때이다.

*비옥한 초승달 지대 : 인류 4대 문명 중 하나인 메소포타미아 문명의 발상지로 티그리스 강과 유프라테스 강 사이의 비옥한 삼각형 모양의 지대를 말한다.

이 두 제국은 그때까지 동과 서에서 발달해온 문명의 성과들을 경쟁적으로 흡수 통합하여 거대한 금자탑을 쌓았다. 21세기 인류 사회의 두 거인으로 우뚝 서고 있는 중국과 미국 가운데 중국이 한나라의 직계라는 것은 두말할 나위도 없다. 미국도 그 문화의 특질은 명백히 로마의 정통을 잇고 있다.

앞에서 '경쟁적으로'라는 말을 썼지만, 이것은 한나라와 로마 제국이 지금의 중국과 미국처럼 서로를 의식하고 경쟁했다는 뜻이 아니다. 중앙아시아가 도도하게 가로막고 있는 상황에서 그들은 상대방이 있다는 것조차 처음에는 잘 몰랐다. 하물며 서로 무기를 들고 어떤 지역이나 이권을 놓고 싸움을 벌이는 일은 더더군다나 없었다. 그런데도 세계 역사의 라이벌들을 다루는 책의 앞부분에 두 나라를 올리는 것은, 그들의 존재 자체가 오랜 시간 대립과 대칭 상태에 놓여온 동과 서의 '역사적' 맞수 관계를 상징적으로 나타내고 있기 때문이다.

그런데 동과 서의 문명을 거의 평정한 한나라와 로마 제국은 처음에는 서로를 몰랐다고 해도 점차 상대방에게 가까이 다가갔다. 그리고 마침내는 사상 처음으로 동서를 대표해서 마주 대하는 쾌거도 이룩해냈다. 비록 한때의 일화로 끝났지만 인류 사상 최초로 이루어진 두 제국의 접근과 만남을 살펴보는 것은 매우 흥미로운 구경거리가 될 것이다.

4

한나라와 로마 제국의 만남

한나라와 로마 제국이 접근을 시도한 첫 장면은 서기 1세기의 끝 무렵인 97년 지금의 이란 부근에서 목격된다. 이 역사적인 드라마의 연출자는 '오아시스의 왕자'로 불리었던 후한(後漢)의 서역 도호* 반초, 주역은 로마와의 직교역로를 뚫으라는 반초의 명령을 받아든 그의 부관 감영이었다.

그 당시 중국은 유방이 항우를 꺾고 세운 한나라가 한 번 망했다가 다시 일어난 후한 시대였고, 로마는 이른바 '5현제(賢帝)' 가운데 첫번째인 네르바 황제가 즉위하여 제국 초기의 혼란을 막 극복하기 시작한 시기였다.

반초는 한나라 역사서인 『한서』를 저술한 역사학자 반고의 동생이었다. 그는 안정되고 풍요로운 중원을 박차고 나와 파미르 고원 기슭의 타림 분지로 나아갔다. 타림 분지는 지금은 대부분 사막이지만 그때까지만 해도 50여 개 폴리스가 형성되어 있던 오아시스 지대였다. 중국의 비단을 서쪽으로 운송하는 '비단길'의 중계 기지인 이 지역은 중국의 이익에 매우 중요한 곳이었다. 그러나 당시에는 기마 민족인 흉노가 장악하고 있었다. 반초는 바로 이 흉노를 격퇴하고 '오아시스의 왕자'로 떠오른 한나라의 영웅이었다.

일단 비단길을 차지해 안정된 무역로를 확보한 반초는 여기서 그치지 않고 계속해서 서쪽으로 눈길을 주었다. 그는 중앙아시아의 척박한 지대를 지나면 서쪽에 안식국(파르티

4 오아시스의 왕자로 불리었던 반초.

---

* 서역 도호(西域都護) : 서역은 중국 한나라 때부터 중국 서쪽의 타림 분지 지역을 일컫던 말이다. 좁게는 서쪽의 투르키스탄 곧 지금의 신장 성 일대를, 넓게는 중앙아시아·서아시아·인도를 이른다. 도호는 중국에서 변경의 여러 민족의 통제를 맡아보던 벼슬을 말한다.

아)이라는 문명 국가가 있고 그 너머에는 대진국(로마)이라는 거대한 나라가 버티고 있다는 이야기를 듣고 있었다. 이 나라들이 모두 중국 비단의 주요 수입국임을 알고 있던 반초는 부관인 감영을 이들 나라에 특파했다.

감영은 지금의 이란 지방에 자리 잡고 있던 파르티아까지는 거침없이 나아갔다. 파르티아는 마케도니아의 알렉산드로스 대왕에게 멸망당한 이란 제국을 계승한 나라였다. 당시 이 나라는 유라시아 대륙 서쪽의 패권을 놓고 로마 제국과 치열한 싸움을 벌이고 있었다.

이 나라에서 융숭한 대접을 받은 감영은 지체 없이 로마를 향해 먼 길을 떠날 채비를 차렸다. 그러나 그의 앞에는 뜻밖의 장애가 기다리고 있었다. 로마로 가기 위해 바다를 건너려는 그에게 파르티아 뱃사람들이 다가와 엄청난 이야기를 들려준 것이다.

"이 바다는 너무나 넓어서 순풍이라도 3개월, 역풍일 때는 2년이나 걸리는 일도 있어 살아서 건너는 사람이 얼마 없습니다."

감영을 비롯한 중국 사절은 육지에서는 어떤 험난한 길도 돌파해온 사람들이었지만, 바다 경험은 없었다. 그런 사람들이 이 지역에서 뼈가 굵은 뱃사람들에게서 이런 말을 들었을 때 심정이 어떠했겠는가? 감영은 황제를 대신한 서역 도호 반초의 지엄한 명을 떠올리고도 더이상 로마행을 결행할 용기를 낼 수가 없어 발길을 돌리고 말았다.

5 사실 반초보다 실크로드를 먼저 개척한 인물은 장건이었다. 그는 전한 시대에 흉노 정벌을 위해 서역까지 갔다왔는데, 이 과정에서 알려진 동서교통로가 바로 실크로드였다. 그림은 한무제(오른쪽)의 명을 받고 중앙아시아를 향해 떠나는 장건(왼쪽)의 모습으로 둔황에 그려진 벽화이다.

물론 파르티아 뱃사람들의 이야기는 새빨간 거짓말이었다. 감영이 건너려고 했던 바다가 아라비아만(이란만)이었는지 지중해였는지는 확실치 않다. 그러나 어느 경우라도 당시에 이미 수많은 배들이 로마까지 오가고 있었다. 그런데 왜 이런 거짓말을 했을까? 일부 학자들은 로마와 적대 관계에 있던 파르티아가 로마와 중국이 직접 교류를 트는 것을 싫어했기 때문이라고 풀이한다. 아니, 어쩌면 로마로 가는 길을 찾지 못한 감영이 문책을 두려워하여 이 모든 이야기를 다 꾸며냈을지도 모른다. 아무튼 이로써 반초의 야심만만한 계획은 고대 세계에서 동서 교류라는 것이 얼마나 멀고 험난한가를 알려주는 일화로 끝나고 말았다.

그 뒤 후한은 내정의 혼란을 겪으면서 로마와의 직교역은커녕 중앙아시아 경영조차 포기해야 할 형편에 놓이게 되었다. 반면에 로마는 다섯 명의 현명한 황제가 잇따라 선정을 펼치면서 영토를 동쪽으로, 동쪽으로 넓혀갔다. 이 과정에서 로마 황실과 귀족들은 화려한 비단과 금은의 나라 중국에 큰 관심을 가졌고, 마침내 바닷길로 중앙아시아를 우회하여 후한의 수도 낙양에 사절들을 보냈다.

『후한서』에는 서기 166년 후한 환제 때 대진국 황제 안돈이 보낸 사신들이 사흘 동안 낙양에 머물며 연회를 비롯한 극진한 환대를 받았다고 기록되어 있다. '대진국'은 물론 로마요, '안돈'은 5현제의 마지막을 장식한 마르쿠스 아우렐리우스였다. 중국을 통일한 진

6 파르티아의 중장기병(왼쪽)과 궁수(중간)의 모습. 파르티아 제국은 동북부 쪽으로는 유목민, 서쪽으로는 로마 제국의 위협에 시달렸다. 기원전 53년에는 지금의 터키 하란에서 로마 총독 크라수스에게 대승을 거둬, 로마의 동쪽 진출을 저지하는 데 성공했다.

7

나라를 거꾸러뜨리고 한나라가 세워진 것은 기원전 202년, 로마가 카르타고(기원전 9세기 말 페니키아인이 아프리카의 북쪽 튀니지 만 입구에 건설한 도시 및 폴리스)를 무너뜨리고 지중해 세계의 패자로 나선 것은 기원전 146년의 일이었다. 그로부터 300여 년에 걸쳐 서로를 향해 의식적이든 무의식적이든 접근해갔던 두 제국은 이렇게 화기애애한 가운데 첫 대면을 했던 것이다.

그러나 그것뿐이었다. 유라시아 대륙의 동과 서가 협력과 경쟁의 새로운 역사를 열어젖힐 수도 있는 샴페인을 터뜨린 그 다음 순간, 황건적의 난이 후한을 급습하여 중국은 삼국 시대*에 접어들었다가 북방의 이민족들이 침략하여 사분오열되었다(5호16국 시대**). 로마도 북쪽에서 내려온 게르만족과의 힘겨운 싸움에 휘말리다가 476년 역사의 저편으로 사라져갔다. 동과 서는 서로를 쳐다보기는커녕 제 밥그릇 챙기기도 힘든 내부 정비의 시대로 접어들고 말았던 것이다.

한나라와 로마 제국 — 미완의 맞수

한나라와 로마 제국은 각자 가꾸어온 문명의 장단점을 서로 재보고 우열을 다투기도 전에, 그 일보 앞에서 허물어졌다. 그러나 이들은 '역사적' 맞수답게 비슷한 시기에 동과 서에서 만만치 않은 성과를 이룩해놓고 사라져갔다.

7 한나라에 사신을 보내기도 했던 로마 황제 마르쿠스 아우렐리우스는 『명상록』을 쓴 스토아학파의 철학자로도 유명하다.

* 삼국 시대 : 220~280년. 한나라 이후 위(魏)·오(吳)·촉(蜀) 삼국이 분립하였던 약 40년간을 말한다.
** 5호16국 시대 : 304~439년. 다섯 북방 이민족(5호[五胡] : 흉노, 갈, 선비, 저, 강)이 세운 13국과 한족(漢族)이 세운 3국이 대립하던 시대로, 북방 이민족이 처음으로 중원에 진출하여 나라를 세운 시기이다.

8

그들이 등장하기 이전에는 각각 춘추전국 시대와 고대 그리스가 놓여 있었다. 두 시대가 모두 주옥같은 동서양의 고전을 낳은 시대이며 동서양 문화의 흔들리지 않는 주춧돌을 놓은 시대라는 것을 부정하는 사람은 없다. 공자, 노자, 묵자 등이 각각 자신의 인격과 학식을 내걸고 경륜을 펼쳤던 춘추전국의 제자백가를 보라. 또 이오니아학파*에서 아리스토텔레스로 이어지는 그리스 사상의 계보를 보라. 공자의 사상은 현대 한국에서 "공자가 죽어야 나라가 산다"라는 극단적인 주장까지 나올 정도로 동아시아 사회의 구석구석에 큰 그림자를 드리우고 있다. 플라톤 철학은 "이후의 모든 서양 철학이 그 '각주'에 지나지 않는다"는 말까지 나올 정도로 유럽 문화에 결정적인 영향을 미쳤다.

한나라와 로마 제국은 이 같은 동서양의 문화 전통을 정치적으로 계승하고 통합해서 후세에 물려주었다는 공통점을 갖는다. 제자백가 가운데 하나였던 공자의 사상이 국가의 지도 이념으로 확립된 것은 한나라 때의 일이었다. 한나라는 공자의 사상인 유학을 중심으로 거대한 나라를 단단히 묶어세웠다. 동아시아 2천 년의 유학 전통은 바로 이 한나라에서 비롯한다. 그런가 하면 로마 제국은 그리스인이 이룩한 사상과 예술을 계승하면서 건축과 법률 등 실용적인 분야에서 수완을 발휘하여 대제국을 효율적으로 운영했다. 독일의 역사학자 슈펭글러에 따르면 로마는 '역사의 호수' 같은 존재이다. 서양에서 이전의 모든 역사는 로마 제국으로 흘러 들어가고, 이후의 모든 역사는 로마 제국에서 흘러

8 플라톤과 아리스토텔레스(라파엘로가 그린 「아테네 학당」 부분). 『대화』(Timaeus)를 옆에 끼고 이데아를 말하는 듯 손가락을 하늘로 향한 이가 플라톤이고, 『윤리학』(Eticha)을 손에 든 채 현실세계를 말하는 듯 땅을 가리키고 있는 이가 아리스토텔레스이다.

＊이오니아학파 : 기원전 6세기경, 이오니아 지방에서 활동한 철학의 한 파. 자연 현상을 신화로부터 분리하고 만물의 근원에 대해 과학적·합리적 해석을 추구했다. 대표적인 학자로는 탈레스·아낙시만드로스·아낙시메네스·헤라클레이토스 등을 들 수 있다.

9

나온다. 오늘날 유럽의 어떤 나라도 로마의 전통과 영향을 자랑스럽게 되뇌지 않는 나라는 없다. 이는 오늘날 세계 최강국으로 군림하고 있는 미국 역시 마찬가지이다.

두 제국의 그림자 위에 선 유라시아 대륙의 동과 서는 전혀 다른 모습으로 역사를 꾸려왔다. 중국과 동아시아 각국은 중간에 이합집산은 있었을망정 기본적으로는 한나라가 확립한 사회 구조를 이어받아 각자의 자리에서 오랜 세월을 살았다. 그러나 유럽 각국이 로마 제국으로부터 이어받은 것은 끊임없는 변화와 중심의 이동이었다. 한때는 이 같은 로마 제국의 유산이 제국주의로 나타나 한나라의 후예들을 식민지로 집어삼킨 적도 있었다. 하지만 그것이 '동'에 대한 '서'의 일방적인 우월을 증명해주지는 않는다. 근대 들어 서유럽이 발달하기 시작한 데는 실크로드를 통해 흘러 들어간 종이, 화약, 나침반 등 동아시아의 문물이 큰 역할을 했다. 또한 오늘날 동아시아는 세계 어느 곳보다도 역동적으로 발전하고 있는데, 그것은 단지 서양의 영향 때문만이 아니라 동양 사회에 잠재되어 있던 전통의 힘 때문이기도 하다.

21세기의 세계가 하나의 지구촌으로 무한 수렴하면서도 아직 문화적·정신적으로 동서의 단절을 극복하지 못하고 있는 지금, 한나라와 로마 제국의 '미완의 맞수 관계'는 아직도 틈틈이 돌아볼 가치가 있는 역사의 참고서가 아닐까 한다.

9 중국 고대의 사상가인 공자는 최고의 덕을 인(仁)이라고 보고 인은 '사람을 사랑하는 것'이라고 정의했다. 인의 출발점으로 삼은 것이 부모와 손윗사람을 공손하게 모시는 효도의 실천이었다. 인은 국가를 통치하는 군주가 가져야 할 첫번째 덕목이기도 했다. 이러한 그의 사상을 유교라 하며, 유교는 그후 2천여 년간 동아시아의 기본적인 사회규범이 되었다. 그림은 공자(맨 왼쪽)와 그를 따르는 제자들의 모습이다.

혁명인가 충성인가

강태공 V

기원전 1600년에 등장한 은(殷)나라는 500여 년 동안 중국 고대 문명의 중심으로 번영을 누렸다. 그러다가 기원전 1046년에 이르면 은나라의 제후국이던 주나라(周)가 종주국인 은나라를 멸망시키고 중원의 패자 자리를 차지하게 된다. 이때 주나라의 문왕(文王)을 도와 은나라를 무너뜨리는 데 결정적인 역할을 했던 사람이 강태공이었다. 강태공은 천하를 제대로 다스리지 못하는 왕은 내쫓고 새로이 왕을 내세워야 한다는 믿음을 가지고 있었다. 당시 은나라의 마지막 왕인 주왕(紂王)은 주지육림(酒池肉林 : 연못은 술로 채워놓고 나무에 고기를 걸어놓아 술자리를 마련했다는 주왕의 고

1 자신을 알아줄 사람이 올 때를 기다리며 낚시질을 했던 강태공. 그는 자신을 알아준 주나라 문왕을 도와 은나라를 멸망시키고 새 왕조를 세웠다.

S 백이·숙제

2

사에서 나온 말로 호사스런 술잔치를 빗대어 이름)에 빠져 나라를 제대로 돌보지 않고 있었던 것이다. 그러나 강태공과 동시대의 인물인 백이와 숙제는 주나라가 종주국인 은나라를 쳐서 무너뜨린 것은 도의를 저버리는 일이라고 항변했다. 그리고 한 몸으로 두 임금을 섬길 수 없다며 수양산 깊은 계곡에 숨어들어가 고사리만 캐먹고 살다가 굶어죽었다. 이처럼 왕조 교체기에 서로 날카롭게 대립하던 강태공의 혁명론과 백이·숙제의 충절론은 그후 동아시아 역사를 지탱해온 두 기둥이 되었다.

2 백이와 숙제는 폭력을 써서 천자를 바꾸는 것에 반대하며 수양산에 들어갔다. 이들은 하나라 같은 도덕 시대를 만나지 못하고 신하들이 다투는 어지러운 세상에 태어난 것을 한탄하며 굶어죽었다. 그림은 백이·숙제가 도덕 시대라 칭송한 하나라를 창건한 우(禹)의 초상화.

천자가 천명을 버리면 천명으로 그를 바꾼다

지금으로부터 3천여 년 전, 중국의 위수(渭水 : 황하로 흘러 들어가는 큰 물줄기) 강변에서 칠순 노인이 한가로이 낚시를 드리우고 있었다. 강여상이란 이름의 이 노인은 벌써 수십 년째 이곳에서 낚시질을 하고 있었지만, 딱히 월척을 낚겠다는 욕심이 있는 것도 아니었다. 이날도 그는 낚시 바늘을 곧게 편 채 물 속에 던져넣고는 그저 덧없는 세월만 낚고 있는 듯이 보였다.

그런 어느 순간, 요란한 말발굽 소리가 가까이 다가오면서 잔잔하던 물결이 세차게 흔들렸다. 갈대숲이 스산하게 몸을 떠는가 싶더니 서쪽의 실력자로 떠오르고 있던 주나라 왕 희창이 군사들을 이끌고 강 노인 앞에 나타났다.

"오늘 위수에 오면 용도 아니고 대어도 아니고 우리 주나라를 반석 위에 올려놓을 사람을 낚을 거라는 점복(占卜)이 있더니 그댄가 보오."

희창이 이렇게 말하자, 노인은 순순히 낚싯대를 거두어 짐을 챙기기 시작했다. 노인 역시 오랜 세월 때를 기다리며 이 강가에서 낚시질로 소일해왔기 때문이다.

희창이 다시 말했다.

"우리 아버지이신 태공(太公)께서 항상 이르시기를 당신 같은 인재가 나타나 우리를 도울 거라고 했소. 태공께서 바라던[望] 인물인 만큼 이제부터 그대를 태공망(太公望)이라

3 문서에 기록된 중국 최초의 왕조인 은나라는 고도로 발달된 문명을 형성하고 있었다. 악기와 도기·조각품을 만드는 기술이 뛰어났는데, 특히 청동기 제조 기술은 가장 높은 평가를 받고 있다. 또 갑골문과 청동기 유물에 새겨진 금문을 통해 은나라 시대에 문자가 보급되었음을 알 수 있다. 그림은 은나라 때 청동기를 주조하는 모습.

부르겠소."

희창은 주나라의 문왕으로 받들어졌고, 칠순의 낚시꾼은 태공망 또는 강태공으로 불리면서 문왕을 도와 주나라의 성장을 이끌었다.

그 당시 중국은 주왕이 다스리는 은나라 천하였다. 한때 황하 일대를 평정하고 중국을 호령하던 은나라였지만, 주왕이 나라 일을 소홀히 하면서 하루가 다르게 국세가 기울고 있었다. 은나라 치하의 각 지방이나 이 나라에 공물을 바치던 주변의 제후국들이 서서히 반기를 들기 시작한 것은 당연한 일이었다. 그때 점차 그 중심에 우뚝 서기 시작한 나라가 서쪽에서 세력을 키워온 주나라였다.

문왕은 중원 진출의 꿈을 못 다 이루고 죽었지만, 강태공은 노구(老軀 : 나이 먹어 늙은 몸)를 이끌고 문왕의 아들인 무왕(武王)을 계속 보필했다. 사치와 방탕을 일삼으며 백성을 보살피지 않는 은나라 주왕을 바라보면서 강태공의 신념은 강철같이 단단해졌다.

"천명(天命)을 받아 왕위에 오른 천자(天子)가 제 소임을 다하지 못하고 천하를 올바로 다스리지 못하면, 이것은 천명이 다한 것이다. 반드시 그 자리에서 내쫓고 새로이 천명을 받은 자를 보위에 올려야 할 것이다."

은나라가 강성했을 때는 감히 입에 담을 수 없었을 이 무서운 혁명론은 중원의 대국 은나라에 맞서는 소국 주나라의 강력한 이론적 무기였다. 강태공은 이 같은 혁명이 멀지

---

4 은나라의 마지막 왕이었던 주왕(紂王). 머리도 좋고 힘도 셌던 주왕은 하나라의 걸왕과 더불어 중국 역사에서 폭군의 대표로 거론되는 인물이다. 절세미인이었던 달기에게 빠져 주왕이 더욱 포악하고 사치스러워져 가자 은나라를 섬기던 제후국들은 반감을 가지기 시작했다. 후에 춘추전국 시대의 맹자는 걸왕과 주왕을 예로 들어 임금이 임금답지 못하면 이미 천자가 아니라고 말했다.

5

않았다는 판단 아래 예리한 눈으로 시기를 저울질하고 있었다.

그러던 어느 날, 무왕은 점을 담당하는 태사(太史)에게 거북점을 치게 했다. 거북 껍질을 불에 태워 점을 쳐본 태사는 점괘가 좋지 않으니 아직은 때가 아니라며 고개를 저었다. 그때 형세를 지켜보고 있던 강태공이 앞으로 나서며 불에 탄 거북 껍질을 발로 밟아 짓이기며 소리질렀다.

"사람의 일에 그까짓 뼈다귀와 재 따위가 무슨 상관이란 말입니까? 지금이야말로 천하를 바로잡을 절호의 기회이니 신을 따르소서!"

당시로서는 인간이 점괘에 도전하는 일은 상상도 할 수 없었다. 그러나 강태공을 굳게 믿고 따르던 무왕은 망설이는 신하들을 추슬러 군사를 일으켰다. 수만 명의 병사가 여든 노구의 강태공을 뒤따르니, 중국 각지에서 800여 제후들이 들고일어나 그 주위에 모여들었다.

은나라로 진군해 들어가는 도중에도 강태공의 의지를 시험하는 일들은 적지 않게 일어났다. 흰 새가 무왕이 탄 배에 떨어져 죽기도 했고, 불덩어리가 떨어져 내리기도 했다. 그러나 이런 신이(神異)한 현상들이 '인간' 강태공의 결의를 꺾기에는 그의 의지가 너무도 강했다. 하지만 그의 앞에 기다리고 있는 최고의 도전은 또 다른 결의를 가진 두 사람의 '인간'이었다.

5 은나라 무정왕 때의 갑골문. 소의 견갑골에 재앙을 예언하는 점괘를 새겨놓았다. 실제로 이 점괘가 나온 직후 전쟁이 있었다고 한다.

한 몸으로 두 임금을 섬길 수 없다

무왕과 강태공이 선왕 문왕의 위패*를 싣고 은나라 정벌에 나섰을 때, 황하 북쪽에 있는 지금의 허베이성(河北省) 쪽 작은 나라 고죽국(孤竹國)에서는 백이와 숙제 형제가 주나라를 향해 바쁜 걸음을 옮기고 있었다.

이들은 고죽국의 왕자였다. 부왕이 죽으면서 유언을 남기기를, 형인 백이 대신 아우인 숙제에게 왕위를 넘기겠다고 했다. 그러나 숙제는 형을 놔두고 왕이 될 수 없다고 사양했다. 백이 역시 선왕의 유언을 어길 수 없다면서 아우에게 왕위를 넘기겠다고 했다. 서로 양보하겠다고 싸우던 형제는 결론이 나지 않자, 끝내는 둘 다 왕위를 포기하고 고국을 떠나 다른 나라에 몸을 의탁하기로 했다. 그 당시 주나라 문왕이 덕망 높은 군주 감으로 소문이 나 있었기 때문에, 형제는 주나라를 향해 발길을 옮겼던 것이다.

그러나 형제는 주나라에 들어가기도 전에 강태공이 이끄는 군사 대열과 맞부딪쳤고, 높게 솟아오른 위패를 보고 문왕이 이미 죽었음을 깨달았다. 형제는 소스라치게 놀라며 길을 막아섰다.

"이 어인 해괴한 짓입니까? 선왕의 상도 다 치르지 않고 전쟁을 일으키다니요?"

백이·숙제 형제가 이치를 따지며 물어오자 무왕이 신경질을 내며 맞받아쳤다.

"부왕의 유지(遺志 : 죽은 사람의 생전의 뜻)를 받들어 하는 전쟁이니 곧 부왕이 친히 일으

6 중국 하남성에 있는 비간의 묘. 비간은 주왕이 계속 폭정을 행하자 목숨을 걸고 사흘 동안 주왕에게 좋은 정치를 베푸셔야 한다는 충언을 했다. 그러자 주왕은 비간에게 훌륭한 사람인 척한다며 "성인의 심장에는 일곱 개 구멍이 있다던데 어디 좀 보자"며 비간의 가슴을 갈라 심장을 꺼내 보았다고 한다.

* 위패(位牌) : 죽은 사람의 이름과 죽은 날짜를 적은 나무 패로 이 대목에서는 선왕인 문왕의 뜻을 이어 은나라를 친다는 명분을 내세우기 위해 사용되었다.

킨 군사나 마찬가지일세!'

그러나 형제는 물러나지 않았다.

"은나라를 치러 가시는 모양이오나 그리는 안 됩니다. 은나라는 모든 작은 나라들의 종주국이며 주왕은 모든 백성의 임금이십니다. 무왕께서도 주왕의 신하된 몸이신데 어찌 도의를 저버리고 하극상을 저지르려 하십니까?"

조리정연한 백이·숙제의 항변에 말문이 막혀버린 무왕은 대뜸 화를 내며 지시내렸다.

"이런 무엄한 놈들! 저놈들을 당장 잡아 목을 치도록 하라!'

그러자 군사들이 달려들어 포승줄로 형제를 단단히 얽어매었다. 문왕에게 몸을 의지하려던 형제의 소망은 그 아들에 의해 정반대로 풀리게 되었다.

그때 우렁찬 목소리로 형제 앞에 나서는 노인이 있었다.

"그만두어라!'

강태공이었다. 오직 그만이 서슬 퍼런 무왕 앞에서도 당당하게 행동할 수 있었다.

"이 자들은 의인(義人)이옵니다. 칼로 다스리는 것은 옳지 못합니다. 우리를 방해할 힘도 없으니 그저 옆으로 내치는 것이 가장 현명한 방법입니다."

이것은 아마도 중국 상고사에서 사람과 사람이 만나는 장면으로는 가장 유명하고 극적인 장면일 것이다. 강태공과 백이·숙제는 한 가지 문제에 관해 정반대의 강직한 의견을

---

7 주나라 무왕의 아버지, 문왕. 은나라가 중원을 지배할 때 지금의 산시성 시안 부근인 호경에 도읍을 정하고 크게 세력을 떨쳤다. 은나라로부터 서방 제후의 패자 지위를 인정받았다.

가진 맞수들이었다. 그들의 만남은 칼날 위에 선 것처럼 날카롭고 위태로웠다. 그러나 강태공은 비록 정반대의 맞수일지언정 태도의 곧음을 한눈에 알아보았다. 그리하여 그 위태로운 만남은 불상사 없이 넘어가게 되었다.

물론 그것은 그들 개인간의 만남에 국한된 일이었을 뿐이다. 그 뒤 그들은 각자의 신념이 명령하는 역사적 행동을 계속했다. 강태공은 무왕과 함께 은나라로 쳐들어가 주왕을 죽이고 천하를 빼앗았다. 강태공은 공을 인정받아 제(齊)나라의 제후로 봉해진 뒤 아흔까지 살다가 행복하게 죽었다.

반대로 백이와 숙제는 은나라가 멸망한 뒤 그들을 영입하려는 무왕의 손길을 뿌리치고 지금의 산시성에 있는 수양산으로 들어갔다. 그들은 한 몸으로 두 임금을 섬길 수 없다면서 주나라가 제공하는 어떤 음식도 거부했다. 형제는 오직 수양산 깊은 계곡에서 자라는 고사리만 캐어먹다가 끝내 굶어죽었다고 한다.

동아시아 역사를 지탱해온 두 기둥

강태공과 백이·숙제의 맞수 관계에 관한 이 이야기는 사마천의 『사기』나 공자의 여러 저술에 전해 내려오는 기록들을 재구성한 것이다. 그 중 상당 부분은 아마도 후대의 정치적·사회적 입장에 따라 첨삭되거나 각색되었을 가능성이 짙다.

8 주나라 건국의 핵심 인물, 무왕. 아버지 문왕이 죽자 군사를 일으켜 은나라를 정벌하고 주나라를 세웠다. 문왕과 더불어 성왕(聖王)으로 추앙받는다. 그의 은나라 정벌은 백성을 위해 포악한 군주를 징벌한 성스러운 전쟁으로 일컬어지고 있다.

그러나 우리가 주목해야 할 부분은 이와 같은 이야기가 역사적 사실에 부합하느냐 아니냐에 있지는 않다. 중국 역사에서 은나라는 화려한 청동기 문명을 대표하는 국가였고, 주나라는 평등 분배를 상징하는 정전법*을 확립한 것으로 알려져 이상적인 나라로 칭송받아왔다.

은나라에서 주나라로 이행하는 과정에서 역사적으로 가장 중요한 점은 강태공의 행적에서 찾아볼 수 있다. 은나라는 중국 최초의 문자인 갑골문자(거북의 등딱지와 짐승의 뼈에 새긴 중국 고대의 상형문자)를 사용한 것으로 알려져 있다. 문자는 주로 길흉화복을 점치는 데 쓰였다. 은나라 시대는 이처럼 인간보다는 신의 뜻에 모든 것을 걸고 살던 시기였다. 그런데 이런 신 중심의 사고 방식을 물리치고 인간의 뜻을 존중하는 시대를 열었다. 이것이야말로 주나라 건국의 획기적인 의미가 아닐 수 없다.

그런 획기적 전환을 위해서는 강태공의 역성(易姓) 혁명론, 즉 군주의 성(姓)을 바꾸는 혁명 이론이 필요했을 것이다. 물론 그렇다고 해서 백이·숙제의 충절이 과소평가될 수는 없다. 오히려 조선 건국 당시의 이방원과 정몽주에 대한 역사적 평가에서 보듯, 동아시아 사회에서는 의리와 충절이 더 높은 점수를 받아온 것 같다.

강태공의 혁명론은 한 사회가 썩어 문드러지고 지배층이 백성을 배반할 때 이것을 응징하고 사회를 바로잡는 강력한 사상적 무기였다. 반면에 백이·숙제의 충절론은 한 사회가

9 고려의 공양왕을 폐위시키고 스스로 왕위에 오른
조선의 창건자 이성계.

* 정전법(井田法) : 중국 주나라 때 실시된 토지 제도. 『맹자』(孟子)에 보면 정사각형 900무(畝, 15.4ha)의 경지를 정(井)자 모양으로 9등분하여, 주위의 8개 구역은 여덟 집에 각각 주고, 중앙 100무는 여덟 집에 공동 경작을 시켜 그 수확물을 세금으로 나라에 바치게 한 제도였다.

쉽게 흔들리거나 흩어지는 것을 방지하는 장치로서 동아시아의 수준 높은 문화를 유지하는 데 기여했다. 인민이 스스로 군주를 갈아치우는 근본적인 혁명이 서유럽에서 먼저 성공하고 그 여파가 동쪽으로 밀려 들어오기 전까지, 두 맞수의 사상은 동아시아 역사의 두 기둥이었다.

10 역성 혁명론을 주장하며 고려를 멸망시키고 함께 새 왕조(조선)를 건국하자는 이방원의 설득에 백이·숙제처럼 고려에 대한 충절을 지켰던 정몽주. 하지만 이방원은 강태공과 달리 정몽주를 살해하고 말았다.

법대로 할 것인가

법가 V

1

기원전 1046년 중국의 주인이 된 주나라는 왕족과 공신을 제후로 삼아 곳곳을 다스리게 하는 봉건제를 국가 체제로 삼았다. '봉건'(封建)이란 "토지를 나누어 주어[封] 나라를 세운다[建]"라는 뜻이다. 기원전 770년 주나라가 북방 견융의 침공을 받아 수도인 호경(지금의 시안 부근)을 잃고 낙양으로 도읍을 옮기자, 세력이 약해진 주 왕실을 따르지 않는 제후들이 생겨났다. 봉건제가 흔들리기 시작한 이 시대를 춘추 시대라고 한다. 그리고 기원전 5세기부터는 칠웅으로 불리는 일곱 강국이 주나라를 무시하고 패권을 다투면서 봉건제가 완전히 무너졌다. 이 시대를 전국 시대라고 한다.

춘추전국 시대 중국은 엄청난 사회적 전환기였다. 전쟁으로 날이 밝고 저무는 혼란

1 추상같은 법치로 통일 제국의 기초를 닦은 진시황과 재상 이사의 모습.

덕으로 다스릴 것인가

S 유가

2

기인 동시에 사회·경제적인 면에서 크게 발전한 시기였기 때문이다. 이때는 신분보다 능력을 중요하게 여기는 경쟁의 시대여서 많은 사상가와 학자들이 나타났다. 이들이 유가, 도가, 법가 등 제자백가의 사상가들이었다. 춘추전국 시대의 분열을 극복하고 중국을 통일한 진나라와 그 뒤를 이은 한나라는 주나라의 지방 분권적인 봉건제를 폐기하고 중앙집권적인 군현제를 실시했다. 그런데 똑같이 강력한 황제 권력으로 전국을 다스렸지만 지배 이념은 서로 달랐다. 진나라는 엄정한 법을 중시하는 법가 사상을, 한나라는 군주의 덕을 강조하는 유가 사상을 중시했다. 법가와 유가의 헤게모니 대결은 이후 수천 년간 동아시아 사회 질서를 결정한 싸움이었다.

2 유가 사상을 통치의 기본 이념으로 삼았던 한나라 때의 유학 강의 모습.

3

진에서 한으로의 왕조 교체가 말해주는 것

진(秦)나라는 중국을 최초로 통일한 왕조이다. 이 통일 제국의 임금은 최초의 황제란 의미에서 스스로 '시황제'(始皇帝)라고 불렀다. 그가 세운 만리장성은 오늘날 달에서 보이는 지구상의 유일한 인공 건조물로 우뚝 서 있다. 그리고 이 나라의 이름에서 유래한 '차이나'(China)는 서양 세계에서 중국을 가리키는 고유명사가 되었다.

그러나 이처럼 대단했던 진나라는 웬일인지 20년도 안 되어 무너지고 말았다. 진나라에 대해 반란을 일으킨 여러 영웅 가운데 유방과 항우가 벌인 마지막 승부는 중국 역사상 가장 극적인 장면 가운데 하나로 꼽힌다. 이들의 대결은 사마천의 『사기』「열전」과 중국 전통 연극「패왕별희」등에서 때로는 박진감 넘치게, 때로는 애절하게 재연되고 있다. 여기서 승리한 유방은 기원전 202년 한나라를 건국하고 중화 민족의 기초를 수립했다.

진에서 한으로의 왕조 교체는 이처럼 무진장한 이야깃거리를 간직하고 있다. 그래서인지 학자가 아닌 많은 사람들은 이 사건이 갖는 역사적 의미에 큰 관심을 두지 않는 것 같다. 그러나 진-한 교체와 더불어 일어난 사회 운영 원리의 교체는 유방이 항우에게 승리했다는 사실보다 훨씬 더 많은 영향을 미쳤다. 그 교체는 우리나라를 비롯한 동아시아 사회에서 19세기 말까지, 아니 어쩌면 오늘날까지 유지되어온 근본적 사회 질서를 탄생시켰다.

3 중국 최초의 황제 진시황. 그는 국가의 강력한 통제와 권위에 대한 절대 복종을 통해서만 사회적 화합을 이룰 수 있다는 법가의 정신에 기반을 둔 정책을 펼쳐나갔다.

4

분서갱유의 진실

기원전 221년 중국을 통일한 진나라의 시황제는 강력한 법치(法治)를 시행하고, 전국에 36개의 군(郡)으로 나누고 현(縣)을 두어 다스리는 군현제를 확립하여 권력 기반을 다졌다. 기원전 213년에는 "사람들이 함부로 정치를 논하고 당파를 이루면 국론이 분열된다"는 승상 이사의 건의를 받아들였다. 그리하여 모든 학술 토론을 금하고 수많은 서적을 거둬들여 불태웠다. 이러한 '분서'(焚書)의 재앙에서 제외된 것은 진나라에 통치 이념을 제공한 법가 서적과 의학·주술 등 실용 서적뿐이었다.

그 이듬해인 기원전 212년에는 대대적인 숙청 작업이 이어졌다. 방사인 노생과 후생이 진시황을 "권력욕의 화신이요 잔인한 폭군"이라고 비난하고 도망간 데 따른 것이었다. '방사'란 진시황이 주술과 연금술에 심취하여 주변에 두고 가까이 한 주술사였다. 진시황은 영원히 살겠다는 욕심으로 이들 방사를 사방 각지에 보내어 불로장생의 약초를 구해오게 했다. 그 가운데는 이 약초를 찾아서 우리나라 남쪽까지 왔다간 사람도 있다고 한다. 약초를 찾지 못한 방사들은 대부분 문책이 두려워 돌아오지 않았다. 진시황은 더욱 조바심을 내며 방사들을 몰아쳤다. 그런 와중에 노생과 후생의 사건이 터진 것이다.

분노한 진시황은 전국의 방사들을 잡아들여 가혹한 고문을 했다. 이 과정에서 뜻하지 않은 희생양이 생겨났다. 누군가가 유생(儒生 : 유학을 공부하는 학자)들도 황제에 대해 많

4 한나라를 세운 유방은 원래 하급관리 출신으로, 학자의 관에 오줌을 눠 혐오감을 표시할 만큼 학자들을 별로 좋아하지 않았다고 한다. 그러나 그도 천하를 다스리기 위해서 유교의 예를 채택했다.

은 불만을 품고 있다는 소문을 퍼뜨렸고, 우연히 이 말을 들은 진시황은 방사들뿐 아니라 유학자들도 잡아들이게 했다. 전국에서 반역자로 체포되어 생매장이라는 끔찍한 형벌에 처해진 460여 명 가운데는 억울한 유학자들이 다수 포함되어 있었다.

뒷날 이 일련의 정변을 한나라 사람들은 '분서갱유' (焚書坑儒)라고 이름 붙였다. 서적을 불태우고 유학자들을 파묻었다는 뜻이다. 이 말에는 진시황이 학문의 자유를 탄압하고 유학에 대해 적대적인 태도를 취했다는 뜻이 담겨 있다.

그러나 진시황은 유학을 적대시하거나 유학자들을 특별히 싫어하지는 않았다. 또 진나라 때에는 '분서' 란 말은 있었어도 '갱유' 란 말은 없었다. '분서' 가 강행된 것은 국가의 통치 이념을 법가로 통일하려는 과정에서 나온 것이고, 그 이듬해 있었던 정변도 본질적으로 방사들에 대한 징벌이었다. 진나라 때 유가는 그 세력이 크지 않았고 특별히 위협적인 '국가의 적' 도 아니었다. 즉 유학자들은 진시황의 전면적인 탄압 대상이었다기보다는 정변 과정에서 '유탄(빗나간 탄환)을 맞은' 소수였다.

뒷날 '갱유' 란 말을 만들어 '분서' 뒤에 덧붙인 것은 유학을 통치 이념으로 삼은 한나라의 역사가들이었다. 진나라가 유학을 엄청나게 탄압했다는 이미지를 새기기 위해서였다. 그 결과 방사들 이야기는 잊혀지고 유학자들이 진나라의 가장 큰 반체제 세력이었던 것처럼 부각되었다.

5 분서령을 묘사한 그림. 분서령은 그것을 위반한 사람을 고발하지 않은 관리까지도 처벌하는 등, 무척 엄격하게 시행되었다고 한다.

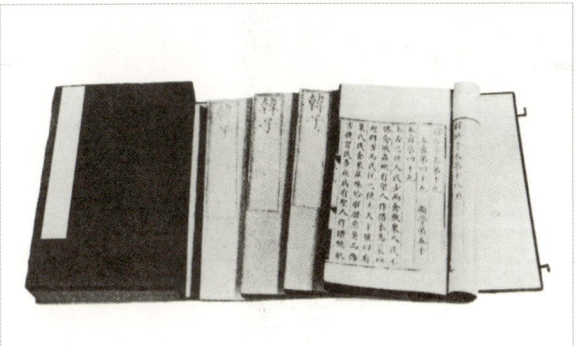

6

7

법대로 통치한 진나라

그렇다면 진나라가 법가 사상을 통치 이념으로 삼은 까닭은 무엇일까?

진나라가 통일을 이룩할 때까지 중국 대륙은 수많은 나라들이 저마다 힘을 키우고 서로 싸우는 전국(戰國) 상태에 놓여 있었다. 이 많은 나라들 가운데 특히 힘센 일곱 나라를 '전국 칠웅(七雄)'이라고 하는데 진나라는 그 가운데 하나였다. 이렇게 전쟁으로 날이 밝고 전쟁으로 날이 저무는 시대에 살아남기 위해서는 강력한 규율을 갖춰야만 했을 것이다. 진나라는 다른 어떤 나라보다도 엄격한 법으로 사회를 다스리면서 강한 군대를 키웠다. 이것이 전국의 혼란을 극복하고 중국 통일의 발판을 마련케 한 원동력이었다.

이 같은 법치를 국시(국가 정책의 기본 방침)로 확립한 인물은 기원전 4세기에 활약한 상앙이었다. 그는 부국강병을 위해 형법·가족법·토지법 등 여러 법률을 정비하고 이것을 강력히 시행해 통일 제국의 기반을 세웠다. 호된 꾸지람을 듣거나 벌을 받을 때 "경을 친다"라는 말을 쓰는데, 그것은 얼굴에 먹물을 들이는 '경형'이라는 형벌에서 나온 말이다. 이 형벌을 창안한 사람이 상앙이었다. 그는 태자가 법을 어기자 "태자를 처형할 수는 없다"면서 그 대신 태자의 스승에게 이 수치스러운 형벌을 내렸다.

그러나 상앙은 진나라의 재상으로 재임한 지 10년 만에 자신이 정한 엄격한 법의 희생양이 되어 형장의 이슬로 사라져갔다. 반대파들은 모든 것을 '법대로' 처리하려는 그를

---

6 한비자와 그의 제자들이 쓴 법가이론을 총괄한 책 『한비자』. 처음엔 유가인 순자 밑에서 공부했던 한비자는 나중에는 유가처럼 낡은 제도에 집착하는 것은 어리석다고 주장했다. 정치제도는 역사적 상황과 함께 반드시 변화되어야 한다는 것이다. 또한 권력은 군주가 공포하면 모든 사람이 복종해야만 하는 법을 통해 행사되어야 한다고 주장했다.

7 상앙은 부국강병을 위해 도량형을 통일했다. 그림은 동으로 만든 저울추.

8 진시황릉의 병마용 모습. 진시황은 자신의 죽음에 대비해 1만 5천 평이 넘는 부지와 그 속에 묻을 부장품들을 미리 마련해놓았다고 한다. 능 내부의 광대한 지하궁전을 완성하는 데 걸린 기간만 36년이 넘으며, 약 70만 명의 일꾼들이 동원되었다.

'피도 눈물도 없는 냉혈한'으로 몰아붙여 거열형에 처했다. 거열형은 서로 반대쪽으로 달리는 마차에 사람의 몸을 매달아 양쪽으로 찢어지게 해서 죽이는 끔찍한 형벌이었다. 법을 강조했던 상앙이 말년에 맞이한 운명은 뒷날 진나라의 운명을 예고하는 것이었다. 진시황과 재상이었던 이사는 상앙처럼 추상같은 법치로 통일 제국의 기초를 닦았다. 그러나 나라를 다스리는 일은 법만 가지고 되는 일이 아니었다. 더욱이 진시황은 법을 내세워 백성들에게 가혹한 세금과 노역을 강요하고, 만리장성과 자신의 무덤을 건설하는 등 어마어마한 토목 사업에 국력을 낭비했다. 결국 법대로 따르기를 거부한 백성들의 반란이 줄을 이으면서 진나라는 짧은 생을 마감할 수밖에 없었다.

법이 전부는 아니다

유방과 한나라 건국 공신들은 진나라의 운명을 목격하면서 추상같은 법의 한계를 절감했다. 그리하여 법을 넘어 군주의 '덕'을 강조하는 공자와 맹자의 사상, 곧 유가 사상이 부각되었다. 유가 사상은 한나라의 통치 이념으로 중시되었고 유학자들이 잇따라 관료로 등용되어 나라의 살림을 돌보았다. 그러나 유가가 처음부터 확고한 지위를 얻었던 것은 아니다. 한나라 건국 과정에서 공을 세운 사람들이 모두 유학자는 아니었기 때문이다. 오랜 권력 다툼과 갈등을 거쳐 유가가 뿌리를 내리게 된 것은 한나라의 7대 황제인

9

무제(武帝) 때의 일이다.

무제는 국가 체제를 정비하기 위해 널리 인재를 모집했다. 이때 허베이 지방에서 학문에 몰두하던 유학자 동중서는 무제에게 '현량책'(賢良策)을 올리고 발탁되어 관계에 진출했다. 그는 무제에게 유학자들을 대거 등용하도록 건의하고 조정에서 유학자가 아닌 사람들을 물러나게 했다. 동아시아의 전통인 유학자 관료들의 엘리트 정치가 이때부터 시작되었다.

동중서의 이론은 공자와 맹자가 창안한 유가 사상 그대로는 아니었다. 그는 원래의 유가 사상에 음양오행설을 접목시켜 독특한 통치 이론을 만들어냈다. 그에 따르면 자연과 사회는 음양이라는 하나의 원리에 따라 함께 움직인다. 하늘은 양이고 땅은 음이다. 임금은 양이고 신하는 음이다. 또 남편은 양이고 아내는 음이다. 임금이란 하늘의 뜻을 받아 세상을 다스리는 '하늘의 아들', 곧 천자(天子)이다. 이러한 천자가 세상을 단지 법으로만 통치할 수는 없다. 그는 인간 가운데 가장 완벽한 인간이어야만 한다. 임금이 그런 권위를 가지고 신하와 백성을 엄격한 '법'이 아닌 '덕'으로 대할 때 사회는 대자연처럼 조화롭게 돌아갈 수 있다.

그렇다면 군주는 법을 초월한 절대 권력자로서 어떤 견제도 받지 않고 모든 것을 마음대로 할 수 있을까? 유가 사상이 그런 것이었다면 2천 년은커녕 몇 십 년도 못 가서 잊혀졌

9 진나라를 세우는 데 공헌한 상앙은 국가는 오직 권력으로만 유지될 수 있고, 그 권력은 대규모 군대와 충분한 식량에서 나온다고 믿었다.

10

을 것이다. 유가 사상은 제 역할을 하지 못하는 임금을 갈아 치울 수 있다는 '혁명' 이론
을 가지고 있었다. 임금이 덕을 잃고 폭정을 일삼으면 하늘이 먼저 알고 이른바 '재이'
(자연에서 일어나는 이상 현상들)를 일으킨다고 동중서는 말한다. 그러면 백성은 하늘의
뜻을 받들어 임금을 갈아 치울 수 있다는 것이다. 이런 합리적인 장치에 힘입어 유가 사
상은 그 뒤 2천 년 동안 동아시아의 지배적인 사회 운영 원리로 건재할 수 있었다.

근대적인 정치 제도를 말할 때 '법에 의한 지배'를 빼놓을 수 없다. 사실 그 동안 우리 사
회는 쉽게 법을 무시하는 권력자들 때문에 많은 피해를 입어왔다. 그러나 법만으로는 인
간 사회의 모든 면을 해결할 수 없다는 것 또한 분명하다. 법가에서 유가 사상으로 넘어
간 과정은 이런 점에서 매우 교훈적인 사례가 아닐 수 없다.

10 유가 사상의 정통계승자인 맹자는 왕보다 나라가
중요하고, 나라보다 백성이 더 중요하며, 왕도(王道)
를 행하지 않는 군주는 군주일 수 없다는 '민본주의'
사상을 설파했다.

한족과 북방 세력의

'이적' V

1

중국 진(晉)나라 때 편찬된 『삼국지』 「위지 동이전」에는 우리 민족의 조상에 대한 가장 오래된 기록이 남아 있다. 이 책에 따르면 우리 조상은 만주족, 일본족과 더불어 '동이', 곧 중국 동쪽의 오랑캐라 불리었다. 또한 중국은 다른 변방의 이민족들도 오랑캐라 하여 '서융·남만·북적'으로 낮추어 불렀고, 이들 주변의 이민족을 모두 아울러 '이적'(夷狄)이라 했다. 이것은 스스로를 세계의 중심이라 생각하는 문화적 우월감, 곧 중국의 '중화'(中華)사상에서 비롯된 것이다. 이러한 중화사상은 한나라 때 확립된 유학의 왕도 정치 이념의 일부를 이룬다. 군주의 덕을 만방에 퍼뜨려 사방의

1 남시베리아의 암벽에 그려진 돌궐인의 기마 모습. 돌궐은 6세기에 몽골과 중국 북쪽 국경에서 흑해까지 뻗은 제국을 건설했던 북방민족으로 투르크계 종족이다.

중원 쟁탈 2000년

S 중화

이적들을 중화 문명의 영향 아래 교화시켜야 한다고 생각한 것이다. 그 중심에 있는 중국인을 가리키는 한족(漢族)도 한나라의 이름에서 비롯된 말이다. 그후 중화사상은 숱한 왕조를 거치면서 청나라까지 이어져 왔다. 그런데 재미있는 것은 청나라가 본래 '이적'인 만주족의 나라인데도 스스로 중화를 표방했다는 점이다. 그것은 중원을 정복했던 거란족의 요나라나 몽고족의 원나라도 마찬가지였다. 이처럼 중국의 역사는 중원이라는 기름진 지역과 중화 문명을 놓고 한족과 이적이 서로 뺏고 뺏겨온 '중화 쟁탈전'의 역사라고 해도 틀린 말이 아니다.

2 중국이 세계의 중심이라는 중화사상은 유학의 발달과 함께 덕이 높은 중국의 천자가 모든 이민족을 덕화하고 복종시켜야 한다는 생각으로 자리 잡게 되었다. 그림은 명나라 때 그려진 공자와 제자들의 모습.

3

중화사상의 탄생

중국은 사방이 험한 지형으로 이루어져 있다. 북은 고비 사막과 알타이 산맥, 서는 톈산 산맥과 타림 분지, 서남은 티베트 고원과 히말라야 산맥, 남은 인도차이나 산맥, 동은 바다로 둘러싸여 있다. 한족의 눈으로 볼 때 이런 사방의 험한 지형은 사람이 제대로 문화를 이루고 살 만한 곳이 아니었다.

거기에 비해 중원은 황하와 장강 사이의 드넓은 평원 지대에 있다. 세계 4대 문명의 발상지 가운데 하나이자 근대 이전 세계에서 가장 부강한 문명을 자랑하던 곳이다. 이곳의 주인이었던 한족은 자신들의 우월감을 고취하고 주변 민족을 끌어안으려는 이데올로기를 가지고 있었으니, 이것을 '중화사상'이라 한다. 여기에는 중국 문화가 최고이며 이 문화가 세계만방에 퍼져야 한다는 생각이 담겨 있다. 그리고 주변 민족들을 각각 동쪽은 이(夷), 서쪽은 융(戎), 남쪽은 만(蠻), 북쪽은 적(狄)이라는 이름의 오랑캐로 분류하고, 이들을 아울러 '이적'이라 불렀다.

이런 중화사상이 확립된 것은 한나라 때의 일이다. 한나라는 중국 역사상 처음으로 유교를 국가의 지도 이념으로 채택한 나라였다. 한나라는 유교의 왕도 정치(인[仁]과 덕[德]을 바탕으로 하는 정치) 사상을 변경이나 그 너머까지도 펼쳐 '중화'의 은혜가 미치게 해야 한다고 생각했다. 이런 생각은 중국 문화뿐 아니라 국력에 대한 자신감이 없고서는 나올

3 당나라 때 화가 염입본이 그린 「조공도」. 중국은 중화사상에 근거하여 주변의 나라들에게 중국 황제의 밝은 덕이 비춰짐을 공경하여 공물을 바치게 하고, 또 중국은 그 답례로 하사품을 내려 그들의 지위를 인정해주었다. 중국에서는 조공이 황제의 덕이 사방 오랑캐에게 미치고 있는 이상적 세계임을 증명해주는 것이었으나, 중국의 주변국들 입장에서는 많은 경우 무역을 목적으로 조공이 이루어졌다.

수 없었다. 그러나 이런 자신감은 처음부터 크나큰 시련에 부딪혔으니, 그 상대는 전투적 기마 유목민인 흉노였다.

중화를 향한 흉노의 도전

북아시아 일대를 주름잡으며 한족과 맞수 관계를 이루던 기마 유목민은 크게 세 계통으로 나뉜다. 흉노·선비·돌궐 등의 투르크 계통이 가장 먼저 활약했고, 거란·몽고 등의 동호 계통이 뒤를 이었으며, 말갈·여진 등의 숙신 계통이 나중에 불꽃을 피웠다.

미국 디즈니사의 만화 영화 「뮬란」은 흉노를 흉측한 침략자로 묘사해서 투르크인의 나라인 터키로부터 상영 금지 처분을 받은 적이 있다. 투르크인의 나라 터키가 흉노를 자신들의 조상으로 인식하고 있기 때문에 생긴 일이다.

진시황이 춘추전국 시대의 분열을 통합해 나갈 때, 흉노도 북아시아 일대에서 키르기스, 월지* 등을 정복하고 최초의 유목 국가를 건설했다.

이들은 일단 북아시아를 제패하자, 비옥한 중원을 노리고 산시성 북부에 침입하여 한나라 유방과 일전을 벌였다. 천하장사 항우를 이긴 유방이었지만, 흉노와의 대결에서는 다퉁(산시성 북부에 있는 도시) 부근에서 포위되어 간신히 탈출하는 망신을 당했다. 그 뒤 기원전 198년 한나라는 황제의 딸을 흉노의 선우(흉노의 군주를 가리키는 호칭)에게 주어

4 내몽골 자치구에 세워진 왕소군의 동상. 한나라 때의 궁녀인 왕소군은 흉노왕 호한야 선우에게 시집가서 아들을 낳고 그곳에서 생을 마쳤다. 흉노와 한나라의 우호를 위한 사절 혹은 비극의 주인공으로 불리는 왕소군의 이야기는 전설화되어 후대에 많이 윤색되어 전해진 것이다. 후한 때의 기록에 따르면 왕소군이 흉노왕에게 시집가게 된 이유는 화공에게 뇌물을 주지 않아서라고 한다. 당시 한나라 황제였던 원제가 화공들에게 궁녀를 그리라고 했고, 궁녀들은 황제의 총애를 받고자 화공에게 뇌물을 주었는데 왕소군만 뇌물을 주지 않아 못생기게 그려졌고, 그 때문에 흉노왕에게 시집보낼 궁녀로 뽑히게 되었던 것이다. 나중에 왕소군이 떠날 때에야 절세미인인 그녀의 얼굴을 본 황제는 화공을 참형에 처했다고 한다.

* 월지(月氏) : 진·한 시대에 중앙아시아에서 활약한 민족으로, 흉노에게 쫓겨 서쪽으로 이동하여 지금의 아프가니스탄 부근에 정착하였으며, 그 뒤에는 대월지로 불렸다.

처로 삼게 하고, 매년 많은 비단·술·쌀 등을 흉노에게 보내게 되었다. 이런 굴욕적인 양보를 하고서야 한나라는 중원을 자기 땅으로 지킬 수 있었다.

그 뒤 흉노는 서기 1세기까지 실크로드의 주도권을 놓고 한나라와 경쟁을 벌였다. 그러다 분열을 일으켜 일부는 한나라에 흡수되어 오늘날의 간쑤·산시(山西)·산시(陝西) 지방에 흩어져 살았고, 일부는 몽고고원을 근거지로 해서 계속 중국과 맞섰다.

한편 유럽의 게르만 대이동을 불러일으킨 훈족이 흉노의 후예라는 설이 있다. 한족에게 밀려나 유럽 대륙으로 진출한 흉노의 후손이 게르만족을 밀어냈고, 그 바람에 게르만족이 로마 제국의 영역으로 치고 들어갔다는 것이다. 이것은 아직 가설일 뿐이지만, 흉노의 이동과 훈족의 이동이 서로 관련되어 있으며 훈족이라는 이름이 흉노에서 유래했다는 것만은 확실하다.

뿔뿔이 흩어졌던 흉노가 다시 중원으로 돌아온 것은 한나라가 환관들의 전횡(권력을 혼자 쥐고 제 마음대로 하는 것)과 황건적의 난으로 붕괴한 뒤였다. 한나라가 망하자 중국은 유비, 조조, 손권이 패권을 다투는 삼국 시대에 들어갔다가 서진(西晉)에 의해 통일되었다. 그러나 서진은 오십 년을 채 버티지 못한 채 흉노, 선비 등 5호에 밀려 중원을 내주고 양쯔 강 이남(강남)으로 쫓겨 내려갔다.

이후 백 수십 년 동안 이들 5호가 한족과 경쟁하며 황허강 이북(강북)에 세운 나라는 16

5 흉노 정벌에 나선 한나라 군사들과 흉노가 전투하는 모습. 한나라가 본격적으로 흉노정벌에 나선 것은 한 무제 때의 일이다.

6

개나 된다. 그래서 중국 역사에서는 이 시대를 '5호16국 시대' 라고 부른다. 진·한 때의 흉노는 중원 밖에서 한족과 대치했지만, 5호16국 시대의 흉노는 중원 안에 나라를 세우고 나라 이름도 한족의 나라들처럼 한(漢), 조(趙) 등 외자 이름을 사용했다. 이때부터 중원을 정복한 이민족 왕조, 즉 '정복 왕조' 의 역사가 시작되었다. 바로 이 5호16국 시대에 우리나라는 삼국 시대였으며, 고구려는 이처럼 수많은 정복 왕조들과 겨루며 동북아시아의 강국으로 떠오르게 되었다.

중화 속으로 들어간 몽고 제국과 청 제국

중원에 여러 민족의 나라가 난립하던 시대는 6세기 말 수(隋)나라가 천하를 통일하면서 막을 내렸다. 수나라는 38년 만에 망했지만, 그 뒤를 당(唐)나라가 바로 이으면서 중국은 다시금 통일 왕조 시대로 접어들었다. 진·한에 이은 제2의 전성기가 시작된 것이다. 그러나 3세기 동안 번영을 누리던 당나라가 무너지고 중국에 다시 혼란이 일자, 이번에는 흉노·선비와는 또 다른 북아시아 유목민들이 중원에 도전해왔다.

그 첫번째 주자는 숙신계와 동호계의 혼혈로 짐작되는 거란족이었다. 내몽고 지역에서 유목 생활을 하던 이 민족의 지도자 옐뤼아바오지는 당이 쇠약해진 틈을 타 스스로 황제라 칭하고 요나라를 세웠다. 이 나라는 발해를 멸망시키고 만주 지방의 주인이 된 뒤 본

6 선비족의 귀족과 호위군사들. 선비족은 후한 때 중국에 복속되었으나 흉노족이 서쪽으로 옮겨간 후 그 지역을 차지하고 점차 강성해졌다. 5호16국 시대에 서진, 남량, 남연 등의 나라를 세웠다. 5호16국 시대를 끝내고 중국 북부를 통일하여 140여 년이나 통치한 북위 왕조를 세운 탁발부도 선비족이었다.

7

격적으로 중원에 진출했다. 그리고는 중앙아시아를 거쳐 지금의 이란에 이르는 대제국을 건설했다. 당시 중원에는 당나라에 이은 한족의 나라로 송나라가 들어서 있었는데, 이 송나라가 요나라에 조공을 바친 일까지 있었다.

거란족에 이어 만주 지방에서 일어난 제2의 실력자는 여진족이었다. 숙신 계통인 여진족은 본래 고구려와 발해에 속해 있던 말갈족의 후예였다. 이들은 요나라에 속해 있었는데, 12세기 들어 갑자기 세력이 커져 금나라를 세웠다. 그 뒤 금나라는 요나라를 거꾸러뜨리고 만주의 주인이 되어 송나라와 함께 중국 땅을 둘로 나누어 지배하게 되었다. 그러나 요나라와 금나라는 13세기 들어 혜성처럼 등장한 유목 제국의 예고편일 뿐이었다. 1206년 몽고 초원의 쿠릴타이(몽고 부족들의 회의)를 통해 칸(북아시아 유목민의 우두머리)으로 선출된 칭기즈칸의 몽고족이 그 주인공이다.

칭기즈칸의 손자 쿠빌라이는 유목민 역사상 처음으로 중국 전 지역을 정복하고 그곳에 정복 왕조인 원나라를 세웠다. 그것은 의미심장한 일이었다. 1271년 지금의 베이징인 대도(大都)를 수도로 삼아 세워진 원나라는 유라시아 대륙 전체를 통치하는 대몽고 제국의 중심지였다. 그 전까지 제국의 수도는 몽고고원의 카라코룸이었지만, 쿠빌라이는 중화의 심장부인 중국 땅에 정복 왕조를 세우고 그곳으로 제국의 중심지를 옮겼다. 그리고 "이제는 우리가 중화"라고 선언했다.

---

7 송나라가 요나라와의 국경을 폐쇄하고 통상을 단절하자 요나라 군대는 송의 수도 부근까지 파죽지세로 쳐들어오고, 이에 두 나라는 '전연의 맹약'을 맺는다. 조약의 결과 송나라는 요의 '형님 나라'라는 명분만 얻었을 뿐 매년 요나라에 은 10만 냥과 비단 20만 필을 바쳐야 했다. 사실상 '조공'을 바치게 된 것이다. 그림은 그런 굴욕적인 화의를 맺은 후 송나라의 신종이 하늘에 송의 번영(?)을 보고하기 위해 의식을 행하는 모습이다.

8

바로 이 대목에서 우리는 2,000년 동안 한족과 이민족 간에 펼쳐진 중원 쟁탈전의 핵심에 이르게 된다. 한족은 물론이요, 중원을 정복하려고 했던 북방 세력도 중원이 세계의 중심이고 문화의 본산이라는 '중화사상'을 부정하지 않았다. 오히려 중원이 정말 살기 좋은 곳이고 중국 문화가 훌륭한 것이기에 중원을 장악하여 그 혜택을 누리려고 했다. 세계 제국을 이룩한 몽고조차도 중원을 장악해야 진정 세계를 장악한다는 의식을 갖고 있었다.

하지만 1368년 몽고족은 쫓겨나고 중원은 다시 한족이 세운 명나라 품으로 돌아갔다. 그리고 276년 뒤 여진족의 후예인 만주족이 명나라로부터 중원을 빼앗았다. 만주족이 세

8 원나라 세조가 사냥에 나선 모습. 칭기즈칸의 손자 쿠빌라이는 중국을 정복해 원나라를 세우고 황제(세조)가 되었다. 몽고족만으로는 중국 전 지역을 다스리기 힘들자 그는 중요한 관직을 외국인에게 맡겼다 (『동방견문록』을 쓴 마르코 폴로가 이런 경우다). 마르코 폴로는 쿠빌라이가 세계적 군주의 모델이라며 후한 평가를 내렸지만, 그가 파티나 사냥에 탐닉하고 가끔 잔인한 행동을 한다는 약점도 지적했다.

운 청나라도 원나라처럼 "이제는 우리가 중화"라고 노래부르며 중국 문화에 푹 젖어들었다. 중국 역사 전체에서도 손꼽히는 명군들인 강희제(청나라의 제4대 황제), 옹정제(청나라 제5대 황제), 건륭제(청나라 제6대 황제) 등은 가장 '중화'적인 만주족 황제였다.

바로 여기에 중화 사상의 힘이 있다. 인류 역사 속에 자기 민족이 제일이라는 사상은 많이 있었다. 고대 그리스인은 주변 민족들을 '바르바로이'*라고 불렀는데 이것이 야만인을 뜻하는 영어 단어 'barbarian'의 어원이다. 또 유대인은 자신들이 하느님으로부터 선

9 명나라 때 완성된 자금성의 모습. 북두성(北斗星)의 북쪽에 위치한 자금성(紫禁星)이 천자가 거처하는 곳이라는 데서 '자금'이란 이름을 붙였다고 한다. 지금의 자금성은 명·청대에 여러 차례 개축·보수 공사가 이루어진 모습이다. 그림은 명나라 때 그려진 자금성 모습.

* 바르바로이 : 본래 뜻은 '알 수 없는 말을 쓰는 사람'으로, 우열 평가를 포함하지 않은 중립적인 말이다. 그러나 이국인 노예를 많이 사용했던 기원전 5~4세기경에는 이 말에 경멸의 뜻이 포함되었고, 그리스인을 가리키는 '헬레네스'와 대비되는 '열등자, 거칠고 야만적인 자'라는 뜻으로 사용되었다.

택받은 민족이라는 '선민사상'을 가지고 있었고, 이들을 탄압한 독일의 나치는 게르만 우월주의를 신봉했다. 그러나 그 어떤 자민족 중심 사상도 중화사상처럼 확고한 물질적 기반을 가지고 오랜 세월 위력을 떨쳐온 것은 없다.

이처럼 강력한 중화사상은 두 가지 가능성을 동시에 지니고 있다. 자신들의 문화를 계속 최고로 유지하기 위해 노력하면서 이웃에도 좋은 영향을 미칠 가능성과, 자신들만이 최고라면서 이웃 나라와 민족을 괴롭힐 가능성이다. 어느 쪽이든 바로 이웃에 있는 우리에게는 직접적인 영향을 미칠 것이다. 중국이 세계를 향해 포효하기 시작한 지금, 우리는 이 큰 나라의 이웃에 있으면서도 독창적인 문화를 잃지 않고 가꾸어온 조상들의 지혜를 다시 한 번 음미해야 할 것이다.

10 청나라의 4대 황제 강희제의 모습. 뛰어난 궁술을 지닌 탁월한 군사지도자였던 강희제는 행정업무에도 지칠 줄 모르는 놀라운 정력으로 임했다고 한다. 제출된 모든 보고서를 다 읽었으며, 하루 400건에 달하는 문서도 모두 꼼꼼히 읽고 결재했다고 한다. 학문도 좋아했던 그는 병에 걸렸을 때도 책을 손에서 놓지 않았고, 주자가 주장한 유교적 이상을 열심히 실천하려고 노력했다.

민주주의 속의 독재

아테네 V

중국 은나라에서 청동기 문명이 한창일 무렵 그리스에서는 미케네 문명을 꽃피웠다. 그러나 트로이 전쟁의 주역인 미케네 문명은 기원전 1200년경 철저히 파괴되었고, 그리스는 한동안 기록이 남아 있지 않은 암흑시대로 들어간다. 그 뒤 중국에서 주나라가 일어난 시기와 비슷한 때에 그리스 곳곳에서는 폴리스라는 작은 도시국가가 일어난다. 이 중 두드러진 곳이 스파르타와 아테네였다. 스파르타는 정복자들이 다수의 원주민을 정복하여 가혹한 독재를 행사한 폴리스로, 반대로 아테네는 여성과 노예를 제외한 전 시민이 민주주의를 누린 폴리스로 알려져 있다.

1 아테네 시민들 앞에서 연설하는 페리클레스.

독재 속의 민주주의

S 스파르타

2

민주주의와 독재는 흔히 공존할 수 없는 개념으로 알려져 있다. 하지만 사회주의 혁명가 레닌은 민주주의와 독재가 '동전의 양면'이라고 말했다. 이것은 지금까지 한 나라의 모든 사람들이 동등하게 참여하는 민주주의란 없었으며, 일부 계층이 다른 계층을 억압하면서도 자기들끼리는 민주주의를 누렸다는 뜻이다. 고대 그리스의 대표적 폴리스이자 맞수였던 아테네와 스파르타를 살펴보면 레닌의 이 말도 일리가 있음을 알 수 있다. 흔히 아테네는 민주주의 국가로, 스파르타는 독재 국가로 알려져 있지만 두 나라는 민주주의 속에서 독재를, 독재 속에서 민주주의를 추구했다.

2 스파르타 정예군을 이끌고 테르모필레 전투에 나선 레오니다스 왕.

3

아테네는 민주주의? 스파르타는 독재?

1997년 우리나라에서 사상 최초로 평화적 정권 교체를 이룩한 김대중 전 대통령은 '민주주의와 시장 경제'를 즐겨 강조하곤 했다. 민주주의와 시장 경제는 유럽에서 시작된 것이지만, 우리나라를 포함한 아시아 나라들과 모든 인류에게 보편적으로 적용될 수 있는 가치라는 것이다.

이에 대해 싱가포르의 리콴유 전 수상은 '아시아적 가치'를 내세우며 반박하곤 했다. 아시아에는 서구에서 수입된 민주주의와 달리 유교적 전통에 입각한 고유의 정치·사회적 가치가 있으며 이것으로도 얼마든지 시장 경제를 풀어갈 수 있다는 것이다.

리콴유의 말은 민주주의가 서구에 맞는 정치 체제이고 아시아에는 아시아에 맞는 정치 체제가 있다는 말이다. 오랜 세월 민주화를 갈구해온 우리 국민의 입장에서는 잘 이해가 안 되고 또 위험해 보이는 논리가 아닐 수 없다. 그러나 민주주의가 어떻게 시작되었고 지금까지 어떤 문제점을 드러내왔는지, 우리가 민주주의를 완성하기 위해서는 무엇을 해야 하는지를 다시 한 번 돌아보게 만드는 말이기도 하다.

고대 그리스의 맞수였던 아테네와 스파르타를 다루면서 이런 이야기를 꺼내는 까닭은 무엇일까? '민주주의'란 것이 서양에서는 도대체 어떻게 시작되었으며, 그 성격은 무엇이고, 어떤 조건 아래 성립되었는지에 관해 이 두 나라가 좋은 모델이 되기 때문이다.

3 기원전 5세기에 아테네 민주주의와 아테네 제국을 발전시켜 아테네를 그리스의 정치·문화 중심지로 만든 페리클레스. 직접민주주의의 이상적 형태를 실현한 인물이지만(외국인·노예·여성에게는 참정권이 없었음), 반스파르타 노선을 기본 정책으로 삼은 탓에 그리스를 전란의 소용돌이 속으로 밀어넣은 장본인이기도 하다.

4

두 나라 가운데 아테네는 서구 사람들에 의해 '민주주의의 고향'으로 추앙받고 있다. 아테네는 민주주의를 발명하고 이것을 철저히 실천해 나갔으며 그 바탕 위에서 부국강병을 이루고 찬란한 고전 문화를 꽃피웠다고 서구 사람들은 말한다. 거기에 반해 스파르타는 '스파르타 훈련'이라는 비민주적 교육을 통해 국민을 전쟁 기계로 길러낸 민주주의의 적으로 그려진다. 이 나라는 자국의 국민을 억압했을 뿐 아니라 고대 그리스의 패권을 놓고 아테네와 싸워 그 찬란한 민주주의 국가를 파괴한 침략자로 낙인 찍혀 있다.

이러한 일반적인 인식이 과연 어디까지 사실일까? 우리는 아테네 모델만 잘 계승하고 스파르타 같은 위협 요소에 대처하면 영속적인 민주와 번영을 누릴 수 있을까? 어느 때는 외적에 맞서 함께 싸운 혈맹이었고, 또 어느 때는 서로의 심장에 칼을 겨누는 적국이었던 두 폴리스의 맞수 관계를 살펴보면서 이 물음에 대한 답을 찾아보자.

진취적인 아테네와 보수적인 스파르타

"아테네 사람들은 진취적 국민이다. 그들은 판단이 빠르고 그 판단을 곧장 실천에 옮기는 사람들이다. 그러나 당신들(스파르타)은 이미 얻어놓은 것을 잃어버리지 않으려고 버둥거리기만 하고 마땅히 행동을 해야 할 때에도 우물거리기만 한다."

이 말은 고대 그리스의 수십 개 폴리스 중 하나였던 코린토스 사람이 폴리스들의 회의에

4 기원전 7세기경에 활동한 고대 스파르타의 전설적인 입법자 리쿠르고스. 스파르타 제도의 대부분을 그가 제정했다고 하는데, 실존 인물인지는 아직도 확실치 않다. 하지만 많은 역사학자들은 기원전 7세기 후반에 스파르타에서 일어난 과감한 개혁이 리쿠르고 스라는 인물과 연관이 있었을 거라고 여긴다. 이 설에 따르면 리쿠르고스는 노예반란을 방지하기 위해 고도로 군사화된 공동사회조직을 고안해냈고, 이 제도가 스파르타의 독특한 기질을 형성시켰다고 한다.

참가하여 스파르타 대표에게 퍼부은 독설이다. 아테네 역사가인 투키디데스의 명저 『펠로폰네소스 전쟁사』*에 기록되어 있는 이 말은 다음과 같이 이어진다.

"또 아테네 사람들은 힘에 겨운 모험도 용감히 해낸다. 위험하다고 생각하면서도 대담하게 해내려 하며, 위험 속에서도 결코 희망을 버리는 일이 없다. 당신들은 할 수 있는 일도 하지 않고 명확한 것도 의심하는 습관을 가지고 있다. 재난이 닥쳐오면 피할 수 없는 것이라고 단념하고 만다. 더욱이 아테네 사람들은 민첩한 행동을 즐겨 하는데, 당신들은 질질 끌려고만 할 뿐이다. 아테네 사람들은 해외로 진출하려 하는데 당신들은 자기 나라 안에 처박혀 있다. 또한 그들은 해외로 나가서 무엇을 얻으려고 하지만, 당신들은 조금만 움직여도 갖고 있던 것을 잃지나 않을까 두려워한다. 아테네 사람들은 일차적인 성공에 만족하지 않고 앞으로 나아가며, 설사 실패하였다 해도 완전히 후퇴하는 일이 없다."

이 말에 대해 많은 독자들은 고개를 갸우뚱거리며 이렇게 말할 것이다.

"아테네에 관한 말은 맞는 것 같은데 스파르타 사람들을 겁쟁이로 묘사한 것은 좀 이상한데!'

그도 그럴 것이 스파르타 사람들은 어린아이를 절벽에서 굴려 살아남은 아이만 키운다고 할 만큼이나 강인하고 용맹하기로 소문난 국민이기 때문이다.

그러나 코린토스 사람이 가리키는 것은 스파르타 사람들 자체가 아니라 그 나라의 성격

5 그리스인들의 전투 장면. 펠로폰네소스 전쟁은 민주정의 아테네와 과두정(소수의 몇몇이 지배하는 정치 체제)의 스파르타의 싸움이었기에, 민주정과 과두정이라는 두 정치 체제의 싸움으로 말해지기도 한다.

* 펠로폰네소스 전쟁 : 기원전 431년부터 27년 동안 아테네와 스파르타가 그리스 세계의 패권을 놓고 벌인 건곤일척의 대전(大戰)이었다. 이 전쟁은 결국 스파르타의 승리로 끝났으나, 전쟁 이후 고대 그리스는 쇠락의 길을 걷게 되었다.

이다. 진취적이고 개방적인 아테네와 달리 스파르타는 보수적이고 폐쇄적이었다. 아테네는 해외에 식민지를 많이 개척하고 널리 인재를 받아들여 사상과 문학·예술 등 문화의 모든 분야에서 고전 문화의 꽃을 피웠다. 반면 스파르타는 나라의 문을 닫아걸고 체제를 지키는 데 급급했다.

두 나라의 성격이 이처럼 판이하게 달랐던 것은 역사적 배경의 차이 때문이지만, 아테네가 과감하게 도입하고 실천한 민주주의의 힘도 무시할 수 없다. 기원전 6세기 중엽, 아테네에서는 참주(비합법적 수단으로 정권을 잡은 지배자)라고 하는 귀족의 대표가 독재 권력을 행사하는 가운데 귀족 계급이 평민과 노예들 위에 군림하고 있었다. 그러다가 기원전 6세기 말에 클레이스테네스라는 위대한 정치가가 참주를 추방하고 일정한 재산을 갖춘 시민도 정치에 참여할 수 있는 민주주의를 확립했다.

그 효과는 얼마 뒤 일어난 이란(페르시아) 전쟁*에서 바로 나타났다. 서아시아의 강력한 전제 국가였던 이란은 소국의 무리에 지나지 않은 그리스를 집어삼키겠다고 전쟁을 일으켰지만, 기원전 490년 마라톤 전투에서 충격적인 패배를 당하고 물러나야 했다. 그리스 승리의 원동력은 아테네를 주축으로 한 중장비 보병이었다. 민주주의가 도입되면서 나라의 명실상부한 주인이 된 시민들이 각자 갑옷과 무기를 준비하여 필사적으로 싸운 것이다.

---

6 아테네 시민들의 반대에 맞서 자신의 법이 정당함을 주장하고 있는 솔론(쿠아펠의 그림). 솔론은 귀족 계급의 권력독점을 폐지하고 대신 부유한 시민이 통치하는 제도를 도입했는데, 그리스 시민들의 연간 소득을 조사해 4가지 소득층으로 나누었다. 이때부터 정치적 특권은 이 구분을 토대로 배분되었는데, 극빈층을 제외한 모든 사람들은 민회의 일을 미리 준비하는 400인호에서 1년간 활동할 수 있었다. 솔론의 개혁은 독재정치를 막고 아테네의 민주주의를 여는 기반이 되었으며, 클레이스테네스는 솔론의 개혁을 거울삼아 본격적으로 아테네 민주정을 만들어갔다.

---

* 이란(페르시아) 전쟁 : 이란이 그리스를 침범하여 일어난 전쟁으로, 기원전 492~479년 사이에 세 차례에 걸쳐 일어났다. 1차전에서 이란군은 그리스 북부 해상에서 폭풍을 만나 싸워보지도 못한 채 퇴각했고, 2차전과 3차전에서는 그리스 동맹군이 크게 승리하여 이란의 침공을 막아냈다.

7

기원전 480년 이란이 다시 쳐들어왔을 때는 재산 없는 대중까지 참전하였고 이들은 살라미스 해전에서 혁혁한 공을 세웠다. 그 결과가 반영되어 이후 아테네는 무산(無産) 대중을 포함한 모든 희망자 가운데서 추첨으로 공직자를 뽑을 만큼 민중 모두에게 권력이 개방된 민주주의로 나아갔다. '민주주의'를 의미하는 그리스어 '데모크라티아' 자체가 '민중 권력'이라는 뜻이었다.

반면 스파르타는 개방적인 민주주의로 나아가는 데 근본적인 한계가 있었다. 북방에서 이주해온 도리아인(고대 그리스인의 한 종족. 기원전 12세기쯤에 그리스 반도로 남하하여 스파르타·코린토스 등의 폴리스를 건설함)이 먼저 이곳에 살던 사람들을 정복하여 노예인 헬롯이나 반(半)자유민인 페리오이코이로 만들어버리고 자기들만 자유민으로 살았기 때문이다.

전체 인구의 10분의 1에 불과한 소수의 도리아인이 대다수의 노예나 반자유민을 지배하기 위해서는 당연히 강력한 독재가 필요했다. 독재를 유지하려면 도리아인 모두가 강인하고 철저한 전사로 단련될 필요가 있었다. 그래서 이른바 '스파르타 교육'이 나오게 되었다.

도리아인 남자아이는 일곱 살만 되면 가정을 떠나 국가가 운영하는 공공 교육장에 들어가 엄격한 훈련을 받았다. 교육의 목표는 고통과 결핍을 견디고 강한 체력을 갖춘 군인

7 들이받는 충각을 설치한 그리스 군의 배가 이란 해군을 격파한 살라미스 해전. 그리스의 사령관 테미스토클레스는 이란 함대를 유인해 좁은 해협으로 끌어들여 움직이기 어렵게 만든 후 소형 갤리선들로 들이받으며 맹공을 퍼부어 300여 척의 이란 배를 침몰시켰다.

8

을 양성하는 데 있었다. 달리기·검술·씨름·승마·투창 등이 필수 과
목이었다. 무용은 자기를 방어하고 적을 공격하는 전투 무용만을, 음악
은 용기를 북돋우고 애국심을 높이는 전투 음악만을 배웠다. 읽기·쓰
기·셈하기 같은 교육은 일상 생활에 필요한 기초적인 것만을 배웠다.

스파르타 교육은 남자뿐 아니라 여자도 가만히 놓아두지 않았다. 여자도 남자들 못지않
은 엄격한 훈련을 받아야 했다. 남자들이 전쟁터에 나갈 경우 여자들만으로도 국내에서
노예들의 반란을 진압할 수 있어야 했기 때문이다.

이러한 스파르타 교육에 힘입어 도리아인은 노예들을 농사꾼으로 부리면서 생산에서 해
방된 자유민 생활을 계속해 나갈 수 있었다. 그러므로 스파르타가 아테네와 달리 가진
것을 잃지 않으려고 쩔쩔매는 나라로 여겨졌던 것이다.

동전의 양면, 민주주의와 독재

지금까지 간략히 살펴본 대로라면 확실히 아테네는 진취적인 민주 국가였고 스파르타는
폐쇄적인 독재 국가였다. 그러나 한 꺼풀 더 들어가 보면 그렇게 무 자르듯이 단정지을
수 있는 문제는 아니라는 것을 알 수 있다.

우선 아테네 민주주의는 많은 한계를 지니고 있었다. 노예와 여자는 완전히 배제된 민주

8 스파르타의 전사. 스파르타 사람들은 강인하고 용
맹하기로 소문난 국민이었다.

주의였기 때문이다. 아테네나 스파르타나 노예가 인간으로 대접받지 못한 것은 마찬가지였으니까 어쩔 수 없다고 치자. 그러나 여성의 경우, 아테네의 자유민 여성들은 스파르타의 자유민 여성들보다 훨씬 부자유스러웠고 철저하게 억압받았다.

스파르타의 여성은 남성과 동일하게 가혹한 훈련을 받은 만큼 사회적인 지위도 비교적 평등하게 누렸다. 그뿐 아니라 재산에 따라 차별 받은 아테네의 자유민과 달리 비록 사회의 소수이긴 하지만 스파르타의 자유민끼리는 훨씬 더 철저한 민주주의를 실천했다.

또 국내에서는 민주주의를 꽃피운 아테네가 대외적으로는 비민주적인 행위를 일삼은 것도 문제다. 아테네는 이란의 그리스 침략을 물리치는 데 결정적인 역할을 한 뒤 어깨에 힘을 주면서 다른 폴리스들을 착취했다. 가장 대표적인 예로 델로스 동맹의 기금을 아테네로 옮겨와 멋대로 유용한 사실을 들 수 있다. 이런 행태는 자기 나라에서는 민주주의를 하면서 다른 조그만 나라에는 부당한 압력을 행사하곤 하는 오늘날의 강대국들을 연상시킨다. 결국 이런 아테네의 이중적인 처사를 시기하고 경계한 스파르타가 아테네를 침공했던 것이다.

고대 그리스에서 한동안 꽃피었던 민주주의는 오랜 세월 사라졌다가 근대 시민혁명*과 함께 부활했다. 그리고 서구와는 다른 전통을 가지고 있는 우리 사회에서도 보편적인 가치로 받아들여지고 있다. 그러나 우리가 진정한 민주주의로 나가기 위해서는 아테네와

9 아크로폴리스의 여인상. 주로 집안일만 하는 아테네의 자유민 여성들은 스파르타 여성들보다 훨씬 부자유스러웠고 철저하게 억압받았다.   **10** 스파르타 여성 전사.

* 근대 시민혁명 : 신흥 시민 계급이 절대왕정에 맞서 일으킨 혁명으로 프랑스혁명이 대표적이다. 근대 시민혁명 과정에서 고대 그리스 이후 외면당하고 있던 '민주주의'가 새롭게 각광을 받았으나, 아테네의 수준을 넘어 무산계급과 여성에게까지 정치적 권리(투표권)가 확산되는 데에는 150여 년의 시간이 더 필요했다.

스파르타의 경험을 결코 잊어서는 안 된다. 우선 한 사회의 모든 계층이 실질적으로 권력에 참여할 수 있어야 한다. 모든 국민이 경제적·사회적 제약 없이 민주적 권리를 누릴 수 있어야 하며, 정부는 모든 국민의 투명한 감시 아래 놓여 있어야 한다. 이런 조건이 마련되지 않는 한 민주주의는 일부 국민의 축제에 불과하다. 또한 나라와 나라 사이에도 민주주의의 원칙이 지켜져야 한다. 자기 나라에서는 민주주의를 시행하면서 다른 나라에 대해서는 강압과 차별을 자행한다면 그러한 민주주의는 국가 이기주의에 불과한 것이다.

고대 서양의 패권을 둘러싼

그리스 V

이집트와 서아시아는 세계에서 가장 오랜 문명의 발상지이다. 기원전 525년 이 고대 문명을 통합하여 인더스 강에서 사하라 사막에 이르는 대제국을 건설한 사람들이 있었다. 당시 그리스 사람들이 '페르시아' 라고 부르던 이란 고원에 사는 사람들이었다. 그들이 건설한 고대 이란 제국에 비하면 당시 그리스의 폴리스들은 문명의 변방에 속한 작은 세계였다. 그리스 사람들은 이집트와 서아시아를 '오리엔트', 즉 해 뜨는 찬란한 문명의 고향으로 여기며 그 세례를 받아 조금씩 개성 있는 문화를 일구어

주도권 대결

S 이란

나가고 있었다. 고대 이란 제국은 '오리엔트'를 통일한 데 그치지 않고 그리스까지 침략했지만 폴리스들의 완강한 저항에 부딪혀 실패했다. 비록 이란이 그리스를 직접 지배하지는 못했지만, 여전히 그리스의 폴리스들에 많은 영향력을 행사했다. 훗날 그리스 세계를 통일하고 이란 제국에 맞선 세력은 그리스 변방에 있던 마케도니아였다. 그리하여 기원전 334년, 마케도니아와 이란 제국 사이에는 유라시아 대륙 서쪽의 운명을 가름하는 충돌이 벌어지게 되었다.

1 이수스 전투 장면. 마케도니아의 알렉산드로스(왼쪽)와 이란 제국의 다리우스(오른쪽)의 대결.

고대 지중해 세계의 해결사 이란 제국

1935년 이란 국왕 레자 샤는 전세계를 향해 이렇게 요청했다.

"우리나라를 더 이상 '페르시아'로 부르지 말고 '이란'으로 통일해서 불러주십시오."

전에는 '페르시아'였던 국호를 '이란'으로 바꾼다는 뜻이 아니다. 이 나라 사람들은 처음부터 자기 나라를 '이란'으로 불렀는데, 외국 사람들이 자꾸 '페르시아'라고 부르니까 이것을 바로잡겠다는 것이다.

고대의 신비로운 나라 페르시아가 오늘의 이란이라는 것을 아는 사람은 그리 많지 않을 것이다. 더구나 이 나라 사람들이 처음부터 자기 나라를 '페르시아'가 아닌 '이란'으로 불렀다는 것을 아는 사람은 과연 얼마나 될까?

그렇다면 이란과 페르시아라는 이름에는 각각 어떤 뜻이 담겨 있기에 그 호칭이 이 나라 사람들에게 그토록 중요한 것일까? 우선 '페르시아'란 이름은 고대 그리스 사람들이 이란 고원의 한 지명을 따서 부르던 말이다. 특별히 이란 사람들을 깔본다거나 왜곡해서 부르던 호칭은 아닌 셈이다. 그러나 고대 그리스의 정신적 후계자를 자처하는 유럽 사람들이 이 명칭을 계속 사용할 때는 의식적이든 무의식적이든 자기네 위주로 이란을 바라보는 관점이 깔려 있을 수밖에 없다.

거기에 비해 '이란'이라는 호칭에는 이 나라 사람들의 주체적·민족적 자부심이 그대로

2 베히스툰(Behistun, 지금의 비시툰)의 암벽비. 고대 이란왕 다리우스 1세는 당시의 수도에서 바빌론을 연결하는 가도에 있는 바위산의 가로 12m, 세로 5.5m 절벽면에 비문과 부조를 새기게 했다. 이 장대한 비문은 페르시아·엘람·바빌로니아 등 3개어로 표시되어 있으며, 다리우스는 여기에서 자신이 왕위를 계승하고 전쟁에서 승리한 것은 조로아스터교의 신 아후라 마즈다(지혜의 주主)의 뜻에 의한 정당한 일이었다고 쓰고 있다.

담겨 있다. '이란' 이란 '아리아인의 나라' 라는 뜻이며, '아리아' 는 '고귀하다' 는 뜻이다. 아리아인은 기원전 2천 년경부터 유라시아 대륙의 각 문명 지대로 남하하기 시작한 유목민 가운데 이란과 인도로 진출한 사람들이다. 때로는 이집트, 로마, 그리스, 서아시아 등으로 진출한 이들 백인 유목민 전체를 가리켜 아리아인이라 부르기도 한다. 이들은 각지에서 꽃피고 있던 고대 문명을 정복하거나 흡수하여 새로운 문명을 일으켜 세웠다. 결국 오늘날 유럽과 북아프리카, 서아시아, 인도를 잇는 거대하고 다양한 문명권의 각 민족은 본래 같은 유목민에서 갈라져 나온 셈이다.

이들 가운데 이란 민족은 그 이름처럼 '아리아인의 원조' 를 자처해도 될 만큼 거대한 제국으로 성장했다. 잘 알려진 것처럼 이집트와 서아시아는 세계에서 가장 오랜 문명의 발상지이다. 진정한 의미에서 이 고대 문명을 통합하여 하나의 거대한 용광로 속에 녹여 낸 최초의 '세계 제국' 이 바로 이란 제국이다. 세계사 교과서에 나와 있는 '페르시아 제국' 은 이란 제국을 부르는 유럽식 호칭인 셈이다.

기원전 525년, 인더스 강에서 사하라 사막에 이르는 대제국을 건설한 이란인은 그 뒤 약 200년 동안 번영을 누렸다. 지중해 연안의 북아프리카, 남유럽, 서아시아 일대가 모두 이란 제국의 세력권이었으며, 이 나라는 오늘날 미국과 비슷한 '경찰 국가' 의 면모를 과시했다.

3 고대 이란 제국의 기초를 다진 키루스 대왕. 정복한 지역에 대해 그 지역의 신(神)과 풍습을 인정하고 자치를 허용하는 등 유화정책을 펼쳐, 그리스인 등 다른 민족들로부터도 존경을 받았다. 바빌로니아에 포로로 잡혀 있던 유대인들을 해방시켜 고향에 돌아가게 해준 일로도 유명하다. 용맹하면서도 관대했던 그의 영웅적 기질과 인품은 그리스인들에게 널리 알려졌고 알렉산드로스에게까지 영향을 미쳤다. 1971년에 이란은 키루스 제국 창건 2,500주년 기념식을 가지기도 했다.

4

이 나라가 마음먹은 대로 좌지우지할 수 없었던 곳은 그리스의 폴리스들이 유일했다. 아테네를 중심으로 한 그리스인은 두 차례에 걸쳐 이란 제국의 침입을 격퇴했고(페르시아 전쟁), 이란은 그리스를 직접 지배하는 데 실패했다. 그러나 이 전쟁 뒤 이란이 그리스에서 완전히 손을 뗀 것은 아니다. 이란은 전쟁 뒤에도 여전히 강력한 제국으로 군림하면서 그리스의 폴리스들에 직간접적으로 많은 영향력을 행사했다.

이런 이란 제국의 간섭을 완전히 물리치고 나아가 이 제국의 숨통을 끊어놓은 주인공은 아테네인도 스파르타인도 아닌, '그리스인이 되고 싶었던' 변방의 한 젊은이였다.

그리스인이 되고 싶었던 '야만인' 알렉산드로스

오늘날 지도를 펼쳐놓고 '마케도니아' 라는 지명을 찾으려면, 어지간한 지리 지식이 없고서는 한참을 헤매야 한다. 또 기껏 찾아놓고 나면 마케도니아라는 곳이 두 군데여서 어찌된 영문인지 고개를 갸우뚱거리게 된다. 하나는 옛 유고 연방에서 갈라져 나온 마케도니아 공화국, 다른 하나는 그리스의 한 지방인 마케도니아 주(州)이다. 정치적인 이유로 나뉜 두 '마케도니아' 는 어느 쪽이든 발칸 반도의 잊혀진 변방에 지나지 않는다.

지금부터 2,300여 년 전의 마케도니아도 똑같이 잊혀진 변방이었다. 그리스의 북쪽에 자리 잡은 이 나라는 아테네, 스파르타 같은 선진적인 폴리스 체제까지 나아가지 못한 소

4 알렉산드로스의 아버지 필리포스 2세. 그는 마케도니아를 안정시키고 군사적 · 외교적 수단을 동원하여 그리스 전역에 대한 지배권을 확립했다. 필리포스는 그리스에서 인정받기 위해 많은 그리스인 명사들을 자기 궁정에 끌어들였지만 평생 동안 아테네에 발을 들여놓은 적은 없었다고 한다. 이 사실은 정치적으로 아테네인들과의 친선이 필요하긴 했으나, 필리포스가 그들에게 어떤 호감도 없었던 것을 말해주고 있는 건 아닐까?

왕국이었다. 그리스의 여러 폴리스들이 4년마다 모여서 친선을 다지는 올림픽을 열었다는 사실은 잘 알려져 있다. 그리스의 일원이 되고 싶었던 마케도니아는 올림픽이 열릴 때마다 참가 신청을 냈지만, 그리스 폴리스들은 자격 미달이라는 이유로 마케도니아의 참가를 거절했다.

후진국 마케도니아가 찬란한 문명 국가들의 모임인 '그리스 클럽'에 가입할 방법은 단 한 가지밖에 없었다. 군사력을 키워 그리스 전체를 자기 손안에 넣는 것이다. 이 최악의 시나리오는 기원전 4세기에 마케도니아를 다스린 필리포스 2세에 의해 현실로 나타났다. 그는 긴 창을 든 병사들을 밀집 대형으로 세워 그리스군의 중장비 보병대를 돌파하는 전략으로 여러 폴리스를 무찔렀다. 필리포스 2세의 아들인 알렉산드로스가 20대의 젊은 나이로 아버지의 뒤를 이었을 때, 그에게는 마케도니아의 지배권 아래 통일되어 있는 그리스 연맹이 화려한 유산으로 주어졌다.

필리포스 2세는 비록 무력으로 그리스를 차지했지만 그리스의 찬란한 문화 유산을 파괴하는 어리석은 짓을 하지는 않았다. 그는 자기 아들 알렉산드로스에게도 아리스토텔레스라는 최고의 선생을 붙여주어 그리스 문화로 무장된 교양인으로 길러내려고 애를 썼다. 아버지의 드높은 상무(尚武 : 무예를 숭상함) 정신과 스승의 고결한 숭문(崇文 : 글을 숭상함) 정신을 함께 물려받은 알렉산드로스는 타고난 제왕 기질까지 발휘하여 역사상

---

5 고대 그리스의 가장 뛰어난 웅변가였던 데모스테네스의 흉상. 자신과 동년배인 필리포스 2세가 그리스에 위협적인 인물임을 일찌감치 느낀 데모스테네스는 필리포스 2세에 대항하는 연설문 「필리포스 탄핵」을 발표하는 등, 아테네 시민들로 하여금 필리포스와 그의 아들 알렉산드로스에게 대항하도록 만들었다. 그러나 결국 친알렉산드로스파에게 밀린 그는 감금과 망명을 당하는 등 고된 세월을 보내다가 독약을 마시고 자살했다. 그의 뛰어난 연설문은 로마의 키케로나 영국의 여왕 엘리자베스 1세 등 후대의 정치가들에게 큰 영향을 미쳤다.

보기 드문 정복자가 되었다.

왕위에 오른 알렉산드로스는 마케도니아의 지배 아래 있는 그리스인에게 물었다.

"나는 여러분과 같은 그리스인으로서 여러분의 소망을 풀어주고 싶소. 여러분이 염원하던 바를 말해보시오."

그리스 사람들은 입을 모아 대답했다.

"우리의 원수는 이란입니다. 이란을 정벌하소서."

알렉산드로스는 회심의 미소를 짓고 그리스의 이름으로 이란 제국 정벌에 나섰다. 이란을 정복하는 것은 그 당시 이 지역 사람들에게는 세계를 정복하는 것과 다름없었다. 이같은 세계 정복은 알렉산드로스가 어려서부터 키워온 꿈이었다. 그는 늘 이런 말을 되뇌곤 했다.

"스승이신 대학자 아리스토텔레스께서 지식으로 세계를 정복했다면, 나는 칼로 세계를 정복하겠노라."

알렉산드로스가 이끄는 그리스 연맹군은 기원전 334년부터 4년에 걸쳐 1만 8천 킬로미터의 대장정을 펼친 끝에 이란 제국을 정복했다. 시리아, 이집트, 바빌로니아 등 이란 제국의 영토들을 야금야금 먹어 들어간 알렉산드로스는 기원전 331년, 가우가멜라 전투에서 마침내 이란 제국의 최종 항복을 받아냈다. 싸움에 패하고 도주한 이란 제국의 다리

6 이란 제국의 수도였던 페르세폴리스의 유적. 다리우스 1세가 즉위한 후 건설한 수도로, 거대한 건물들의 유적이 수없이 남아 있을 만큼 장대한 규모였다. 기원전 330년 알렉산드로스가 침략해 왕궁들을 불태웠는데, 이는 이란 제국이 그리스와의 전쟁 때 아테네를 불태웠던 것에 대한 보복이었다고 한다.

7

우스 3세는 신하에게 비참하게 살해당했다.

30세의 알렉산드로스는 이란의 대도시 수사에서 전쟁 목적이 달성되었음을 선언하는 대축제를 열었다. 이 자리에서 그는 그리스와 서아시아는 이제 하나라고 선포하며 다리우스 3세의 공주 스타티라를 아내로 맞이했고, 고위 부관 80명도 이란 여인들과 합동 결혼식을 올렸다. 알렉산드로스의 말마따나 그리스군의 이란 정복은 서아시아라는 최고(最古)의 문명 지대와 그리스라는 신흥 문명 지대가 통합되는 역사적 대사건이었다.

그것은 동서양의 대결이 아니라 같은 문명권 내의 충돌이었다

알렉산드로스가 이란 제국의 영토를 차례로 점령하며 진군할 때였다. 그의 군대는 소아시아 반도의 옛 도시인 고르디움에 다다랐다. 이곳의 중앙 광장에는 낡은 전차가 한 대 자리 잡고 있었고, 그 전차에는 아직까지 아무도 매듭을 풀지 못한 밧줄이 매여 있었다. 전설에 따르면 이 매듭을 푸는 자가 '아시아의 왕'이 되리라는 신탁(神託)이 있다고 했

7 알트도르퍼가 그린 「이수스전투」. 알렉산드로스는 아시아 침공 초기에 이수스에서 다리우스 3세가 이끄는 이란군을 대파하고, 세상 끝까지 가보자는 결심을 굳혔다고 한다(당시 유럽과 중동 세계에서는 세상의 끝이 인도라고 생각했다). 이 전투에서 겨우 도망친 다리우스 3세는 2년간의 절치부심 끝에 가우가멜라 평원에서 다시 한 번 전투를 벌였으나, 역시 패배하고, 알렉산드로스는 이란 전역의 지배권을 장악하게 되었다.

다. 알렉산드로스는 밧줄을 이리저리 살피면서 곰곰이 생각하더니 자세를 똑바로 했다. 그리고는 허리에 찬 칼집에서 칼을 뽑아 단번에 밧줄을 끊어버렸다. 전차를 꽁꽁 묶었던 밧줄은 힘없이 흘러내렸다. 알렉산드로스는 칼을 치켜들고는 우렁차게 외쳤다.

"이제 짐이 아시아의 왕이니라."

우리가 흔히 볼 수 있는 세계사 책들은 알렉산드로스의 이란 정복을 '아시아에 대한 유럽의 승리'라고 표현한다. 이란은 아시아 대륙에 있고 그리스는 유럽 대륙에 있으니 틀린 말은 아니다. 그러나 이러한 표현에는 이 사건을 계기로 세계사의 주류가 확실히 유럽으로 넘어갔다는 시각이 깃들어 있다. 이집트와 메소포타미아에서 발생한 세계 문명의 중심축이 바빌로니아(현재의 이라크)와 이란을 거쳐 유럽의 그리스로 넘어갔다는 것이다. 그 뒤 이 같은 추세가 역전되지 않고 그리스에서 로마로, 로마에서 서유럽으로 세계사의 주인이 이어졌다고 한다. 이 같은 역사관을 일컬어 우리는 '서구 중심 사관'이라 부른다.

알렉산드로스가 통합한 그리스와 서아시아, 이집트 일대에서는 각 고대 문명의 혼합이 일어나 '헬레니즘'이라고 불리는 통합 문화가 생겨났다. 이러한 헬레니즘이 그 뒤 로마와 서유럽 문명의 기초를 이룬 것은 분명한 사실이다. 유럽인은 이런 서유럽 문명을 세계사의 주류로 보고 나머지를 야만과 전제로 얼룩진 변방으로 보았다.

8 고르디우스의 매듭을 칼로 끊어버리려는 모습.

그러나 서구 중심 사관에는 명백한 잘못이 있다. 알렉산드로스 원정 당시의 그리스와 이란은 서로 다른 문명권이 아니었다. 그 당시 이란 문화는 같은 아시아의 인도나 중국보다 훨씬 그리스 쪽에 가까웠다. 그리고 알렉산드로스 제국의 탄생과 더불어 그리스와 서아시아는 더욱더 문화적으로 가까워졌다. 헬레니즘은 서유럽 크리스트교 문명의 기초일 뿐 아니라 서아시아 이슬람 문명의 기초이기도 하다. 따라서 알렉산드로스의 '동방' 원정은 유럽인의 아시아 정복이 아니라 지중해 문명권의 주도 세력이 교체되고 이 지역의 통합이 더욱더 진전된 사건으로 보아야 한다. 그것을 동서양의 대결로 보기에는 세계가 너무나 넓은 것이다.

9 알렉산드로스 제국이 최전성기였을 때의 지도. 화살표 표시는 그의 진로를 나타낸다.

다채로운 문화냐

헬레니즘 V

고대 서양 세계를 통일한 알렉산드로스의 제국을 헬레니즘 제국이라고 부른다. '헬레니즘' 이란 그리스인이 자기네 땅을 가리키는 '헬라스' 에서 유래하여 그들의 사상과 문화를 가리키는 말이다. 그 뒤 고대 서양 세계를 물려받은 것이 고대 로마이다. 기원전 2세기, 로마는 북아프리카의 카르타고와 지중해의 패권을 둘러싼 전쟁에서 승리하고 고대 서양 세계를 재통일했다. 로마는 그리스의 문화 유산을 계승하고 정치 제도와 법률, 건축 등 실질적인 분야에서 서구 문명의 기초를 건설해 나갔다.

고대 이집트와 서아시아, 그리스 등의 종교는 다신교였던 반면, 서아시아의 한 귀퉁이에 자리 잡았던 유대인의 종교는 유일신 신앙이었다. 유대인의 별칭인 히브리에서

1 이시스 여신에게 제사를 지내는 성수 의식. 로마는 자연숭배의 전통에 따라 여러 신들을 숭배했다.

독실한 신앙이냐

S 크리스트교

2

유래하여 헤브라이즘이라고도 불리는 이 신앙의 토양 위에서 서기 1세기 예수 그리
스도의 크리스트교가 탄생했다. 당시 로마의 식민지 유대에서 싹튼 이 종교는 '박
애'를 중심으로 하는 보편적 교리를 무기로 세계 제국 로마의 심장부로 파고들었다.
로마 제국에서 소외받은 이들을 중심으로 퍼져간 크리스트교는 313년 마침내 로마
제국의 공인을 받는다. 다채로운 고대 문화의 바탕이 된 헬레니즘과 일원적 가치관
을 내세우는 크리스트교가 이제 로마 제국에서 향후 서양 문명의 중심 가치의 지위
를 놓고 한판 승부를 벌이는 가운데, 대세는 크리스트교 쪽으로 급격히 기울어갔다.

2 예수의 승천을 다룬 삽화. 『신약성서』에 의하면 예수는 부활한 지 40일째 되는 날에 제자들과 사람들이 보는
가운데 하늘로 올라갔다고 한다.

3

서양 문명의 양대 원류

오늘날 인류 사회를 주도하고 있는 유럽과 미국을 크리스트교 문명권이라고 말한다. 크리스트교는 이탈리아·스페인 등 라틴계에서 강세를 보이는 가톨릭과 영국·미국·독일 등 게르만계에서 강세를 보이는 개신교, 러시아·유고 등 슬라브계에서 강세를 보이는 동방정교회로 나뉜다. 이들은 각각 역사적 배경이 다르고 민족적·문화적으로도 차이가 있지만 예수 그리스도를 통한 구원을 추구한다는 점에서 완전히 일치한다. 크리스트교를 한자로는 기독교라고 하는데, '기독'(基督)이란 말은 중국인들이 크리스트교의 창시자인 '예수'(Jesus)를 표기하기 위해 사용한 한자어이다.

유럽인과 미국인이 가지고 있는 도덕적·윤리적 가치관, 세계관, 지식 체계, 문화 예술 등 어느 것 하나도 크리스트교와 떼어서 생각할 수 없다. 역사와 전통이 깊은 유럽의 어느 도시를 가보아도 그 도시를 대표하는 성당이나 교회가 있고, 미국에서는 단돈 1달러짜리 지폐에도 "하느님 안에서 우리는 믿습니다"(In God we trust)라는 문구가 선명하게 아로새겨져 있다.

한편 유럽인과 미국인은 고대 세계의 여러 나라들 가운데 유독 그리스를 자신들의 역사적·정신적 뿌리로 추켜세운다. 19세기 독일의 유명한 철학자 헤겔은 대학에서 역사철학을 강의하면서, "(중국, 인도, 이집트를 지나) 그리스에 이르러서야 우리는 비로소 고향

3 세례 요한에게 세례를 받는 예수를 묘사한 5세기의 모자이크.

에 온 느낌을 받는다"고 말하기도 했다. 세계 최고의 박물관으로 일컬어지는 프랑스의 루브르 박물관은 휘황찬란한 고대 그리스의 조각품들로 가득 차 있다. 또 20세기 미국 철학자 화이트헤드는 "서양의 모든 철학은 고대 그리스 플라톤 철학의 각주에 불과하다"고까지 했다. 또 현대 유럽과 미국의 정치인들은 해마다 그리스의 아테네에 모여 고대에 이 도시가 귀족 정치를 폐지하고 민주 정치를 수립한 날을 '민주주의의 생일'로 기념하고 있다.

그래서 19세기 말에 활약한 영국의 문화 평론가 매슈 아놀드는 서유럽 문화가 그리스 문화와 크리스트교라는 두 가지 대조적인 가치 체계에 기초하고 있다는 진단을 내렸다. 그는 그리스적인 가치 체계를 '헬레니즘'이라 부르고 크리스트교적 가치 체계는 '헤브라이즘'이라 불렀다. 그 뒤부터 헬레니즘과 헤브라이즘을 유럽 문화의 양대 원류로 부르는 것이 일반화되었다.

그런데 서양 문명의 고향으로 여겨지는 고대 그리스 문명은 크리스트교가 탄생하기 전에 등장했던 문명이었다. 크리스트교는 그리스를 계승한 로마 시대에 로마의 식민지였던 이스라엘에서 탄생했다. 그때까지 그리스인과 로마인의 종교는 그들의 문화적 다원성을 반영한 다신교였다. 그러다가 로마가 기울어갈 무렵부터 크리스트교는 국가의 공인을 받으며 급격히 세력을 확장했다. 물론 오랜 전통과 힘을 가지고 있던 그리스 문화,

4 광대한 로마 제국을 통합하고 공고하게 만든 로마의 황제 하드리아누스는 그리스 문명의 열렬한 예찬자이기도 했다. 사진은 하드리아누스가 자신의 별장에 복원한 아프로디테 신전.

즉 헬레니즘이 순순히 주도권을 내줄 리 없었다. 이제부터 고대 서양 세계의 황혼에 벌어진 그 치열한 문화 투쟁의 현장으로 들어가 보자.

콘스탄티누스 대제, 예수를 만나다

로마 문화는 독창적인 것은 아니었다. 그들은 수많은 폴리스로 이루어진 그리스를 점령하고 지배했지만, 그리스가 남긴 문화를 매우 존중하고 자발적으로 계승했다. 로마인들이 숭배하던 여러 신, 예를 들면 주피터라든가 베누스(비너스), 아폴로 등은 그리스 신화의 신들과 동일시되었다. 그리스 문화는 로마 지식인들의 영원한 고향이었다. 로마는 플라톤이나 아리스토텔레스에 비해 품격과 스케일은 떨어지지만 키케로라든가 마르쿠스 아우렐리우스 등의 철학자도 배출했다. 그리스·로마 문화의 특성은 현실을 긍정하고 이 세계를 좀 더 완벽한 것으로 만들거나 이 세계에 좀 더 잘 적응하기 위한 방법을 추구하는 것이었다.

이런 로마에 유일신을 믿고 현실 세계를 강하게 부정하는 크리스트교가 등장한 것은 일종의 문화 충격이었다. 이 세상에 신은 오직 한 분이며 그 신이 세상의 종말이 온다는 것을 알리기 위해 자기 아들을 보냈다는 크리스트교의 교리는 그리스·로마 문화와 충돌할 수밖에 없었다.

5 루마노가 그린 「큐피드와 프시케의 결혼 축제」. 로마의 사랑의 신인 큐피드에게 어머니 베누스는 빼어난 미모의 프시케에게 화살을 쏘아 가장 추악한 사람을 사랑하게 만들라고 했지만, 오히려 큐피드가 프시케를 사랑하게 되었다. 나중에 주피터는 프시케에게 영생을 주어 큐피드와 결혼하도록 해주었다.

역대 로마 황제들은 크리스트교를 금지하고 필요할 때마다 크리스트교도들을 대대적으로 탄압하였다. 수많은 크리스트교도들이 원형 경기장인 콜로세움에서 사자 밥으로 던져지거나 십자가에 못 박힌 채 죽어갔다. 네로 황제가 로마 시내에서 일어난 대화재의 범인을 크리스트교도로 몰아 대대적인 박해를 가한 사건은 역사적 사실 여부를 떠나, 폴란드의 작가인 시엔키에비치의 소설 『쿠오바디스』에서 생생히 묘사되고 있다. 지금도 고대 로마의 유적지에서 그 당시 크리스트교도들이 숨어 지내던 지하 동굴이 많이 발견되고 있다.

그러나 크리스트교는 결코 사라지지 않았다. 이 종교는 여러 신을 믿는 다른 종교에 비해 신앙의 강도가 강하고 배타적이었다. 또한 현세를 강력히 부정하고 다가올 새로운 세상에서 구원을 바라는 교리는 로마의 현실에서 어떤 희망도 기대할 수 없었던 빈민층의 강한 지지를 받았다. 크리스트교는 그들에게 죽음도 두려워하지 않을 신념을 안겨주었다. 그리고 박애를 내세워 민족간·계층간 차별 없이 누구에게나 파고들 수 있는 파급력도 지니고 있었다.

크리스트교를 박해한 로마 제국은 현명한 다섯 명의 황제(5현제)가 잇따라 배출된 2세기까지 영토도 확장되고 국운도 융성했다. 그러나 5현제의 마지막인 마르쿠스 아우렐리우스 이후 점차 국운이 기울더니 디오클레티아누스 황제 때에 이르러서는 방대한 제국을

6 로마의 카타콤 벽에 그려진 삼손과 사자. 카타콤은 지하묘지인데, 초기 크리스트교인들이 로마의 박해를 피해 비밀 예배장소로 사용한 것으로 널리 알려져 있다.

7

감당하지 못해 나라가 둘로 갈라지게 되었다. 이 디오클레티아누스 황제는 크리스트교를 박해한 마지막 황제이기도 하다.

디오클레티아누스가 죽고 난 뒤 제국은 네 동강이 나서 서로 싸우게 되었다. 이 분열의 시대에 등장한 영웅이 대제(大帝)로 불리는 콘스탄티누스였다. 그도 처음에는 전통에 따라 크리스트교에 대해 적대적인 태도를 취했다. 그런데 제국의 재통일을 놓고 다른 황제들과 싸우던 그에게 놀라운 일이 일어났다. 전쟁터를 달리고 있는 그의 앞에 느닷없이 머리카락을 늘어뜨리고 가시관을 쓴 사내가 남루한 옷차림으로 나타난 것이다. 콘스탄

7 313년 밀라노 칙령을 발표해 크리스트교의 신앙의 자유를 선포한 콘스탄티누스는 수도를 콘스탄티노플로 옮기고 이곳을 '제2의 로마'로 건설했다. 그는 자신이 하느님께 선택받은 종이라고 생각했기에 자신의 교회를 잘 다스리는 것이 하느님에 대한 책무라고 생각했다(그는 자신이 예수의 12제자를 잇는 후계자, 즉 13번째 사도라고 생각했다고 한다). 그림은 콘스탄티노플의 전경.

티누스에게 제국의 운명과 내세에 관한 계시를 내리고 사라진 이 사내는 예수 그리스도였다. 이 일을 계기로 콘스탄티누스는 크리스트교로 개종했으며 전쟁에서 승리하여 로마 제국을 재통일했다. 그는 이어 크리스트교를 공인하고 다신교의 전통이 짙게 남아 있던 로마에서 동쪽의 비잔티움(나중에 콘스탄티노플로 개칭. 현재는 터키의 이스탄불)으로 수도를 옮겼다.

콘스탄티누스가 예수의 환영을 본 이야기는 나중에 꾸며낸 것일 수도 있다. 그러나 로마 황제가 크리스트교로 개종한 이 사건은 헬레니즘이 더 이상 로마를 이끌고 나갈 수 없게 되었음을 잘 말해준다. 크리스트교는 이제 서양 세계의 제1인자를 점령함으로써 서양 세계 전체를 점령할 수 있게 되었다.

고독한 배교자(背敎者) 율리아누스

크리스트교는 모든 헬레니즘 전통을 부정했다. 그리스 시대부터 전해 내려오던 다신교 축제인 올림픽도 폐지했다. 다신 신앙뿐 아니라 다원적인 문화에 대해서도 철퇴가 내려졌다. 오늘날의 크리스트교도보다 훨씬 내세가 가까이 왔다고 믿었던 당시 사람들은 헬레니즘이 추구하던 문화니 예술이니 하는 현실의 가치들을 부질없는 것으로 여겼다.

여기에 대해 이제 '문화적 보수주의'로 전락한 헬레니즘의 수호자들도 가만히 있지만은

8

않았다. 콘스탄티누스 대제가 사망한 지 얼마 안 있어 율리아누스라는 강력한 반크리스트교도가 황제로 올라 반격을 시작했다.

율리아누스는 콘스탄티누스 대제의 조카였다. 그는 어려서 권력 투쟁에 휘말린 끝에 변방의 마켈룸이라는 곳에 형과 함께 유폐되었다. 이곳에서 그는 다양한 그리스 고전을 접하고 그 다채롭고 흥미진진한 세계에 매료되었다. 그리고 크리스트교가 다양한 문화를 질식시키고 세상을 무미건조한 단색으로 덮어버린다는 불만을 갖게 되었다.

우여곡절 끝에 황제에 오른 율리아누스는 세련된 반크리스트교 정책을 펼쳤다. 그는 결코 크리스트교도를 탄압하지는 않았다. 그 대신 크리스트교와 반목하는 유대인을 우대하고 그들의 신전을 세워 크리스트교를 견제하게 했다. 그리고 크리스트교가 싫어하는 헬레니즘 문화를 재건하기 위해 노력했다. 그는 「반(反) 갈릴리인」이라는 에세이에서 이렇게 주장했다.

"크리스트교는 우리 국가 유기체 안에 발생한 나쁜 병이다. 헬레니즘과 헤브라이즘(여기서는 유대교 포함) 전통 가운데 가장 나쁜 유전자만 물려받은 기형 종자이다. 예로부터 유일신교 같은 독단 아래서는 문화가 발전할 수 없었다. 유대인의 역사를 보면 그리스·로마가 배출해낸 그 많은 시인, 예술가, 철학자, 과학자가 단 한 명도 없었다. 헬레니즘 세계의 종교적 관용과 다양성을 우상 숭배라면서 배척했기 때문이다. 특히 크리스트교

---

8 율리아누스는 크리스트교를 적대시하고 공공연하게 이교도로 개종을 선언해 훗날 '배교자'라는 별칭을 얻었고, 그의 죽음으로 종교로서의 다신교는 서구에서 그 명맥이 끊기게 되었다.

는 유대교에서 갈라져 나오면서 그 증상이 더욱 심해졌다."

이 에세이의 제목 '갈릴리인'은 예수를 낮추어 가리킨 말이다. 세계의 변방인 이스라엘에서도 변두리의 시골에 불과한 갈릴리 사람, 즉 촌놈이라는 뜻이다.

율리아누스가 통치하는 동안 크리스트교는 상당한 위기를 겪어야 했다. 크리스트교를 믿는 것이 금지되지는 않았지만, 다양성을 존중하는 그의 정책 자체가 유일신교인 크리스트교에는 커다란 위협이었다. 그러나 그의 치세는 길지 않았다. 정치적인 효과를 노리고 이란 원정*에 나섰다가 전쟁터에서 적군의 창을 맞고 예수와 같은 30대 초반의 나이에 요절한 것이다.

그가 죽은 뒤 크리스트교는 다시 권세를 회복했고 율리아누스에게는 '배교자'(背教者)라는 낙인이 찍혔다. 유럽에서 크리스트교의 지위가 위협받는 일은 다시는 없었다. 그리스·로마의 문화를 되살려낸 15세기의 르네상스도 크리스트교를 부정하지는 못했다. 그러나 율리아누스는 오늘날까지도 크리스트교 일색인 유럽에서 이질적이고 다양한 문화를 추구하는 사람들이 그들의 상징으로 삼고 한번쯤은 참고하는 인물로 남아 있다.

9 크리스트교가 지역 종교를 넘어 세계 종교가 되는 데 결정적 역할을 한 인물 중 바울로(사도 바울)를 빼놓을 수 없다. 그는 크리스트교인들을 박해하는 일에 가담했다가 개종한 후 3차에 걸쳐 선교여행을 떠나게 된다. 2차 선교여행 중 데살로니카에서 유대인들의 소동을 피해 아테네로 이동한 바울로는 그곳에서 머무는 동안 아레오파고 광장에서 연설을 하기도 했다. 그러나 그리스 지역에 교회를 세웠던 그도 아테네에서는 단 하나의 교회도 설립하지 못했다고 한다. 그림은 아테네에서 설교하는 바울로의 모습이다.

* 이란 원정 : 율리아누스가 원정한 이란은 사산 왕조(208~651)를 가리킨다. 이란은 기원전 247년 파르티아 왕국이 세워지면서 헬레니즘 제국에서 떨어져 나갔고, 파르티아 왕국은 서기 226년 사산 왕조에게 정복되었다.

고대 사회의 근본적인 맞수,

자유민 V

인간이면서도 인간 대접을 받지 못한 존재. 그들이 바로 고대부터 19세기까지 존재했던 노예이다. 중국과 우리나라에서도 남자 노예인 노(奴)와 여자 노예인 비(婢)로 불리면서 광범하게 존재했던 노예들. 그들의 노동 위에서 귀족과 자유민은 사회를 조직하고 문화생활을 누릴 수 있었다. 특히 '고전 고대'라고 불리는 고대 그리스·로마에서는 노예가 생산을 전담하다시피 해서 그 사회의 경제 관계를 '노예제'라고 부를 정도였다. 고대 서양을 최후로 지배한 로마에서는 한때 전 인구의 1/3이 노예

인간과 말하는 기계

S 노예

였을 정도로 노예제가 발달했다. 로마의 시민과 귀족들은 노예를 혹독하게 부려먹으면서 호화로운 생활을 즐겼다. 그러나 노예도 시민이나 귀족처럼 말을 하고 감정을 느끼고 생각을 할 수 있는 인간이었다. 기원전 1세기 스파르타쿠스를 중심으로 한 70여 명의 노예 검투사들이 로마에 대해 반란을 일으켰다. 이 사건은 고대 사회가 얼마나 비정상적인 억압과 불평등 위에 서 있었는가를 오늘날까지도 잘 보여준다.

1, 2 폼페이의 어느 거실에 그려진 벽화. 폼페이의 유적들은 고대 로마의 일상생활을 알 수 있는 자료들이다. 이 벽화에서 자유민들과 그들의 시중을 들고 있는 노예들(2의 그림)의 모습을 볼 수 있다.

3

인간과 기계의 전쟁

공상 과학 영화 「터미네이터」는 인간과 가장 닮은 기계인 컴퓨터가 인간을 공격해 지구를 지배한다는 발상에서 시작된다. 이 영화는 인간을 너무나도 닮은 컴퓨터가 언제 인간에게 도전해올지 모른다는 막연한 두려움을 오락 영화의 형식 속에 잘 표현하고 있다.

컴퓨터와는 인연이 없었던 고대 세계에도 인간과 매우 닮은 기계가 있었다. 그리스의 석학 아리스토텔레스가 '말하는 도구' 라고 정의했던 그 기계의 이름은 '노예' 였다. 그 당시 노예는 귀족과 자유민에게 너무나도 쓸모 있는 기계였다. 집안이 어질러져 있으면 청소를 해주고, 마음이 어지러우면 아름다운 노래를 불러주었으며, 몸이 노곤하면 안마도 해주고 목욕도 시켜주었다. 볼거리가 필요하면 콜로세움에서 칼과 창을 들고 피와 살이 튀는 검투 경기를 제공했다. 나아가 귀족들이 편안하게 나랏일을 돌보고 지적인 활동에 전념할 수 있도록 광산과 농토에서 헌신적으로 생산에 종사하였다.

그러면 당시의 '인간' 들도 자신과 닮은 이 '기계' 들에게 막연한 두려움을 가지고 있었을까? 그럴 만한 요소는 얼마든지 있었다. 노예들은 말을 할 줄 알 뿐 아니라 귀족과 자유민이 갖고 있는 것과 똑같은 분노의 감정도 가지고 있었다. 그런 노예들을 귀족과 자유민은 혹독하게 부려먹고 있었다. 그들은 노예들이 참다못해 들고일어날 가능성을 의식하고 있었기에 군대와 법의 족쇄를 통해 노예를 꼼짝 못하게 하려고 애썼다.

3 구스타브 블랑제가 그린 「노예시장」. 어린 아이부터 여성, 건장한 남성까지 모두 마치 상품처럼 진열되어 팔리고 있다. 또 상품 정보를 담은 라벨 같은 쪽지를 모두 목에 걸고 있다.

기원전 2세기부터 맞수 카르타고를 꺾고 지중해 세계의 패자가 된 로마는 고대 서양 세계에서 가장 강력한 노예 소유자의 나라였다. 빚이나 죄를 지어 노예가 됐든, 그리스와 서아시아에서 전쟁 포로로 잡히거나 팔려서 노예가 됐든, 200만 명을 넘는 로마의 노예들은 각 생산 분야에서 강대국 로마를 떠받치는 중추 역할을 톡톡히 했다. 노예들이 무제한으로 바치는 노동력을 바탕으로 로마 시민과 귀족들은 예전에 보지 못한 호화로운 생활을 할 수 있었다.

그러나 바로 그랬기 때문에 로마는 이전의 어느 나라보다도 노예들의 봉기가 일어날 가능성이 많았다. 물론 사람들은 그것을 대수롭지 않게 여겼고 또 실제로 반란을 일으킨 노예들 대부분이 쉽게 제압당했다. 봉기에 실패한 노예들은 십자가에 손발이 못질당하는 참혹한 형벌을 받고 죽어갔다. 누구의 눈에도 '위대한 로마'는 영원히 계속될 것 같았고 노예들은 언제나 짓눌린 삶을 살아가야만 할 것 같았다. 적어도 기원전 73년 이탈리아 반도 남부 카푸아라는 곳에 자리 잡은 검투사 양성소에서 70여 명의 노예 검투사들이 경비병들을 죽이고 탈출하기까지는 그랬다. 아니, 그때까지만 해도 바이러스에 감염된

4 이 그림의 물레 안에는 노예들이 보인다. 이것은 기중기인데, 이 기중기를 작동시키기 위해서는 이렇게 노예들이 직접 물레 안에 들어가 도르래를 돌려야 했다.

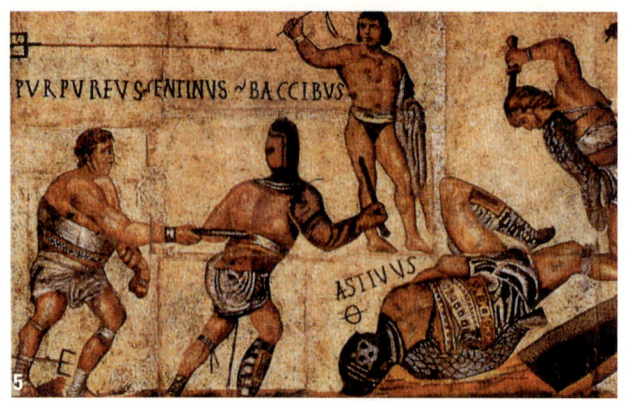

컴퓨터 정도의 일시적인 문제로 생각하는 사람들이 많았다. 70여 명의 노예가 순식간에 수만 명으로 불어나고 그들의 지도자인 스파르타쿠스가 영웅으로 떠오르고 나서야 전 로마가 전율하기 시작했다. 마치 터미네이터를 맞이한 인간들처럼.

"인류 역사상 가장 고매한 인격의 소유자"

검투사는 노예 가운데서도 신체가 건장하고 체력이 뛰어난 자들로 구성되었다. 한때 로마에는 검투사의 방이 100여 개나 되는 검투사 양성소가 있었다. 그만큼 검투 경기는 로마인에게 인기 있는 오락 프로그램이었다. 검투사들은 새벽에 일어나 점호를 받고 고된 훈련을 받았다. 관중의 흥미를 끌기 위해 무기나 전법도 다양하게 개발되었다. 예를 들어 고대 그리스의 일부였던 트라키아 출신 검투사들은 도끼와 작은 방패를 주무기로 삼았고, 삼니움(고대 중부 이탈리아 지방에 있던 부족 국가. 기원전 88년에 의해 로마에 멸망당함) 출신은 머리 위에 장식 깃털이 달린 투구를 쓰고 날카로운 작은 칼을 들고 싸웠다. 노예 봉기군의 지도자 스파르타쿠스는 그리스 북부 트라키아 출신이었다. 그런데 그의 이름은 '스파르타의 아들'이라는 뜻이었다. 그가 왜 이런 이름을 갖게 되었는지는 훈련소를 탈출한 뒤 행한 감동적인 연설에서 잘 드러난다.

"내가 어려서부터 투사였던 것은 아닙니다. 그리스 산간의 평범한 목동이던 나는 어느

5 원래 검투시합은 에트루리아인들이 장례식 때 행했던 의식의 하나로, 죽은 사람에게 무장한 호위병을 붙여주려는 목적에서 행해졌다(그래서 한쪽이 죽을 때까지 계속되었다). 그러던 것이 로마에 들어오면서는 점차 오락화되었고, 검투사들도 대부분 노예와 범죄자들로 구성되었다. 그림은 검투시합을 묘사한 로마 시대의 모자이크.

6

날 할아버지께 용맹스런 스파르타 병사들 이야기를 듣고 가슴이 뛰었습니다. 공교롭게도 바로 그날 밤 잔인무도한 로마군이 쳐들어와 눈앞에서 부모님을 죽이고 나를 노예로 끌고갔습니다. 나는 오늘 결투에서 동포 검투사를 죽였습니다. 나는 장례라도 지내주려고 했으나 입회관은 이렇게 조롱했습니다. '장례라고? 그건 사람에게나 치러주는 거야! 오, 로마여! 나를 길러 준 은인 로마여! 순진한 목동에게 무쇠 골격과 돌 심장을 준 자는 로마입니다. 검투장에서 악마같이 싸우며 사나운 누미디아 사자에게 겁 없이 달려들도록 가르친 자가 바로 로마입니다.

로마여! 이 스파르타쿠스는 누런 테베레(로마 시내를 관통하는 강) 강물이 핏줄이 되어 그대의 핏덩이가 그 속 깊이 엉킬 때까지 그대에게 보복하지 않고는 참지 못할 것입니다. 동지들! 스파르타는 죽었습니까? 여러분의 핏줄을 흐르던 그리스인의 피는 마르고 말았습니까? 동포여! 이제 결투를 하려거든 자신을 위해서 싸우십시오. 죽어야 하겠거든 압제자를 살육하십시오. 만일 죽으려거든 영예로운 싸움에 목숨을 바칩시다!"

이 연설 속에서 스파르타쿠스는 로마의 노예가 되어버린 그리스인의 입장에서 로마에 대한 피의 복수를 다짐하고 있다. 그뿐 아니라 동료들에게도 그와 같은 '동포 의식'을 강조하며 투쟁 의지를 불러일으키고 있다. 그의 이름이 '스파르타의 아들'인 것도 그가 스파르타 출신이어서가 아니라 그리스 폴리스 가운데 가장 용맹했던 스파르타의 상징성을

6 발레 스파르타쿠스의 한 장면. 지배계급에 저항했던 그의 이야기는 후대에 여러 전설을 낳았으며, 영화·연극·발레 등 각 예술 분야에서 훌륭한 소재가 되었다.

높이 샀기 때문이다.

그러나 스파르타쿠스의 연설에서 종족적 복수심이나 동포애 등은 별로 중요하지 않다. 결연하고도 고결하며 피 끓는 '인간 선언' 속에서 그런 것은 하찮은 일에 지나지 않는다. 일생의 대부분을 칼 들고 사람 죽이는 데만 바쳐온 사나이가 보여주는 고귀한 인간 정신, 자신의 인격과 자존심을 지키기 위해서 죽음조차 두려워하지 않는다는 결의. 이것은 우리에게 인간이란 무엇이며, 언제 참으로 위대해지는가를 되새기게 한다.

인간이기를 거부당한 노예였기 때문에 죽음이라도 인간으로서 맞기를 바랐던 절절함이

7 키르쿠스 막시무스 대경기장. 사진의 왼쪽 윗부분
에 있는 콜로세움이 검투사들의 결투가 벌어졌던 곳
이다.

이 같은 뛰어난 연설의 원동력이었을 것이다. 또 그러한 절절함 때문에 수만 명의 노예를 주위에 끌어모을 수 있었을 것이다. 그래서 19세기 독일 사상가 카를 마르크스는 스파르타쿠스를 일컬어 "인류 역사상 가장 고매한 인격의 소유자"라고까지 극찬했다.

이건 반란이 아니라 전쟁이야!

스파르타쿠스와 그가 이끄는 노예 검투사들은 이탈리아 남부의 베수비오산을 근거로 삼아 유격전을 펼쳤다. 쉽게 진압되리라던 예상과는 달리 그들의 농성이 길어지면서 이들에게 동조하는 노예와 가난한 평민, 농민의 수가 기하급수적으로 불어났다.

로마 공화국 정부는 '노예쯤이야' 하는 안이한 생각으로 진압군을 보냈다가 잘 훈련된 검투사 출신 노예들에게 연전연패 하는 수모를 당했다. 그러는 가운데 스파르타쿠스군은 날로 세력을 키워 마침내 이탈리아 반도의 남쪽 절반을 장악하기에 이르렀다. 그야말로 '말하는 도구'들이 '인간'과 천하를 반으로 나누어 차지한 형국이었다. 이제 스파르타쿠스와 그의 세력을 옛날의 하찮은 노예로 볼 사람은 없었다. 유명한 로마 문필가인 키케로도 이 사태를 두고 "그것은 반란이 아니라 전쟁이다"라고 말할 정도였다.

그러나 스파르타쿠스는 인간을 멸종시키려는 터미네이터와는 달리 결코 귀족들을 쓸어내고 자신이 로마의 지배자가 되려는 생각은 하지 않았다. 그와 노예군은 알프스를 넘어

8

북쪽으로 간 뒤 각자 자유롭게 살겠다는 소박한 소망을 가지고 있었다. 그러나 귀족들은 노예가 집단적으로 자유를 찾는 행위를 결코 용납할 수 없었다. 그것은 자유민과 노예로 구성된 로마 국가 자체의 기반과 질서를 뒤흔드는 위험한 일이었기 때문이다.

그들은 온 힘을 다해 노예군의 북진을 차단했다. 그러자 스파르타쿠스는 바다를 건너 시칠리아 섬으로 가기로 마음을 바꾸었다. 로마의 지배자들은 이것마저도 허용하지 않았다. 노예군에 배를 공급하기로 했던 해적들은 로마의 회유를 받아 약속을 어겼다.

뱃길이 끊긴 상태에서 로마 군대가 세 방향에서 밀어닥치자 스파르타쿠스는 최후의 선택을 할 수밖에 없었다. 곧장 로마로 진격해 정면 승부를 거는 것이었다. 그리고 그가 이끄는 노예군은 크라수스가 이끄는 정예 로마군 8개 군단과 맞붙어서 '영예로운 죽음'의 길을 갔다. 이 최후의 전투에서 노예군이 패한 뒤 아피아 가도*에는 무려 6천 명에 이르는 노예가 십자가에 매달린 채 늘어서 있었다고 한다. '전쟁'을 일으킨 지 2년 만인 기원전 71년의 일이었다.

노예들이 분노하면 어떤 일이 벌어지는지 목격한 로마 귀족과 평민은 노예 제도를 비롯해 사회 전반을 더욱 엄격하게 통제하게 되었다.

이처럼 스파르타쿠스는 패배했지만 오랜 역사가 흐른 지금까지도 그의 정신은 인류의 고귀한 가치로 더욱 빛을 내고 있다. 오랜 세월 흑인을 노예로 부려먹은 역사를 가지고

---

8 영화 「스파르타쿠스」의 한 장면.

---

* 아피아 가도(街道) : 로마와 남부 이탈리아를 잇는 포장도로로 로마 제국의 가장 중요한 도로 중 하나이다. 로마 제국은 군사와 물자의 빠른 수송을 위해 제국의 전 지역에 로마식 도로를 건설했는데 이 도로망 중 가장 먼저 건설된 것이 바로 아피아 가도라고 한다.

9

있는 미국은 스탠리 큐브릭 감독의 영화 「스파르타쿠스」에서 그의 자유 정신을 기렸다. 그런가 하면 19세기 말 독일의 사회주의 운동가 로자 룩셈부르크는 '스파르타쿠스단' 이라는 노동자 정당을 만들어 노동 해방 투쟁을 벌였다.

인류 사회 어딘가에는 아직도 정치적으로나 경제적으로 인간적인 대우를 받지 못하고 부당하게 억압당하는 사람들이 있다. 이들이 있는 한, 스파르타쿠스의 고귀한 인간 정신은 과거의 산물이 아닌 현재 진행형으로 남아 있을 것이다.

9 1919년 1월 베를린에서 일어난 스파르타쿠스단의 봉기. 스파르타쿠스단은 카를 리프크네히트, 로자 룩셈부르크, 클라라 체트킨 등이 중심이 되어 1차 세계대전 중 전쟁에 반대하며 독일 사회민주당에서 떨어져 나와 만든 혁명단체였다. 이들은 즉각 전쟁을 종식시키고 프롤레타리아 정부를 수립하려 했지만 1월의 봉기는 실패로 돌아가고, 로자 룩셈부르크와 카를 리프크네히트는 반혁명군에 의해 살해되고 말았다.

라이벌

고대 문명은 변방에 있던 유목민이 문명 세계로 이동하면서 변화의 바람을 맞게 되었다.

중국은 한나라가 서기 220년에 망하고 '위진남북조 시대'라는 기나긴 과도기에 들어갔다. 이때 황하 북쪽으로 흉노, 선비, 티베트 등 북방 세력이 내려와 한족과 경쟁적으로 나라를 세웠다. 우리나라에서 고구려, 백제, 신라가 활발하게 활동하던 때가 바로 이 시기이다. 오랜 분열이 끝나고 중국이 다시 통일된 것은 589년의 일. 통일의 주역이었던 수나라는 단명으로 끝나고, 중국 역사상 가장 부강한 나라였던 당나라에 천하를 넘겨주었다.

서기 395년 동서로 분열되었던 로마 제국 가운데 서로마는 그 무렵부터 밀어닥치기 시작한 북방의 게르만족에 의해 476년 멸망했다. 동쪽의 훈족에게 밀려 내려온 게르만족은 오랜 이합집산 끝에 800년 프랑크 왕국으로 통일되었지만, 곧 오늘날 서유럽 각국의 모태가 되는 나라들로 분열되었다. 서유럽 사람들은 서로마의 멸망으로부터 서유럽 문화가 꽃피는 르네상스까지 천 년에 이르는 세월을 '암흑시대'라고 말하곤 한다.

서아시아에서도 강렬한 변화가 일어났다. 이란 제국의 변방으로 머물러 있던 아라비아 반도에 이슬람교라는 새로운 종교가 등장했다. 이 종교를 믿는 아라비아인은 고대 이란 제국의 후계자였던 사산 왕조를 무너뜨리고 서아시아의 패권을

종세사

장악했다(651년). 그때까지 이란인이 믿던 종교는 불을 숭배한다고 해서 '배화교'(拜火敎)라고 불리는 조로아스터교였는데, 사산 왕조가 무너진 뒤로는 이슬람교에 밀려 서서히 사라져갔다. 오늘날에는 이란 사람들도 대부분 이슬람교를 믿는다.

이슬람교의 신자는 '무슬림'이라고 한다. 무슬림들은 서아시아를 장악한 뒤 북아프리카, 서유럽의 이베리아 반도, 터키, 인도, 동남아시아 등으로 세력을 넓혀가면서 인도양을 무대로 활발한 무역 활동을 했다. 무슬림들은 중세 세계에서 가장 역동적인 활약을 펼쳤고, 그들이 개척한 인도양 교역로는 고대의 실크로드를 대신한 중세 세계의 소통로였다.

변방 유목민의 이동으로 주류가 교체되었던 동서 문명은 중세의 끝 무렵에 또 다른 변방 유목민의 '거대한 이동'으로 새로운 계기를 맞는다. 1206년 중국 북부의 고원 지대에서 일어난 몽고 제국은 동쪽으로는 중국과 고려, 서쪽으로는 러시아에 이르는 광활한 지역을 정복했다. 유라시아 대륙을 통일한 몽고 제국 아래에서 '제1차 세계화'라고 불리기도 하는 광범위한 동서 교류가 진행되었고, 이것은 특히 이슬람 제국의 변방에 머물러 있던 서유럽을 잠에서 깨우고 근대 문명으로 나아가게 하는 데 많은 영향을 주었다.

게르만의 대이동과

라틴족 V

"모든 길은 로마로 통한다." 이 격언이 말해주듯이, 고대 로마는 지중해 세계를 장악하면서 유럽과 영국에 이르는 광대한 영토를 지배한 제국이었다. 그러나 영원할 것 같았던 로마 제국도 서기 476년에 멸망하고 말았다. 그것도 자신들이 야만인이라 부르며 천대하던 게르만족에 의해서였다. 게르만족이 로마 영토로 밀려들기 시작한 것

1 로마의 신 주피터와 테티스. 고대 로마의 최고 신으로 국가의 수호신이었던 주피터는 로마의 체제가 공화정에서 왕정으로 바뀌자 로마 황제의 수호신이 되었다.

S 게르만족

은 4세기 후반의 일이었다. 아시아의 유목민 훈족이 서진하여 흑해 연안의 동고트족을 치자, 이에 압박을 받은 서고트족이 375년 로마 제국 안으로 들어왔다. 동고트족과 서고트족을 포함한 게르만의 여러 종족은 각지에 게르만 왕국을 세웠으나 대부분 단명했고, 프랑크 왕국이 서유럽 세계를 형성하는 중심 세력으로 떠오르게 되었다.

2 초기의 모든 게르만 민족들이 숭배하던 신 토르. 토르는 천둥이라는 뜻인데 로마의 신 주피터처럼 벼락을 내리친다.

3

변방에서 유럽의 중심으로

서유럽과 미국 사람들은 세계사의 흐름을 일찌감치 자기들 중심으로 정리해왔다. 그들의 논리에 따르면 고대 세계에서 가장 전형적인 문명은 그리스 · 로마 문명이고, 이것을 이어받은 것이 서유럽 문명이다.

그런데 서유럽은 고대 로마 문명이 한창 꽃필 때만 해도 그 변방에 지나지 않았고, 서유럽 사람들의 주류를 이루는 게르만족은 로마인들이 천대하던 '오랑캐들'이었다. 로마 북방에서 원시적인 삶을 이어가던 그들은 4세기 말부터 로마 영토로 밀려들기 시작하여, 쇠약해진 로마 제국을 짧은 시간 안에 무너뜨렸다. 이때부터 유럽의 중심은 이탈리아 반도의 로마에서 서유럽으로 옮겨가고, 중세라는 오랜 과도기를 거쳐 서유럽 문명이 싹트게 되었다.

그러나 원시적인 삶을 이어가던 게르만족에게는 로마 문명을 완전히 대신할 수 있는 독자적인 문명을 일으켜 세울 능력이 없었다. 그들은 로마 제국의 국교였던 크리스트교를 자신들의 종교로 삼고, 로마 문명의 유산을 숭상하면서 중세를 살았다. 이러한 바탕 위에서 그들은 고대 그리스 · 로마 문명을 되살리자는 르네상스와 원시 크리스트교에 입각하여 교회의 혁신을 일으킨 종교개혁을 거친 뒤에야 자신들만의 특색이 담긴 문명을 일으킬 수 있었다.

3 타키투스는 '게르마니아'라고도 부르는 『게르만족의 기원과 환경』이라는 책을 썼다. 로마 국경의 게르만족에 대해 쓴 이 책에서 그는 게르만족의 소박한 미덕을 강조하여 타락한 로마에 경종을 울렸다.

4

게르만족의 대이동과 서로마 제국의 멸망

로마처럼 융성했던 대제국이 쇠퇴의 기미를 보일 때 꼭 나타나는 현상이 있다. 지배층의 도덕 관념이 느슨해지고 정신적으로나 육체적으로 쾌락에 빠져 허우적거리는 모습을 보인다는 것이다. 로마의 역사가 타키투스는 타락한 로마인에게 경종을 울리기 위해 게르만족에 주목했다.

게르만족은 본래 스칸디나비아 반도 남부, 발트 해 연안 지방에 살던 것으로 짐작되는 사람들이다. 이들은 기원전 1000년 이래 오랫동안 이동과 정착의 과정을 반복하며 남쪽으로 내려갔다. 그리고 라인 강 동쪽, 다뉴브 강 북쪽의 게르마니아 지역에서 흑해 북안에 이르는 지역에 널리 퍼져 살고 있었다.

타키투스는 이들 게르만족의 생활상을 세심하게 연구했다. 그리고 게르만족이 생활 수준이 낮고 야만적이지만, 로마인이 갖지 못한 장점을 가지고 있다고 주장했다. 그 장점은 로마인이 잃어버린 도덕적 건강함, 원시적 생명력이었다.

그의 이러한 통찰은 4세기 말 게르만족이 동쪽에서 나타난 훈족에 밀려 로마 영토로 들어오기 시작하면서 무서운 현실로 나타났다. 훈족은 기마 유목 민족으로, 어떤 이들은 동아시아에서 중국과 끊임없이 마찰을 빚어온 흉노족이라고 주장하기도 한다. 게르만족이 훈족에게 느꼈던 두려움은 독일의 대서사시 『니벨룽겐의 노래』* 속에 묘사되어 있다.

4 로마를 공격하지 않도록 훈족을 설득한 교황 레오 1세가 훈족의 왕 아틸라를 전송하는 모습. 레오 1세는 자신이 교황직에 있을 때 서로마 제국이 붕괴되고 신학적 견해문제로 동방교회와 갈라지자 서방교회를 교황의 권위 아래 통일시키는 데 전력을 다했다.

* 『니벨룽겐의 노래』(*Das Nibelungenlied*) : 12세기 후반~13세기 초반에 지어진 것으로 추정되는 독일 최대의 기사문학이다. 「지크프리트의 죽음」, 「크림힐트의 복수」로 구성되어 있으며, 북유럽 신화와 전설에 관한 내용을 풍부하게 담고 있어 바그너의 오페라 『니벨룽겐의 반지』로부터 톨킨의 『반지의 제왕』에 이르기까지 후세의 많은 문학 및 예술 작품들에 영감을 제공했다.

게르만족의 영웅 지크프리트의 활약상과 그의 죽음에 대한 복수를 그린 이 서사시에서 훈족의 왕 아틸라는 에첼이라는 이름으로 등장한다. 지크프리트가 음모에 휘말려 살해되자 그의 아내였던 크림힐트는 에첼과 결혼한 뒤 이 훈족 왕의 힘을 빌려 잔인한 복수극을 펼친다.

서쪽으로 진출을 거듭하던 훈족은 서기 375년 다뉴브 강 일대에 자리 잡고 있던 동고트족을 공격하여 그들의 영토를 빼앗았다. 이에 놀란 서고트족의 일부가 로마 제국에 보호를 요청하자, 이듬해 로마 황제 발렌스*는 이들이 다뉴브 강 서쪽 아드리아 지방에 와서 살 수 있도록 허가했다. 많은 역사학자들이 이 사건을 게르만족 대이동의 시작으로 보고 있다.

서고트족에게 주어진 땅은 토지가 척박해서 살기 힘들었고 로마 관헌의 압박도 심했다. 그러자 서고트족은 378년 반란을 일으켜 아드리아노플(현재 터키의 에디르네)에서 로마군을 격파했다. 이 전투에서 황제 발렌스가 전사했다. 이것이 유럽 역사에서 유명한 아드리아노플 전투이다.

그 뒤 게르만의 여러 부족이 속속 로마 제국 안으로 이동하였다. 이들 가운데는 난폭함의 대명사처럼 불리는 반달족도 있고, 영국인의 모체가 된 앵글족과 색슨족도 있었다. 그 가운데 가장 두드러진 세력은 라인 강 유역에 자리 잡고 있던 프랑크족이었다. 지금

5 크림힐트가 지크프리트의 복수를 하는 장면.

* 발렌스(Flavius Valens, 328?~378) : 형 발렌티니아누스 1세로부터 공동황제로 임명되어 364~378년 동안 콘스탄티노플을 수도로 한 제국의 동부를 위임 통치하였다. 발렌스는 게르만족이 서고트족의 정착을 허락하는 실책을 저질러 그들과의 전쟁 중에 전사하였다.

의 프랑스에 해당하는 북갈리아 지역에 진출한 프랑크족은 클로비스의 지도 아래 여러 부족을 통일하여 프랑크 왕국을 건설하게 된다. 이 프랑크 왕국이 뒷날 중세 유럽의 주축을 이루었다.

오랜 영화를 자랑하던 로마 제국은 파죽지세로 몰려오는 게르만족의 파도에 휩쓸리다가 476년 게르만 용병 대장 오도아케르에 의해 수명을 다하게 된다. 그러나 여기서 분명히 해둘 점은 이때 로마 제국 전체가 멸망한 것은 아니라는 사실이다. 395년 동서로 갈라졌던 로마 제국 가운데 서로마 제국이 멸망한 것일 뿐, 전체 로마의 더 큰 부분이었던 동로마 제국은 터키와 발칸 반도 일대에서 여전히 건재하고 있었다. 이처럼 로마 제국의 영토가 게르만족의 서유럽과 동로마 제국의 동유럽으로 나뉘게 된 것은 그 뒤 유럽의 역사와 문화가 크게 두 갈래로 전개되는 계기였다.

프랑크 왕국의 성장과 서로마 제국의 부활

게르만족은 서유럽의 주인이 되었지만 로마의 전통과 크리스트교에 기대지 않고서는 비대해진 사회와 국가들을 유지해 나갈 수 없었다. 크리스트 교회는 게르만 이동 때 미개하고 순수한 이들을 대상으로 집요하게 포교 활동을 펼쳤다. 그리하여 이들 게르만족을 크리스트교라는 종교 아래 하나로 묶을 수 있었다.

6 게르만 용병 대장이자 이탈리아 최초의 이민족 왕인 오도아케르(오른쪽)와 동로마 황제가 이탈리아 왕으로 임명한 동고트족의 왕 테오도리쿠스(왼쪽)가 싸우는 모습. 이들의 싸움은 테오도리쿠스의 승리로 끝나, 이후 이탈리아는 테오도리쿠스 치하에 들어간다.

게르만 국가들은 로마 교황을 중심으로 한 교회 조직에 크게 의존했다. 481년에 수립된 프랑크 왕국은 로마 교황과 손을 잡은 크리스트교 국가였다. 왕국의 군주는 로마 교황으로부터 세속 세계를 다스릴 권위를 부여받는 대신, 교회와 성직자들에게 토지와 재산을 주고 이들을 적극적으로 보호해주었다. 그 뒤 중세 유럽은 정신 세계를 지배하는 크리스트 교회와 세속 세계를 지배하는 군주의 이중 권력 아래 움직여가게 된다.

프랑크 왕국은 이처럼 교회의 도움을 받아 점차 서로마 제국을 계승하는 통일 왕국으로 성장하여갔다. 이때 프랑크 왕국이 크리스트교적 색채를 더욱 강화하게 된 것은 7세기 이래 이슬람교가 팽창하면서 이 나라를 위협했기 때문이다. 이슬람 세력은 에스파냐가 있는 이베리아 반도까지 진출하여 옴미아드 왕조를 세우고 유럽의 크리스트교 세계를 압박했다. 이들과 싸우는 과정에서 프랑크 왕국과 로마 교회는 더욱 긴밀하게 결합했다. 특히 프랑크 왕국의 카롤루스(샤를마뉴) 대제가 이슬람 세력을 피레네 산맥 너머로 밀어냈을 때 프랑크 왕국은 로마 교회로부터 최고의 찬사를 받았다.

서로마 제국이 멸망한 지 300여 년이나 지난 서기 800년, 서유럽 사람들은 깜짝 놀랄 소식을 들었다. 망했던 서로마 제국이 부활했다는 소식이었다. 프랑크 왕국의 카롤루스 대제가 로마 교황에게서 서로마 황제의 관을 수여받고 자신의 나라를 서로마 제국으로 선포한 것이다. 로마를 멸망시킨 게르만족의 나라가 스스로를 로마라고 부른 까닭은 무엇

7 투르-푸아티에 전투 모습. 프랑크 왕국의 카롤루스는 진출하는 이슬람 세력을 푸아티에 근처에서 격파하여 서유럽을 지켜냈다. 이후 이슬람 세력의 서유럽 진출은 중단되었기에 이 전투는 세계사에서 결정적인 사건으로 다루어진다.

일까? 그것은 '로마' 라는 이름과 로마 제국의 유산이 게르만족에게 절대적인 권위를 지니고 있었음을 말해준다.

그런데 프랑크 왕국은 게르만족만의 나라는 아니었다. 거기에는 프랑크족이 점령한 옛 로마 제국의 영토와 사람들도 포함되어 있었다. 이들 옛 로마 제국의 사람들은 게르만족과 달리 '라틴인' 으로 불리는 사람들이고, 그들이 쓰는 옛 로마 제국의 언어는 라틴어였다. 이들은 뒷날 프랑크 왕국이 분열하면서 게르만족과 멀어지게 되고, 이러한 분화는 서유럽의 역사와 문화에 크나큰 영향을 미친다.

라틴적인 것과 게르만적인 것

로마 제국의 언어였던 라틴어는 프랑크 왕국의 공식어였다. 그러나 프랑크 왕국 내의 여러 게르만족은 저마다 자기들 고유의 언어를 사용했고, 그것이 점차 갈라져 나갔다. 그 가운데 고대 게르만어의 특성을 가장 많이 간직한 것은 동프랑크 쪽의 독일어였다. 그리고 중부 프랑크 지역의 사람들은 게르만어와 라틴어가 적당히 뒤섞인 언어를 쓰기 시작했는데, 이것이 오늘날의 프랑스어이다. 한편 섬나라 영국의 게르만계 언어는 영어로 발전해 나갔다.

그런가 하면 라틴어 자체도 변화를 겪었다. 마치 오늘날 영국과 미국, 오스트레일리아

8 카롤루스 대제가 교황 레오 3세에게 황제의 관을 수여받는 모습.

등지에서 서로 조금씩 다른 영어를 쓰듯이, 그 당시에도 이탈리아를 비롯하여 에스파냐, 포르투갈 등 각 지방별로 라틴어가 조금씩 달라지기 시작하다가 그 지역의 언어로 굳어져 갔다. 그래서 오늘날 이탈리아어, 에스파냐어, 포르투갈어는 같은 라틴어를 뿌리로 하기 때문에 공통점이 많으면서도 서로 다른 민족어로서 통용되고 있다. 반면 그들의 원조격인 라틴어는 완전히 죽은 언어가 되어 로마 교황청이라는 제한된 구역에서만 사용되는 신세가 되었다.

그러나 중세 프랑크 왕국에서는 라틴어와 라틴 문화가 최고급 대접을 받았다. 로마 교회와 로마 제국의 영향력이 여전히 살아 있었기 때문이다. 그 당시 관료와 상류층은 주로 라틴어를 사용했고, 일반 민중은 '도이치'(deutsch)라고 불리는 게르만어를 사용했다. '도이치의 나라', 즉 도이칠란트(Deutschland)를 한자어로 적은 것이 우리가 사용하는 '독일'이라는 이름이다.

그런데 라틴어에 비해 천박하게 여겨졌던 '도이치'가 왜 게르만족의 나라 이름에 사용되었을까? 그것은 시간이 지나면서 게르만족의 자존심이 높아지고 '도이치'라는 말을 자랑스럽게 생각하게 되었기 때문이다.

838년 프랑크 왕국은 동프랑크(독일), 서프랑크(프랑스), 이탈리아로 갈라졌다. 이렇게 갈라져 나온 동프랑크 왕국은 스스로를 '로마 제국'이라고 불렀고, 이후 15세기에 들어

9 13세기 프랑스에서 쓰여진 라틴어 성경.

10

서면서 '독일인의 신성 로마 제국'이라는 공식 국호를 갖게 되었다. 라틴인의 로마 제국이 아니라 독일인의 로마 제국이라는 뜻이다. 여기서 '로마'가 떨어져 나가고 '독일'이라는 국호만 쓰게 된 것은 19세기 이후이다.

이처럼 게르만족은 로마 제국을 무너뜨린 뒤로도 오랫동안 라틴인에 대한 콤플렉스에 시달리다가 서서히 이것을 극복하고, 점차 라틴인과의 맞수 관계 속에서 서유럽 문명을 일구어 나갔던 것이다.

10 루트비히 1세의 모습. 카롤루스의 아들이었으나 아버지만큼 능력이 뛰어나지 못했던 그는 평화롭게 상속받은 제국을 혼란에 빠뜨리고 말았다. 그가 죽은 후 얼마 지나지 않아 베르됭 조약에 의해 프랑크 왕국은 3개로 갈라지게 된다.

이란 제국 V

서아시아는 세계 4대 문명 발상지 중 하나이며, 세계 3대 종교의 하나인 이슬람교가 창시되어 독특한 이슬람 문명을 형성한 곳이기도 하다. 고대 서아시아의 대표 주자는 이란 제국이었다. 이란 제국은 유럽 문명의 고향이라고 불리는 그리스를 변방으로 여길 만큼 고대 지중해 세계를 대표하는 큰 나라였다. 고대 이란 제국은 한때 알렉산드로스에게 정복당하고 지도에서 사라졌지만, 곧 파르티아라는 이란인의 왕국이 일어나 이란 제국을 계승했다. 그리고 3세기에는 사산 왕조라는 또 다른 이란인

1 사산 왕조를 창시한 아르다시르 1세(왼쪽 말 위)가 조로아스터교의 신에게 주권의 상징을 건네받는 모습.

주도 세력의 교체

S 이슬람 제국

2

의 나라가 파르티아를 제압했다. 사산 왕조는 6세기 들어 이웃인 동로마 제국과 사이가 나빠졌다. 동로마 제국은 서로마 제국이 멸망한 뒤에도 콘스탄티노플을 중심으로 번영하고 있었다. 그런데 사산 왕조와 동로마 제국이 대립하자 시리아 지역에서 이란으로 통하는 교역 통로가 막히게 되었고, 그 결과 아라비아 반도가 새롭게 동과 서를 이어주는 교통로로 떠올랐다. 7세기에 바로 이곳에서 사산 왕조를 대신해 서아시아를 대표할 신흥 세력이 나타났다. 이슬람 제국이었다.

2 서방 세계로 진군하는 이슬람군.

이란과 아랍의 진실

오늘날 이란의 종교는 이슬람교이다. 그러나 이란이 그리스인들로부터 '페르시아'라고 불리면서 지중해 세계를 호령하던 고대에는 조로아스터교가 그들의 종교였다. 그러다가 7세기에 아라비아의 무하마드가 창시한 이슬람교가 세계로 뻗어 나가자, 이란도 그 위세에 압도당해 점차 이 신흥 종교를 받아들이게 되었다.

조로아스터교를 믿던 고대 이란 제국이나 새로운 세계 종교를 창시한 중세의 이슬람 제국은 모두 고도의 문명을 이룩했다. 그런데 오늘날 서구 중심의 세계관으로 보면, 이란이나 아랍은 테러로 세계의 안정을 뒤흔들어놓는 '깡패 집단'에 불과한 존재들이다. 그러나 이런 시각은 세계의 역사와 문화를 균형 잡힌 눈으로 바라보는 것을 방해한다. 눈을 서아시아로 돌려 그곳의 중심이 이란에서 아랍의 이슬람 세력으로 교체되던 시기를 살펴보면서 역사의 진실을 알아보자.

인류 문명의 요람 서아시아

'중동의 모래 바람'. 이 말은 1970년대를 살던 우리 아버지 세대에게는 주로 건설 특수와 연관되어 있다. 그러나 지금 우리들에게 이 말은 주로 서아시아의 축구 강호를 연상시킨다. 이란은 큰 체격과 강한 체력을 지닌 선수들로 구성되어 있기 때문에 우리나라

3 조로아스터교의 창시자인 자라투스트라의 모습. 그는 기원전 6세기에 아후라 마즈다만을 섬기는 유일신 체계로 조로아스터교를 정립했다. 기원후 3세기에 성립한 사산 왕조는 조로아스터교를 국교로 삼았고, 크리스트교와 마니교·불교 등 다른 종교를 박해했다. 후에 이슬람교에서 개종을 강요하자 조로아스터교인들은 이란을 떠나 인도로 가서 정착했다.

축구 대표팀이 늘 껄끄러워하는 상대이고, 사우디아라비아도 우리 못지않게 월드컵에 단골로 나가 우리보다 먼저 16강에 오른 나라이다.

이란과 사우디아라비아뿐 아니라 이라크, 쿠웨이트, 시리아 등과 북아프리카의 이집트 등은 자기 지역에서 축구를 꽤 잘한다는 점뿐 아니라, 종교적으로 한 형제라는 공통점을 가지고 있다. 역사적으로 유럽의 크리스트교와 운명적인 갈등 관계를 빚어온 이슬람교가 이들 나라의 종교이다. 이슬람교는 서쪽으로는 아프리카의 모로코와 알제리에서, 동쪽으로는 유럽의 터키를 거쳐 아시아의 인도네시아, 말레이시아까지 거대한 띠를 이루고 있는 세계 종교이다. 이 같은 이슬람교는 7세기에 '중동' 지역에서 싹터 지금까지 세계 문명의 한 축을 굳건히 형성해왔다.

사실 '중동' 이라는 말은 유럽인의 시각에서 만들어진 지난 시대의 유산이다. 근대에 영국인은 아시아를 자기네 땅에서 가까운 동쪽(근동 : 터키~이란), 중간쯤 되는 동쪽(중동 : 아라비아~동남아시아), 먼 동쪽(극동 : 태평양 연안)으로 구분해 불렀다. 객관적으로 이란, 사우디아라비아 등이 있는 지역을 가리키려면 '서아시아' 라고 부르는 것이 맞다.

서아시아는 이슬람교의 발흥과 더불어 인류사에 길이 남을 찬란한 문명을 꽃피웠지만, 그 전에 이미 세계에서 가장 오래된 문명이 시작된 곳이기도 하다.

서아시아와 이집트는 중국, 인도와 함께 세계 4대 문명의 발상지이다. 이곳에서 이집트,

4 아시리아는 메소포타미아에서 발원하여 이 지역 최초의 세계제국을 건설한 국가였다. 가장 강성했던 때는 기원전 8~7세기로, 티글라트 필레세르 3세 이후 사르곤 2세, 아슈르바니팔 등 용맹한 왕들이 연이어 등장해 팔레스타인에서 이집트에 이르는 지역을 정복했던 사르곤 왕조 때이다. 위 부조는 고위 관리들을 이끈 사르곤 2세의 모습이다.

바빌로니아(지금의 이라크) 등이 가꾸던 고대 문명을 통합해 고대 지중해 세계의 해결사로 떠오른 제국이 '페르시아'라고 불렸던 오늘날의 이란이다. 유럽인이 그들 문명의 고향처럼 생각하는 고대 그리스도 이란의 입장에서 보면 변방에 불과했을 만큼, 이란 제국은 고대 서양을 대표하는 큰 나라였다.

알렉산드로스의 헬레니즘 제국에 잠시 통합되었지만, 이란은 그 뒤로도 왕조의 이름을 바꾸어가며 여전히 서아시아의 대표 주자로 군림했다. 그런데 7세기에 이르러 메소포타미아, 즉 '비옥한 초승달 지역' 주변에 펼쳐진 넓은 사막 지대가 꿈틀거리면서 서아시아에 대한 이란의 대표권을 급격히 흔들어놓기 시작한다. 그때까지 단 한 번도 역사의 전면에 나선 적이 없던 이 사막 지대의 이름은 '아라비아 반도' 였다.

지는 별 이란, 뜨는 별 이슬람

침묵하던 아라비아 사막이 7세기에 들어서면서 끓어오르기 시작했다. '사막의 성자'로 불리는 무하마드*가 창시한 이슬람교가 세력을 키워오다 반도의 중심지인 메카를 정복하고 주변으로 팽창해 나갔기 때문이다.

'이슬람'이라는 말은 유일신 '알라'에게 절대 복종한다는 뜻이다. 재미있는 것은 이 '알라'라는 말이 어원으로 볼 때 유대교와 크리스트교의 유일신인 '여호와'와 같다는 점이

5 무하마드가 메디나로 탈출할 때 동행한 이슬람교도는 거의 70여 명이었으나 불과 10년 만에 그는 메디나를 이슬람의 근거지로 성장시켰으며, 메카를 정복하고 아라비아 반도 전체를 이슬람교로 통일했다.

---

* 우리나라에는 이슬람교 창시자인 무하마드의 이름이 영어식 표기인 '마호메트'로 소개되었으나, 이 책에서는 아랍어 원음대로 '무하마드'로 표기한다.

6

다. 그뿐만 아니라 무하마드는 모세나 아브라함 같은 『구약성서』의 예언자들을 모두 인정했다. 이처럼 이슬람교가 크리스트교와 뿌리를 같이한다는 것은 훗날의 역사를 볼 때 대단한 역설이 아닐 수 없다.

유일신 '알라'에게서 계시를 받았다는 무하마드는 출생지인 메카에서 처음으로 포교에 나섰으나 기득권 세력에 밀려 622년 도망치듯 메디나로 근거지를 옮겼다. 이슬람교도들은 이 사건을 '히즈라'('이주'라는 뜻)라고 부르며 신성하게 여겼다. 이와 동시에 그 해를 이슬람교 원년으로 삼아, 메카를 장악하려는 전의(戰意)를 불태워오다 마침내 630년 뜻을 이루었다.

이슬람교는 아라비아 반도에 전해 내려오던 공동체적 특성을 고스란히 간직하고 있었다. 신 앞에서는 모두가 평등하다는 교리 아래 모든 교도가 형제애로 뭉쳐 있었다. 또 이들은 대개 낙타를 타고 사막을 누비는 상인 집단이었다. 따라서 대외적으로 팽창할 때에도 지극히 실리적인 방법을 택했다. 그들은 정복할 나라나 민족에게 세 가지 선택 사항을 들이밀었다.

"쿠란이냐, 지즈야냐, 칼이냐?"

쿠란은 흔히 '코란'으로 알려진 이슬람교의 경전이다. 즉 이슬람교로 개종할 것을 권유하는 것이다. 지즈야는 세금을 말한다. 다른 종교를 믿고 있거나 어떤 이유로 이슬람교

6 무하마드가 죽은 후 네 명의 할리파가 지배하던 시대를 지나 성립한 우마미야 왕조는 무서운 기세로 정복 활동을 시작했다. 그 결과 동쪽으로는 인도에 접경하고 서쪽으로는 대서양 연안까지 진출하여 명실상부한 이슬람 제국을 경영하게 된다. 그림은 낙타를 타고 전투를 벌이고 있는 이슬람 전사들의 모습.

7

를 받아들일 수 없다면 돈으로 내라는, 장사꾼다운 요구였다. 그리고 개종도 세금도 거부할 경우에야 마지막 수단으로 칼을 동원해 무력 침공할 수밖에 없다는 것이다. 이것을 보면 이슬람교가 크리스트교에 비해 덜 배타적이라는 것을 알 수 있다.

이슬람 세력이 뻗어나갈 당시 이란인은 '사산 왕조' 란 이름 아래 여전히 서아시아의 강자로 군림하면서 동로마 제국(비잔틴 제국)과 대치하고 있었다. 이 두 나라가 내륙에서 중앙아시아의 투르크 세력과 치고받으며 진을 빼는 동안, 이슬람 세력은 국제 무역의 중심지 메카를 장악하고 남부 해상 교역로를 통해 막대한 부를 챙기면서 급성장했다.

634년 아라비아 반도를 통일한 이슬람 제국은 640년대부터 사산 왕조를 공격하기 시작하였다. 그리하여 651년에는 마침내 사산 왕조가 완전히 멸망하고 조로아스터교는 역사 속의 유물로 남게 되었다. 이것은 단순히 정치적 주역의 교체를 넘어 서아시아에서 고대 문명이 막을 내리고 좀더 차원 높고 보편적인 새 문명이 탄생할 것을 예고하는 중요한 사건이었다.

세계를 뒤덮은 초승달과 칼의 물결

이슬람교는 이슬람 제국이 세계 곳곳으로 영역을 넓혀감에 따라 세계 종교로 성장했다. 오늘날 전세계 이슬람권 국가들이 사용하는 다양한 국기만 보아도 알 수 있다.

7 642년 아라비아 반도의 나하반드에서는 아랍군과 사산 왕조가 결투를 벌였다. 수적으로 열세에 있던 아랍군이었지만 이 전투에서 엄청난 승리를 거두었고, 이 전투를 계기로 사산 왕조의 이란은 아랍의 수중에 떨어지게 된다. 위 그림은 아랍군의 모습.

이슬람교의 본산인 서아시아 국가들은 국기의 색깔을 초록색, 흰색, 빨간색, 검은색 등 네 가지 색 중에서 선택하고 있다. 이 가운데 빨간색은 국경을 넘어 아랍 세계를 이어주는 '혈연'을 상징한다.

그리고 흰색은 이른바 '정통 할리파 시대'를 상징한다. 할리파란 '예언자 무하마드의 후계자'를 뜻하는 아랍어인데, 우리나라에서는 그동안 영어식 발음을 따라 '칼리프'로 많이 표기되어 왔다. 무하마드가 죽고 난 다음 이슬람 제국은 무슬림의 의견에 따라 무하마드의 정통을 잇는 후계자를 옹립하여 그의 지도를 받아왔다. 네 명의 할리파가 차례대로 제국을 통치한 이 시대야말로 평등과 형제애라는 이슬람교의 근본 정신을 잘 지키면서 아라비아 반도를 통일하고 이란을 정복한, 이슬람교의 황금 시대였다.

이슬람교 나라들이 국기에 특히 많이 쓰는 색은 초록색이다. 사막 지대에서 번영을 상징하던 색인 초록색은 최초의 시아파* 국가인 파티마 왕조의 상징으로 쓰였다고 한다. 오늘날 수니파*와 함께 이슬람권의 양대 세력을 이루고 있는 시아파는 4대 할리파였던 알리를 추종하는 세력들로부터 시작되었다. 무하마드의 사촌이자 사위였던 알리는 쿠데타 세력에게 암살당했다. 그러자 알리의 추종자들은 "무하마드의 혈족인 알리만이 할리파의 자격이 있다"면서 새 지배자들에게 저항했다. 파티마 왕조는 10세기에 이들 시아파가 이집트 지방에 세운 나라였다.

8 왼쪽부터 18세기 이전의 오스만 제국 국기, 오스만 제국과 터키 국기, 파키스탄 국기.

---

* 시아파와 수니파 : 이슬람교 최대 종파인 시아파와 수니파는 아들이 없던 무하마드의 계승자를 누구로 보느냐에 따라 갈라진다. 수니파가 역대 할리파들을 계승자로 보는 것과 달리, 시아파는 무하마드의 사촌이자 사위인 알리를 계승자로 본다. 오늘날 무슬림의 80%는 수니파이며, 시아파가 정권을 잡고 있는 국가는 이란이 대표적이다. 이라크도 후세인의 수니파 정권이 미국 침공으로 무너지고 시아파가 권력을 잡았다.

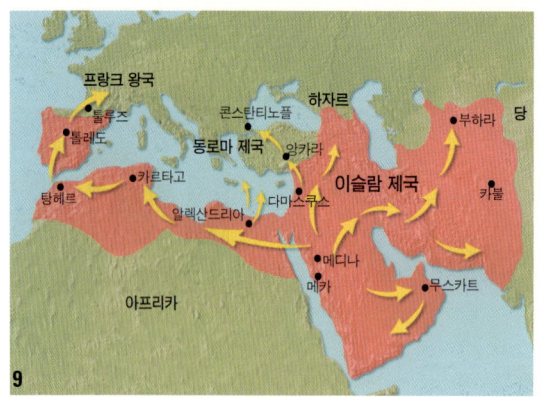

9

또 검은색은 이른바 『아라비안나이트』의 나라인 아바스 왕조를 상징한다. 알리를 암살한 자들이 세운 옴미아드 왕조는 이슬람 정신을 저버리고 침략 전쟁과 내부 통제를 일삼았다. 그러자 750년 이라크 지방을 중심으로 한 세력이 시아파의 일부와 손을 잡고 아바스 왕조를 세웠다. 바그다드를 수도로 한 아바스 왕조의 지도자들은 국립 학술원인 '지혜의 집'을 세워 화학, 의학, 광학 등 근대 과학의 기초를 닦았다. 『아라비안나이트』의 주인공 가운데 한 명인 아바스 왕조의 5대 할리파 하룬 알 라시드는 바로 이 나라의 전성기를 일군 지도자였다.

이처럼 서아시아 지역의 이슬람 국가들이 네 가지 색을 적절히 안배한 국기를 사용한다면, 터키·알제리·파키스탄 등 서아시아 밖에 있는 이슬람 국가들의 국기에는 별을 안고 있는 초승달이 보인다. 싱가포르·말레이시아 등 동남아시아 나라들의 국기도 마찬가지이다. 이러한 초승달은 무하마드와 밀접한 관련이 있다. 무하마드가 메카에서 메디나로 탈출하던 히즈라 때 밤하늘에는 초승달이 떴다고 한다. 오늘날 이슬람 국가들이 사용하는 이슬람 달력은 이날을 원년 1월 1일로 삼고 있다. 이슬람 달력은 달이 차고 이지러지는 것을 기준으로 하는 태음력이기 때문에 초승달이 뜰 때마다 한 달이 시작하게 되어 있다.

역사상 마지막 이슬람 제국인 오스만 제국의 무라트 1세가 유고슬라비아 지방을 방문했

9 이슬람 제국 지도.

을 때 이 신성한 초승달이 별과 함께 반짝였다고 한다. 이때부터 별과 초승달은 오스만 제국의 상징이 되었고, 이 나라의 영향을 받아 이슬람교를 받아들인 나라들의 국기에 그 자취를 남기고 있다. 오스만 제국을 세운 투르크인은 이란인, 아랍인과 함께 이슬람 세계의 3대 민족으로 일컬어진다. 이들 세 민족 가운데 투르크인은 가장 늦게 이슬람교를 받아들였지만, 오스만 제국의 정복 활동과 더불어 가장 널리 이슬람교를 퍼뜨린 주역이 되었다.

이처럼 7세기에 혜성처럼 나타난 이슬람교는 서아시아의 종주국 이란 제국을 쓰러뜨리고, 이 지역까지 포함하는 거대한 제국의 지도 이념이 되었다. 그후 이슬람교는 세계 곳곳으로 퍼져 나가 보편적이면서도 각 지역의 특색을 지닌 이슬람 문명을 창조했다.

가톨릭

동아시아에서 유일 천하를 구축한 당나라는 도교, 불교 등 동아시아의 전통 문화에 이슬람교 등 서역 문화를 버무려 매우 다채로운 모습의 문화를 빚어냈다. 그 반면에 중세 유럽은 크리스트교라는 유일신교가 사람들의 생활을 점점 더 단색으로 만들어 나갔다. 그러나 통일이 생명일 것 같은 크리스트교도 중세 역사에서 두 번이나 커다란 분열을 겪었다. 그리고 그 분열은 유럽 사회를 크게 바꾸어놓은 역사적 분열이었다. 먼저 11세기에 서유럽 교회와 동유럽 교회가 분열하여 각각 가톨릭 교회와 정교

1 세르비아 정교회 스투데니차 수도원의 벽화 가운데 하나인 십자가에 못박힌 예수.

VS 개신교
VS 정교회

회로 독립했다. 이 분열은 유럽을 종교와 문화의 모든 면에서 동과 서로 확실히 나누어놓았다. 그 다음 16세기에는 가톨릭 교회에서 개신교가 갈라져 나갔다. 종교개혁이라는 이름으로 잘 알려져 있는 이 두번째 분열은 유럽에서 근대 사회를 앞당긴 혁명적 사건이었다. 지금도 유럽은 남유럽의 가톨릭, 서유럽의 개신교, 동유럽의 정교회가 정확히 나뉘어 있기 때문에, 크리스트교 내부 분열의 역사를 살피는 것은 중세 역사뿐 아니라 현대 세계를 이해하는 지름길이라고 할 수 있다.

2 가톨릭 권력자들이 개신교도들을 잔인하게 살해한 성 바르톨로메오 축일의 학살.

크리스트교의 3대 교회

1997년 당시 로마 교황 요한 바오로 2세는 프랑스 파리를 방문한 자리에서 "과거의 약점을 시인하는 것은 우리의 믿음을 강화하도록 도와주는 정직하고 용기 있는 행동"이라면서 "오늘 우리는 성 바르톨로메오 축일의 불행한 학살을 잊을 수 없습니다"라고 말했다. 이것은 1572년 파리에서 일어났던 개신교도 대학살 사건에 가톨릭 교회가 개입했음을 최초로 인정한 발언이었다. '성 바르톨로메오 축일의 학살'이란 가톨릭 쪽 권력자들이 파리에서 개신교 신자 수천 명을 잔인하게 살해한 사건이다. 이 일을 계기로 프랑스에서는 100여 년에 걸쳐 가톨릭과 개신교 간에 피비린내 나는 종교전쟁이 벌어졌다.

1999년 요한 바오로 2세가 그리스를 방문하겠다는 뜻을 밝히자 그리스 수상 코스타스 시미티스는 그의 방문을 환영한다고 했다. 그러나 거기에는 "교황이 바티칸 시국(市國)의 정부 수반으로서 그리스를 방문한다면"이라는 조건이 달렸다. 가톨릭 교회와 종교적 대립을 겪어온 그리스 정교회는 로마 교황이 종교 지도자로서 그리스를 방문하는 것에 대해 고개를 가로저었기 때문이다.

가톨릭(Catholic), 개신교(Protestant), 정교회(Orthodox Church)는 전세계의 크리스트교도들을 나누고 있는 3대 교회이다. 이 가운데 가톨릭은 로마 교황을 정점으로 전세계에 걸쳐 10억의 신도를 포용하고 있어 세계 최대의 단일 종교 조직을 이루고 있다. 거기

3 중세 교회에서 예배를 올리는 신도들의 모습. 서양의 중세를 거대한 크리스트교 왕국으로 보는 견해가 있을 만큼 교회는 도시와 군대를 소유했을 뿐 아니라 국정에도 직접적으로 간섭했다.

에 비해 개신교는 장로교·감리교·침례교 등 교파별로, 정교회는 그리스 정교회·러시아 정교회·세르비아 정교회 등 민족별로 나뉘어 있다. 이처럼 갈라진 크리스트교 교파 간에 화합을 이루어보려는 시도가 없지는 않았으나, 아직 이렇다 할 만한 성과가 나오지는 않았다.

그렇다면 같은 신을 믿는 '크리스트교' 이면서도 서로 다른 종교처럼 분열된 까닭은 무엇일까? 여기에는 교리나 신념의 차이뿐 아니라 역사적·문화적 차이가 두텁게 깔려 있다. 그러한 차이의 기원을 알아보기 위해서는 먼저 '크리스트교란 무엇인가' 라는, 누구나 안다고 생각하지만 정작 제대로 알지 못하고 있는 문제부터 살펴보아야 할 것이다.

크리스트교란 무엇인가

이 세상에는 『구약성서』에 뿌리를 둔 종교가 크게 세 가지 있다.

하나는 『구약성서』 자체가 그들의 역사인 유대 민족의 유대교이다. 모세, 이사야, 엘리야, 예레미야 등 『구약성서』에 등장하는 수많은 선지자(예언자)들은 유대 역사의 영웅들이다. 이 유대교에서 '예수 크리스트' 를 신봉하는 종교인 크리스트교가 갈라져 나왔다. 예수의 제자들은 예수의 행적을 기록한 『신약성서』를 기반으로 새로운 종교인 크리스트교를 만들었다. 유대교는 『구약성서』만을 믿지만 크리스트교는 『구약성서』와 『신약성

4 라파엘로가 그린 「두 천사와 십자가에 못 박힌 그리스도」. 크리스트교는 예수의 생애와 가르침, 죽음과 부활을 믿는 세계 최대 종교 가운데 하나다. 유대교에서 갈라져 나와 성서 신앙을 보편적 종교로 전파하는 데 관심을 갖은 크리스트교인들은 크리스트교를 세계 종교로 만들 수 있었다.

서』를 다 믿는다. 또 유대교는 예수를 하느님의 아들, 곧 메시아로 인정하지 않지만, 크리스트교는 그를 신으로 받든다.

한편 이슬람교는 『구약성서』의 선지자들과 더불어 예수도 한 사람의 선지자로 인정한다. 그러나 예수를 신으로 인정하지는 않는다. 이슬람교의 창시자인 무하마드를 최후 최고의 선지자로 받들지만 그도 역시 신으로 숭배되지는 않는다. 이슬람교에서 신은 오직 한 명, 유대교의 야훼에 해당하는 알라뿐이다.

이처럼 크리스트교는 유대교, 이슬람교와 같은 뿌리에서 태어났지만 예수를 신으로 받든다는 점에서 독특한 종교라고 할 수 있다. 이러한 차이는 교리의 차이로 그치지 않고 문화적·정치적 충돌을 몰고왔다. 유럽의 크리스트교도들은 처음부터 유대인을 미워하여 끊임없이 박해했다. 훗날 2차 세계대전 때 나치 독일이 '유대인 대학살'이라는 용서받지 못할 죄악을 저지른 것은 이처럼 유대인을 미워하는 유럽인의 정서에 편승한 것이었다.

크리스트교도들은 또한 이슬람교도들에 대해서도 십자군전쟁을 일으켜 피로 뒤엉킨 살육을 벌였다. 교황 요한 바오로 2세는 지난 2000년 3월 이처럼 크리스트교가 인류에게 저지른 과오를 역사상 처음으로 인정하고 용서를 구했다.

그런데 크리스트교는 밖으로 싸움을 벌였을 뿐 아니라 그 내부에서도 갈등이 빚어져 세

5 오늘날 유대교라 하면 보통 기원전 5세기 유대 민족이 바빌론 유수에서 이스라엘로 돌아와 유대교를 재건한 때부터 '모세의 율법'을 근간으로 하여 발달한 유대인의 유일신 신앙을 말한다. 유대교 역사를 재건한 이는 제사장이자 율법학자인 에즈라인데, 그 는 이스라엘을 모세5경(창세기·출애굽기·레위기·민수기·신명기)을 중심으로 한 율법공동체로 만들었다. 유대교를 재건한 에즈라는 '제2의 모세'로 불리기도 한다. 그림은 라파엘로가 그린 것으로, 강에 떠내려오는 아기 모세를 구하는 모습이다.

가지 교파로 갈라지는 아픔을 겪었다. 먼저 11세기에 서로마 문명권의 가톨릭과 동로마 문명권의 정교회가 갈라서고, 16세기에는 가톨릭 내부에서 교황 중심의 교회 조직을 정면으로 비판하며 프로테스탄트, 곧 개신교가 떨어져 나갔다. 이러한 분열에는 종교적인 이유 못지않게 세속적인 이해관계가 큰 원인으로 작용했다.

가톨릭과 정교회 ─ 서유럽과 동유럽

20세기 말 유고슬라비아 대통령 티토가 죽자 이 나라의 양대 주(州)였던 세르비아와 크로아티아 사이에서 유혈 사태가 벌어졌다. 유고 연방을 유지하려는 세르비아가 연방에서 탈퇴하려는 크로아티아를 공격하면서 서유럽에 대해 자신들의 내부 문제에 간섭하지 말라고 경고했다. 20세기 인류의 커다란 비극 가운데 하나인 유고 내전은 이렇게 시작되었는데, 여기에는 민족간 갈등에 종교적 갈등까지 뒤엉켜 있었다. 세르비아의 종교는 세르비아 정교회이고 크로아티아의 종교는 가톨릭이었다. 같은 뿌리에서 갈라져 나온 두 종교가 이처럼 비극적인 내전의 원인이 된 데에는 나름대로의 역사적 배경이 있다.

일찍이 동로마 제국은 콘스탄티노플을 중심으로 이집트, 예루살렘, 그리스 등 동방의 헬레니즘 문화권에서 성장했다. 그리고 서로마 제국은 로마를 중심으로 전형적인 라틴 문화를 꽃피웠다. 476년 서로마 제국이 멸망하자 콘스탄티노플과 로마의 크리스트 교회

6 세르비아의 수도 베오그라드에 있는 성 사바 교회. 높이가 40미터에 달하는 교회로, 정교회 건물 중 세계 최대 규모라고 한다. 원래 남(南)세르비아의 교회는 로마 교회와 콘스탄티노플 교회 사이에서 한동안 망설이다가 1219년에 성 사바가 세르비아의 독립 대주교가 되자 콘스탄티노플 교회를 지지하는 쪽으로 정비되었다.

사이에서 주도권 경쟁이 일어났다. 로마 대주교는 예수의 으뜸 사도인 베드로의 정통을 이어받았다면서 전체 교회의 수장(首長)인 교황으로 자처했다. 하지만 동로마 제국 수도의 교회 책임자인 콘스탄티노플 대주교는 로마 교황의 최고 지위를 인정하지 않았다.

726년 동로마 제국의 황제 레오 3세가 성상 파괴령을 내린 것*은 이러한 갈등의 불씨에 기름을 부었다. 성상(icon)이란 예수, 마리아, 성자 등을 그림이나 동상 등으로 표현한 것인데, 초기 크리스트교에서는 이러한 성상을 교회에 비치하고 기도하는 것을 '우상 숭배'라면서 배척해왔다. 그러나 4세기경부터 성상 숭배의 관습이 생겨나 점점 유행했다. 그뿐 아니라, 로마 교회에서는 게르만족을 크리스트교로 개종시키는 데 성상을 이용하고 있었다. 그런데 레오 3세가 동로마 제국 영역뿐 아니라 로마 교황의 관할 아래 있는 서유럽 지역에까지 성상을 파괴하도록 명령하여 강력한 반발이 일어났다. 이 문제로 동로마 제국과 사이가 벌어진 로마 교황청은 800년 프랑크 왕국의 카롤루스 대제에게 로마 황제의 관을 씌워주고 사실상 동로마 제국과의 결별을 선언했다.

이러한 갈등은 마침내 1054년 콘스탄티노플 대주교와 로마 교황이 서로를 파문하는 종교적 결별 사태로 이어졌다. 그리고 콘스탄티노플 교회는 자신들이 '정통'이라는 뜻에서 '정교회'라는 명칭을 쓰고, 로마 교회는 '보편적인 교회'라는 뜻에서 '가톨릭'이란 명칭을 쓰게 되었다. 1095년 셀주크 제국의 위협을 받은 동로마 황제의 요청으로 로마

* 레오 3세가 성상 파괴령을 내릴 수 있었던 것은 동로마 제국의 황제가 교회의 수장(우두머리)이면서 국가의 통치권을 가진 절대적 지배자였기 때문이다. 즉 황제는 동로마 제국 교회의 수석 대주교인 콘스탄티노플 대주교의 임명권은 물론, 종교 회의의 소집과 내용에 대해서도 관여하였다. 이것을 황제 교황주의(정교 일치)라 한다.

7

7 성상 파괴를 주장하는 쪽에 대한 승리를 축하하기 위해 만들어진 성상으로, 제목도 「정교회의 승리」이다. 마리아상 왼쪽에 왕관을 쓰고 있는 모자(母子)가 어린 황제 미카일 3세와 그의 어머니 테오도라이다. 20년 가까이 끌었던 성상 파괴 논쟁은 미카일 3세 때 테오도라의 성상 숭배 회복으로 종지부를 찍게 된다.

교황이 십자군전쟁을 일으켰을 때 두 교회는 화해의 계기를 잡는 듯싶었다. 그러나 세속적 욕망에 사로잡힌 십자군이 엉뚱하게도 콘스탄티노플을 약탈하면서 두 교회는 영원한 앙숙으로 남게 되었다. 그 뒤 정교회는 발칸 반도와 동유럽 나라들의 크리스트교, 가톨릭은 서유럽 나라들의 크리스트교로 정착했다.

1453년 오스만 제국이 동로마 제국을 멸망시킨 이래 정교회를 믿는 사람들은 이슬람교를 믿는 투르크인에게 예속되었다. 정교회는 2등급 종교로 격하되고 콘스탄티노플 대주교 자리는 정치적 목적에 따라 좌우되었다. 따라서 그 뒤 정교회의 역사는 투르크 정권에 대한 동유럽 각국의 독립 운동과 떼려야 뗄 수 없는 관계를 맺고 있다. 19세기 이후 오스만 제국이 쇠퇴하면서 동유럽 국가들이 독립할 때 그들의 교회도 각각 그리스 정교회, 루마니아 정교회, 세르비아 정교회 등으로 분리 독립했다. 또한 오스만 제국이 물러간 자리에 서유럽 각국이 끼어들어 동유럽에서 영향력을 확대하려 하자 동유럽 각국은 이들에 맞서 저항했다. 이러한 저항은 서유럽의 가톨릭에 대한 동유럽 정교회 신도들의 경계심과 맞물려 있는 것이기도 했다.

유럽 문화에서 하나의 중심축을 이루는 로마 교황이 유럽 문화의 고향인 그리스를 쉽게 방문하지 못하는 것은 대단히 '이상한' 현상이다. 이것은 지금까지 살펴본 역사적 맥락 아래에서만 비로소 이해될 수 있다.

8 오스만투르크 군대가 동로마 제국의 심장부인 콘스탄티노플 성을 공략하는 모습.

가톨릭과 개신교 – 라틴적인 것과 게르만적인 것

가톨릭 교회는 '보편'이라는 뜻 그대로 중세 서유럽을 하나로 묶는 보편 질서의 중심에 서 있었다. 중세 서유럽은 로마 교황과 신성 로마 제국 황제의 연합 권력 아래 하나의 보편적인 세계를 이루고 있었다. 여기서 신성 로마 제국이라는 것은 서로마 제국의 법통을 이어받은 제국을 의미하며, 카롤루스 대제가 서로마 황제의 관을 쓴 800년부터 시작되었다. 카롤루스의 프랑크 제국은 10세기에 세 나라로 갈라지고 그 중 한 나라인 동프랑크(오늘날의 독일)가 '제국'의 호칭을 물려받았다.

중세 가톨릭의 보편을 깨뜨리고 개성적인 근대인과 근대 국가의 등장을 가져온 종교개혁은 바로 이 황제의 나라 독일에서 본격적으로 막이 올랐다. 그 주인공은 바로 비텐베르크의 젊은 사제 마르틴 루터였다. 그는 교회와 성직자만이 신과 직접 통할 수 있으며 일반인은 그들의 중개를 거쳐야 한다는 가톨릭 교회의 '신앙 독점'에 도전했다. 그는 꼭 교회에 나가서 기도를 해야만, 성직자가 집전하는 미사에 참석해야만, 교회가 파는 면죄부를 사야만 크리스트교인이 될 수 있는 것은 아니라고 외쳤다. 종교개혁은 교회로부터의 개인 해방 선언이었던 것이다. 이전에는 오직 성직자만이 성경을 볼 수 있었으나 루터는 모든 사람이 자유롭게 성경을 볼 수 있어야 한다면서 라틴어 성경을 쉬운 독일어로

9 비텐베르크 성 부속 교회의 문에 루터의 「95개조 논제」를 붙이고 있는 모습. 당시 교회의 부패를 공개적으로 비판한 이 반박문은 처음에는 라틴어로 쓰여져 민중이 이해할 수 없었지만, 곧 독일어로 번역되어 널리 퍼지게 되었다.

10

번역했다.

프랑스 출신 칼뱅은 루터보다 한층 실천적이고 혁명적인 개혁을 스위스에서 밀어붙였다. 철저한 금욕주의와 직업에 대한 투철한 소명 의식을 특징으로 하는 칼뱅파는 프랑스에서는 위그노, 영국에서는 청교도로 불리며 종교개혁의 전위(前衛) 부대로 활약했다. 이 같은 종교개혁은 민중 속으로 깊이 파고들어가 농민 한 사람 한 사람의 삶마저 바꾸어놓으며 서유럽 사회에 근본적인 영향을 미쳤다.

가톨릭과 개신교 두 세력은 1100년 이상 피비린내 나는 전쟁을 벌였다. 교황이 파리에 가서 사과한 '성 바르톨로메오의 대학살'은 이러한 종교전쟁 중의 하나인 위그노전쟁(1562~98년 일어난 프랑스의 종교 내란)과 관련된 사건이었다. 프랑스의 칼뱅파인 위그노들이 가톨릭 세력에 반대하여 일으킨 이 전쟁은 1598년 양자가 타협을 이루면서 일단락되었다. 그러나 얼마 뒤 프랑스 왕인 루이 14세가 타협을 백지화하고 위그노들을 추방하면서 프랑스에서는 가톨릭이 개신교에 대해 승리했다. 이것은 에스파냐와 포르투갈, 교황이 살고 있는 이탈리아 등 라틴계 국가에서는 공통된 현상이었다.

그러나 덴마크, 네덜란드 등 게르만계 국가에서는 대부분 개신교가 승리를 거두었다. 독일에서는 가톨릭을 유지한 지역과 루터파로 개종한 지역이 백중지세를 이루었다. 영국은 국왕을 중심으로 국교회를 만들어 가톨릭에서 이탈했고, 본래 에스파냐 영토였던 네

10 도덕과 규율을 강조한 종교개혁가 칼뱅. 훗날 19세기의 사회학자 막스 베버는 칼뱅의 예정설(하느님이 구원할 사람을 영원 전부터 선택했다는 교리)이 자본주의를 낳는 정신적 토대가 되었다고 주장했다.

덜란드는 개신교 세력인 청교도가 확산되면서 독립했다.

1618년부터 1648년까지 30년간 가톨릭 세력과 개신교 세력은 서유럽 전역에서 최후의 결전을 벌였다. 이 전쟁의 결과 라틴계의 가톨릭 대 게르만계의 개신교라는 서유럽의 새로운 종교 판도가 확고히 자리를 잡았다. 그 뒤 서유럽 여러 나라들이 전세계로 팽창할 때에도 가톨릭과 개신교는 서로 주도권 경쟁을 벌이며 세계로 진출했다. 그리고 세계의 많은 인구를 가톨릭과 개신교 여러 교파로 갈라놓았다.

크리스트교의 분열은 역사가 진보하는 과정에서 동력으로 작용하기도 했다. 그러나 그 과정에서 수많은 사람들을 불필요한 갈등과 투쟁 속으로 몰아넣은 잘못은 결코 합리화될 수 없다. 크리스트교의 세 교파는 더 이상 '신의 이름으로' 사람들의 피를 흘리게 하는 일 없이 진정한 화해를 이루고, 자신들이 갈라놓았던 세계를 하나로 모으는 데 책임 있는 역할을 해야 할 것이다.

11 베스트팔렌 조약에 최종 조인하는 장면(왼쪽)과 조약 의정서(오른쪽). 이 조약의 내용과 회의 방식은 근대적인 국제회의의 출발점이 되었다. 또 이 조약으로 유럽의 국제관계에는 큰 변화가 일어났다. 신성로마 제국은 각 지역의 공국들이 주권을 갖게 되어 중앙권력을 잃어버리고 국력이 현저히 약해졌으며, 3천만 평에 달하는 영토를 잃었다. 그에 반해 프랑스와 스웨덴은 각각 알자스-로렌 지역과 발트해의 제해권을 얻었고, 네덜란드는 스페인으로부터 완전히 독립했으며, 스위스도 명실상부한 독립국이 되었다.

종교전쟁의 시작, 십자군전쟁

이슬람교 V

이슬람교와 크리스트교는 『구약성서』에 뿌리를 두고 있는 형제 종교이다. 그래서 서아시아의 이슬람교도들은 크리스트교도를 '먼저 성서를 받은 자'라고 부르며 유화적인 태도로 대했다. 그러나 이교 배척을 제1의 교리로 하는 크리스트교도들은 처음부터 이슬람교를 증오했다. 이러한 증오가 엄청난 살육전으로 폭발한 것이 11세기 말에 시작된 십자군전쟁이다. 이 전쟁은 크리스트교에 대해 유화적이던 이슬람교도들의 생각마저 증오로 바꾸어놓은 역사적 비극이었다. 유럽의 크리스트교가 서쪽의 가톨릭과 동쪽의 정교회로 분리되던 11세기에 이슬람 세계에서는 셀주크투르크라는 투르크족의 나라가 새로운 패자로 등장했다. 셀주크투르크는 동로마 제국의 수도

S 크리스트교

인 콘스탄티노플을 위협할 정도로 막강한 세력을 과시했다. 그러자 동로마 제국 황제는 로마 교황에게 구원을 요청했다. 셀주크투르크가 성지 예루살렘을 순례하는 크리스트교 신자들을 박해한다는 것이 구실이었다. 로마 교황은 이 요청을 받아들여 서유럽 각국에 성지를 되찾기 위한 원정에 나서자고 제안했다. 그리하여 일어난 200년 십자군전쟁은 두 형제 종교 사이에 메울 수 없는 증오의 골을 만들어놓았고, 이러한 골은 현대 세계에까지도 짙게 드리워져 있다.

1 예루살렘의 왕 구이 데 루시냥이 이끄는 십자군과 살라딘이 지휘하는 이슬람군이 맞붙은 하틴전투. 이 전투에서 패배한 이후 십자군은 1차 원정 때 탈환한 예루살렘을 다시 빼앗겼다.

성지 예루살렘을 '되찾기' 위하여 — 십자군 전쟁의 시작

이스라엘의 수도인 예루살렘은 유대교뿐 아니라 크리스트교와 이슬람교가 저마다 성지로 삼고 있는 묘한 도시이다. 그곳에 가면 이슬람교의 성자 무하마드가 메카에서 말을 타고와 승천했다는 '반석 위의 돔'도 있고, 로마군이 파괴한 유서 깊은 유대교 성전 자리에 남은 '통곡의 벽'도 있다. 또 예수가 십자가를 지고 올랐던 '골고다 언덕'도 자리 잡고 있다. 따라서 예루살렘에는 오랜 옛날부터 세 종교를 믿는 각국 신도들의 참배가 끊이지 않았다. 거기에 따라 이곳은 세 종교의 신도들이 만나 서로에 대한 이해의 폭을 넓히고 우애를 다질 수도 있지만, 반대로 충돌이 빚어질 수도 있는 도시였다. 최근 이스라엘과 팔레스타인 사이에 분규가 일어났을 때에는 이스라엘이 예루살렘의 이슬람 성지 참배를 막아 이슬람교도들과 격렬한 충돌을 빚기도 했다.

역사에는 이처럼 예루살렘을 둘러싼 국제적인 분쟁 가운데 가장 규모가 크고 오랫동안 지속되었던 사례가 기록되어 있다. 로마 교황을 중심으로 전 유럽이 이슬람 세력에게 '빼앗긴' 성지 예루살렘을 되찾자고 일어났던 십자군 전쟁이 바로 그것이다.

지금부터 약 900년 전인 1095년, 로마 교황 우르바누스 2세는 "셀주크투르크에게 짓밟힌 예루살렘을 되찾자"면서 성전(聖戰)을 위해 떨쳐 일어설 것을 전유럽의 크리스트교 국가들에 촉구했다. 이러한 호소는 각계각층의 폭넓은 지지를 얻었고, 얼마 되지 않아

2 1870년경의 통곡의 벽 모습. 통곡의 벽은 유대교의 예루살렘 제2성전 가운데 현존하는 유일한 유적지다. 이 벽은 이슬람의 바위사원을 둘러싸는 더 큰 벽의 일부를 이루고 있기에 유대인과 아랍인들이 출입권을 놓고 오랫동안 투쟁해왔다.

10만 대군의 위용을 갖춘 십자군이 구성되었다.

그 당시 이슬람 세계는 크게 보아 세 지역으로 나뉘어 있었다. 하나는 이집트의 파티마 왕조를 중심으로 한 북아프리카, 또 하나는 아라비아 반도를 포함한 서아시아의 아바스 왕조였다. 여기에 중앙아시아에서 서쪽으로 진출하면서 이슬람교로 개종한 셀주크투르크가 가세하고 있었다. 셀주크투르크는 분열되어 있던 투르크인을 하나로 끌어 모아 11세기부터 급성장했다. 이들은 강력한 이슬람 제국이던 아바스 왕조를 무너뜨리고 서아시아 일대를 장악했으며, 나아가 서유럽 크리스트교 세계의 형제 국가였던 동로마 제국까지 위협하기에 이르렀다.

그러자 동로마 황제 알렉시우스 1세는 로마 교황에게 긴급 구조 요청을 했고, 교황은 비잔틴의 구원뿐 아니라 '성지 회복'이라는 명분까지 내걸고 십자군을 일으켰다. 물론 여기에 전유럽이 호응한 것은 크리스트교 세계의 단결이라는 고귀한 목적 외에도 저마다 다른 속셈이 절묘하게 맞아떨어졌기 때문이었다. 우선 교황에게는 이 전쟁을 통해 유럽인의 종교적 단결을 이끌어내어 자신의 권위를 확실히 세우려는 목적이 있었다. 또 유럽에서 점차 성장하고 있던 상인들은 이슬람 상인들이 독차지하고 있던 동방 교역로를 빼앗을 수 있는 기회로 보고 이 같은 대규모 원정을 환영했다. 더 이상 분배받을 영지가 없어서 빈둥빈둥 놀기만 하던 중세 유럽의 기사들에게도 이 전쟁은 한몫 단단히 잡을 수

3 클레르몽 공의회에서 교황 우르바누스 2세가 성지 예루살렘을 해방시키기 위해 십자군 원정에 합류하라고 설교하는 모습. 의아한 것은 예루살렘이 이슬람에게 정복된 건 이미 7세기 초의 일로, 무려 400년도 훨씬 전의 일이었다는 것이다.

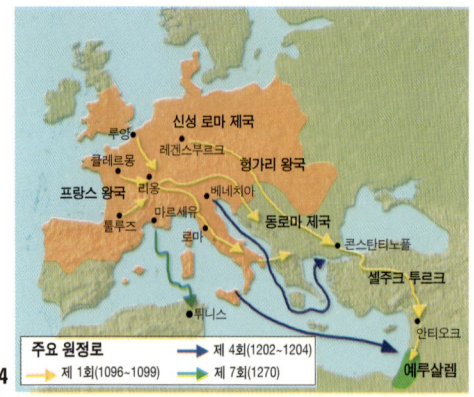

있는 기회로 다가왔다. 그런가 하면 장원[*]에서 영주의 압제에 시달리던 많은 농노들에게 십자군전쟁은 일종의 탈출구였다. 이러한 여러 가지 기대와 목적을 가슴속에 품은 사람들은 1097년 이슬람 세계의 응징이라는 기치를 내걸고 예루살렘을 향해 앞으로 200년이 걸릴 대장정의 첫 걸음을 옮겨놓았다.

이익이 있는 곳이면 어디든 좋다 – 십자군전쟁의 전개

십자군전쟁 초기에 유럽 원정군은 파죽지세의 진군 끝에 예루살렘을 점령했다. 점령군은 현지에 유럽인이 다스리는 예루살렘 왕국(1099~1187)까지 세웠다. 그러나 이때 십자군이 보여준 행태는 그들이 내건 '성전'이라는 고귀한 목적과는 거리가 멀었다.

당시 십자군 원정에 동행한 랄프라는 연대기 작가는 믿기 힘든 기록을 남기고 있다. "(십자군은) 이슬람교도라면 성인은 가마솥에 넣어 끓이고 아이는 꼬챙이에 꽂은 채 불에 구워 미친 듯이 먹었다."

이런 엽기적인 서술은 다소 과장된 것일지도 모르지만, 실제로 예루살렘을 점령한 뒤 십자군이 벌인 만행은 생생한 역사 기록으로 남아 있다. 그들은 이슬람교도만 눈에 띄면 신전까지 쫓아들어가 살해했고, 주민들에게서 금, 은 등 귀금속을 약탈하는 데 열중했다. 한 십자군 병사의 고백에 따르면, 이슬람교도들이 금화를 빼앗기지 않으려고 아예

---

4 십자군 원정로.

---

[*] 장원(莊園) : 중세 유럽의 귀족이나 교회가 사적으로 소유하던 넓은 토지를 말한다. 대개 하나의 촌락으로 구성된 자급자족의 경제 단위로 대부분 농노의 신분인 농민들에 의해 경작되었다. 토지에 매여 거주 이전의 자유가 없는 농민들은 경작지의 수입으로 생계를 이어갈 수 있었지만 영주에게 부역과 공납을 바쳐야 했다. 또한 이와 같이 영주와 농노가 중심이 되어 맺어진 사회·경제적 관계를 통틀어 장원 제도라고 부른다.

삼켜버린다는 소문 때문에 그들을 죽인 다음 사체의 배를 가르는 일도 있었다고 한다. 이런 만행은 십자군의 의도가 얼마나 불순하고 부도덕했는가를 잘 보여준다. 그러나 초기의 십자군은 예루살렘으로 쳐들어가 그곳을 점령했으니, 최소한 '성지 회복'이라는 본래의 목적을 달성하기는 한 셈이었다. 그러나 그 뒤의 십자군운동은 세월이 흐를수록 본래의 취지에서 크게 벗어난 방향으로 전개되었다.

예루살렘 왕국은 100년이 채 못 되어 이집트군의 공격을 받아 멸망했고, 그 뒤 십자군은 다시는 예루살렘을 완전히 장악하지 못한 채 지루한 공방전만을 벌이게 된다. 이 과정에서 초기의 종교적 열정은 점차 식어가고 그 뒤에 숨어 있던 현실적 이익에 대한 욕망들이 전면에 나서게 되었다.

어떤 때에는 교황이 십자군을 소집했는데 약속 장소에 아무도 나타나지 않아 교황 혼자서 쓸쓸히 발걸음을 돌리는 일도 있었다. 이 정도라면 교황의 권위만 손상되고 말 일이지만, 정작 심각한 문제는 십자군을 일으킨 뒤 사사로운 목적에 군대를 활용하는 일이 적지 않았다는 것이다. 가장 대표적인 예는 1204년 제4차 십자군이었다. 그들은 예루살렘 근처에는 가지도 않고, 도중에 진로를 바꾸어 같은 크리스트교 국가인 동로마 제국의 수도 콘스탄티노플을 공격하여 함락시켰다. 이 어처구니없는 사태가 일어난 것은 베네치아 상인들의 농간 때문이었다. 십자군의 물자 수송과 식량 공급을 맡았던 베네치아 상인들은 십자군이 대금을 치르지 못하자 "대신 콘스탄티노플이라도 털어서 갚아라"라고 주문했다. 평소 동방 교역의 경쟁자로 생각하고 있던 동로마 상인들의 세력을 위축시키려는 속셈이 있었기 때문이다. 어차피 외지에 나가 한몫 잡는 게 꿈이었던 십자군도 "에라 모르겠다"는 심정으로 물자가 풍부한 콘스탄티노플을 약탈했던 것이다. 심지어는 십자군에 참가한 소년 병사들을 빼돌려 적인 이슬람 상인에게 노예로 팔아먹은 상인들까지 있었다.

이런 전쟁이 승리로 끝날 리 없었다. 아니, 십자군 참가자들 대부분에게 전쟁의 승패는 이미 관심 밖이었다. 1291년 예루살렘 부근에서 십자군의 교두보 역할을 하던 아크르 성이 이집트군의 공격에 함락되면서, 세계 역사상 가장 부도덕한 전쟁 가운데 하나였던 십자군전쟁은 싱겁게 막을 내렸다.

십자군전쟁의 대차대조표

십자군전쟁은 이슬람 세계의 입장에서 보면 한구석에서 일어난 국지전일 뿐, 이 전쟁이 그들 내부 사회에 큰 영향을 끼친 것은 없었다. 여기에 비해 유럽의 입장에서 보면 모든 지역, 모든 계층을 들썩거리게 한 전면전이요 사회 전체에 커다란 변화를 가져온 역사적 사건이었다. 임진왜란을 일으킨 일본이 전쟁에는 지고도 수많은 이득을 본 것처럼, 유럽

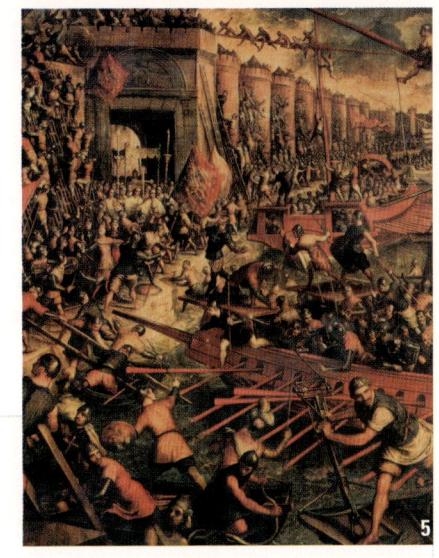

세계는 패배한 십자군전쟁에서 엄청난 소득을 올렸다. 이 전쟁으로 유럽인은 서유럽이라는 좁은 울타리에서 벗어나 더 넓은 세계를 향해 눈을 뜰 수 있었다. 이전에는 동로마나 이슬람 제국의 변두리에 불과했던 서유럽이 이제 넓은 시야를 가지고 국제 무대에 진출하게 된 것이다. 또 베네치아, 제노바 등에서 상인이 성장하고 도시가 발달하면서 유럽 사회 내부에서 중세 장원 체제가 무너지는 계기가 마련되었다.

그러나 유럽인은 이런 소득을 얻는 과정에서 너무나도 많은 잘못을 저질렀다. 같은 크리스트교권인 동로마 제국을 적으로 만들었으며, 무엇보다도 이슬람교도들에게 씻을 수 없는 '증오'와 '복수'의 감정을 선물했다. 물론 아라비아에서 탄생한 이슬람교가 배타적인 크리스트교 세계와 이웃하고 성지를 공유할 때부터 그 갈등의 씨앗은 이미 뿌려졌다. 그러나 그것을 돌이킬 수 없는 상태로 만든 것은 바로 십자군전쟁이었다.

그 뒤 이슬람권과 유럽은 시종일관 대립 관계를 유지해왔다. 그리고 유럽은 19세기 말 제국주의 팽창 정책을 통해 이슬람 지역 대부분을 식민 통치하는 제2의 '만행'을 저질렀다. 오늘날 예루살렘을 진원지로 하여 터져 나오는 갖가지 갈등의 파열음을 해소할 일차적인 책임은 십자군의 후예인 유럽과 미국 등 강대국들에게 있다고 할 수 있다.

5 난공불락의 콘스탄티노플 성벽을 처음으로 뚫은 제4차 십자군.

세계 제국 몽고의 팽창과

몽고 제국 V

1

907년에 당나라가 멸망한 후 중국은 300여 년간 여러 왕조가 각축을 벌이는 시대로 접어들었다. 한족의 송나라, 거란족의 요나라, 여진족의 금나라가 이 시기 대표적인 왕조였다. 그러나 이들은 모두 1206년 몽고 고원에서 일어난 몽고 제국의 등장을 위한 예고편에 불과했다. 몽고 제국은 1234년 금나라를 멸망시켜 화북과 만주를 차지하고, 1259년에는 고려를 복속시켰으며, 1279년에는 송나라마저 무너뜨리고 유목민 정복 왕조로는 처음으로 중국 대륙을 통일했다. 몽고의 막강한 기병과 맞서야 했

1 몽고 기병의 모습.

동서양 통폐합

S 세계

2 레그니차 발슈타트에서 독일 연합군을 격파한 후, 죽은 적군 수를 세기 위해 귀를 자르는 몽고군 모습.

던 것은 동아시아의 나라들만이 아니었다. 몽고 제국은 중앙아시아를 정복하고 인더스 강 유역까지 진출하여 동서 무역로를 차지했다. 그리고 서쪽으로 더 나아가 남러시아를 정복한 후 폴란드의 발슈타트에서 독일 제후 연합군을 격파하고 헝가리까지 진출했다. 서아시아에도 진출하여 아바스 왕조를 멸망시키고 일 칸국을 건설했다. 유라시아 대륙 전체를 상대로 벌인 몽고군의 전쟁은 명백한 침략전쟁이었지만, 그 결과 나타난 세계 제국은 동서 문명의 교류를 획기적으로 촉진하는 업적을 낳았다.

세계화의 물꼬를 튼 몽고

국경이 사라져버린 유라시아 대륙의 한복판. 온몸에 붕대를 칭칭 감은 몽고 제국의 파발 병이 말을 타고 초원을 달린다. 그는 긴급한 문서를 전하기 위해 말 위에서 먹고 자며 밤 낮을 가리지 않고 달려왔다. 그가 몸에 붕대를 감은 것은 부상을 당했기 때문이 아니다. 그것은 초원의 찬바람과 사막의 열기로부터 몸을 보호하기 위해서이다.

이제 말을 갈아탈 수 있는 역(驛)이 눈앞에 다가온다. 60km마다 설치되어 있는 이 같은 역참(驛站)은 세계를 하나로 이어주는 네트워크의 중계망이다. 파발병은 숙련된 기마술 과 강인한 체력, 발달된 역참 제도, 튼튼한 말의 도움으로 하루에 160km는 너끈히 주파 할 수 있다. 이것이 오늘날 세계화를 이야기할 때마다 그 모델이 되곤 하는 몽고 세계 제 국의 특급 '택배 제도'이다.

13세기, 세계를 하나로 아우르는 세계화의 물꼬를 튼 사람이 몽고의 영웅 테무친, 곧 칭 기즈칸이다. 그의 군대는 북방 초원 지대에서 남쪽의 각 문명 지대로 부채가 펼쳐지듯

3 목축과 수렵 생활을 하는 몽고 군대는 평소 말타기 와 활쏘기에 단련되어 짧은 시간 동안 세계 최대의 제국을 건설할 수 있었다.

퍼져 내려가 순식간에 유라시아의 지도를
바꾸어놓았다. 아니, 아예 지도에서 국경선
을 지워버렸다는 표현이 맞을 것이다. 그런
데 이 영웅 칭기즈칸이 성장하는 과정에서 만난 한 사람의 멋진 맞수가 있었다. 초원 이
곳저곳에 흩어져 있는 몽고 부족들을 하나로 통일하는 동안 내내 자웅을 겨루었던 이웃
부족의 자무카가 그 사람이다. 하지만 몽고 제국이라는 세계사적 집단을 다룰 때, 우리
는 '역사의 라이벌'을 칭기즈칸과 자무카, 두 영웅으로 한정시킬 수 없다. 서로의 존재조
차 희미하게 인식했던 세계 각지의 인류를 하나의 깃발 아래 묶어버린 몽고 제국. 그 역
사적 맞수를 찾아야 한다면 그것은 바로 세계 그 자체가 될 것이다.

몽고 대 이슬람 세계

초원에 흩어져 있던 몽고족은 1206년 칭기즈칸에 의해 통일되었다. 강력한 기마병을 앞
세운 몽고군은 중앙아시아 쪽으로 눈을 돌려 서하를 거쳐 서요(西遼)라는 나라로 쳐들어
갔다. 이 나라는 알타이 산맥 일대를 장악하고 있던 몽고인의 원수 나이만 부족의 쿠츨
루크가 다스리고 있었다. 그는 이 지역 이슬람교도들의 원수이기도 했다.
크리스트교의 이단 종파인 네스토리우스파 신도였던 쿠츨루크는 이슬람교도들을 십자

4 몽고족의 족장회의인 쿠릴타이에서 왕으로 추대되
고 있는 칭기즈칸. 칸(汗)은 왕이라는 뜻이며, 칭기즈
칸은 '전세계의 왕'이라는 말이다. 초기 몽고 제국에
서는 왕의 추대와 원정전쟁 등 중요한 사항들이 쿠릴
타이를 통해 결정되었다.

가에 매달아 죽이는 등 심하게 박해하고 있었다. 몽고 장군 제베는 쿠츨루크 세력만 축출하고 이슬람교도에 대해서는 약탈과 학살을 금지하며 관용을 베풀었다. 몽고군은 이 나라의 수도 카슈가르에서 이슬람의 해방자로 열렬한 환영을 받았다.

그러나 몽고군은 복수를 위해 원수인 쿠츨루크를 처단했을 뿐, 이슬람 세계를 해방하려는 목적은 꿈에도 없었다. 그들의 다음 상대는 이란 지역에 자리 잡고 있던 이슬람 왕국 호라즘이었다. 호라즘의 술탄* 무하마드는 '지하드'(성전聖戰)를 선언하고 수십만의 군사를 동원했다. 그러나 수도 니샤푸르로 몰려온 몽고군은 무하마드의 군대를 압도했다. 포로로 잡은 이슬람 주민들에게 몽고 깃발을 들려 들판을 가득 메우고 진격해왔기 때문이었다. 무하마드가 몽고군에게 저항한 대가는 혹독했다. 알라의 적으로 변한 몽고군은 호라즘 출신이라면 개와 고양이까지 죽이고, 모든 시체의 목을 잘라 거대한 인두탑(人頭塔)을 쌓았다.

재앙은 여기서 끝나지 않았다. 호라즘을 점령한 몽고 군대는 지금의 이라크 지역인 아바스 왕조의 영토로 쳐들어갔다. 아바스 왕조는 이슬람 세계를 대표하는 존재인 할리파의 나라였다. 그러나 이슬람 세계의 종주국이라 할 수 있는 아바스 왕조도 몽고의 말발굽 앞에서는 추풍낙엽이었다. 몽고군은 할리파 알 무스타심과 이슬람교도 200만 명을 도살했다. 500년 역사의 화려한 문화유산이 파괴되었고, 이 나라가 자랑하던 관개시설도 잿

* 술탄 : 이슬람 세계에서 지배자를 일컫는 말. 『쿠란』에서는 도덕적·정신적 권위를 의미하는 말로 사용되었다. 이 말은 뒤에 정치 권력 또는 지배 권력을 나타내게 되었고 11세기부터는 이슬람 군주의 칭호로 사용되었다.

더미가 되었다. 어떤 학자들은, 몽고군이 점령한 문명 세계를 이용할 생각은 하지 않고 파괴만 일삼은 것에 대해 비판한다. 그들에게 문명이란 몸에 맞지 않는 옷처럼 갑갑한 것이었다고. 그 많은 인구와 발전된 문명을 관리하느니 싹 쓸어버리고 말을 방목하는 것이 훨씬 이익이었으리라고. 이런 몽고 군대의 침략은 안 그래도 십자군에 시달리고 있던 이슬람 세계를 궤멸시킬 만한 큰 타격이었다.

그러나 반드시 부정적인 측면만 있었던 것은 아니다. 타고난 장사꾼인 이슬람 사람들은 전쟁터가 되어버린 지중해 교역로와 실크로드를 포기하는 대신 인도양의 무역로를 개척했다. 오늘날 인도양을 따라 인도네시아, 말레이시아 등 이슬람 국가들이 즐비하게 늘어선 것은 이때 이슬람 상인들이 인도양 항로를 개척하고 가는 곳마다 이슬람교를 퍼뜨렸기 때문이다. 또 몽고의 침략은 이슬람 세계의 분열을 막고 단합을 촉진하는 계기가 되기도 했다.

5 바그다드를 파괴하고 있는 몽고군의 모습. 칭기즈 칸의 손자 중 한 명인 훌라구는 이슬람 세계를 지배하기 위해 바그다드를 점령했다. 그는 이란 지역에 세워진 몽고 왕조 일 칸국를 창건한 인물이다.

1260년, 불패 신화를 자랑하던 몽고 군대는 이집트 지역에서 일어난 이슬람 왕조 마물루크의 군대에게 불의의 첫 패배를 당했다. 이것은 강대한 제국의 압박에도 불구하고 이슬람 정신이 살아 있다는 것을 알리는 동시에 이슬람 문명의 대반격을 예고하는 신호탄이었다.

몽고 대 크리스트교 세계

몽고군은 러시아와의 국경 지대인 카프카스(코카서스) 지역으로도 진격했다. 그곳에서 그들은 전성기를 누리고 있던 그루지야 기사단을 무너뜨리고, 볼가 강 연안에 집결한 8만 명의 러시아군을 전멸시켰다. 나아가 알렉산드르 네프스키가 다스리는 모스크바 공국을 위협하기에 이르렀다.

네프스키는 러시아를 위협하던 독일 기사단을 얼음물 속에 수장(水葬)시키고 나라를 지켜내, 훗날 나치 독일의 침략에 시달리던 소련 사람들이 저항 의지의 상징으로 삼은 러시아의 영웅이었다. 그러나 그는 독일군에 저항한 것과 달리 몽고군에게는 재빨리 타협의 손길을 내밀었다. 몽고 제국을 모스크바의 종주국으로 인정하여 조공을 바치는 대신 자치권을 보장받았던 것이다. 호라즘과 아바스 왕조의 운명을 생각해보면 현명한 선택이 아니었을까?

몽고 제국은 유럽 대륙으로 진군을 거듭했다. 제2대 황제 오고타이의 조카이자 훗날 킵차크 칸국의 건설자인 바투가 이끄는 몽고의 유럽 원정군은 1241년 봄, 폴란드 영내로 진격하여 신성 로마 제국에 인접한 리그니츠 시(市)를 점령하였다. 그들이 독일 기사단을 전멸시키고 시체의 귀를 잘라 아홉 부대에 담았다는 소문은 유럽 전역을 공포의 도가니로 몰아넣었다.

그 당시 유럽인들은 몽고족을 같은 유목민인 타타르족(중앙아시아의 투르크계 유목민)과 혼동하고 있었다. 그런데 유럽인이 잘 알고 있는 그리스 신화에는 '타르타로스'라는 신이 등장한다. 타타르와 발음이 비슷한 이 신은 지옥을 다스리는 무서운 신이어서, 그 당시 유럽인이 가지고 있던 몽고인에 대한 이미지와 딱 맞아떨어졌다. 그래서 유럽 사람들은 오늘날까지도 몽고인이 자신들에게 가했던 위협을 '타르타로스의 공포'라는 이름으로 기억하고 있다.

비엔나 코앞까지 타르타로스의 검은 손이 뻗쳐오던 절체절명의 순간, 기적 같은 복음이

6 칭기즈칸의 뒤를 이어 몽고 제국의 황제가 되는 오고타이는 러시아와 동유럽 점령을 위해 나섰다. 폴란드 일부를 점령한 전위 부대는 슐레지엔 지방을 손에 넣고자 했고, 이에 독일과 폴란드의 기사 연합군이 방어에 나서 몽고군과 연합군은 리그니츠의 발슈타트에서 맞붙게 된다. 결과는 연합군의 대패. 그런데 당시 사료에 따르면 독일-폴란드 연합군 병사의 대부분은 농민 출신이었다고 한다. 그러니 정교하게 훈련된 몽고군을 이기는 것은 애시당초 불가능한 일이었을 것이다. 위 그림은 리그니츠로 향하는 당시 연합군을 그린 것인데, 군대의 모습이라기엔 역시 어딘가 어설퍼 보인다.

들려왔다. 몽고군이 퇴각하기 시작했다는 것이다. 누구에게 반격을 당해서가 아니었다. 오고타이가 사망하는 바람에 후계자를 정하기 위한 회의가 소집되어 부득이 돌아가야 했던 것이다. 비엔나 주민을 비롯한 서유럽 사람들은 춤을 추며 살아남게 된 것을 자축했다. 철수한 바투의 군대는 다시 유럽으로 돌아오지 않았고, 유럽은 안정을 찾았다. 서유럽이 이때 풍전등화의 위기를 넘긴 것은, 그 뒤 서유럽이 순조롭게 역사의 전면에 등장하여 몽고 제국에 이어 제2차 세계화(18세기에 시작된 서구 열강의 제국주의적 팽창)의 주역이 될 수 있었던 사실과 무관하지 않을 것이다.

몽고 대 동아시아 세계

몽고 세계 제국은 동아시아에서 시작되어 동아시아에서 끝났다. 몽고를 비롯한 거란, 여진 등 동북아시아의 유목민은 중국 문명과 끊으려야 끊을 수 없는 관계를 맺고 있었다. 칭기즈칸이 몽고를 통일할 때 중국 북부를 장악하고 있던 금나라는 여진족이 세운 정복 왕조였다. 이 나라는 칭기즈칸의 아버지가 이웃 부족에게 살해되도록 사주한 원수의 나라였다. 당연히 몽고군의 표적이 될 수밖에 없었다.

금나라는 그 당시 세계에서 가장 부강한 나라였고, 수도인 연경(지금의 베이징)은 세계 최대의 도시라 해도 지나친 말이 아니었다. 이곳에서 금나라군은 초원에서의 전투밖에

몰랐던 몽고군을 상대로 성문을 닫아걸고 버티기를 시도했다. 몽고군은 처음에는 속수무책이었지만 곧 성을 무기한 포위하는 '역 버티기' 작전에 나서 적의 진을 빼버렸다. 군량미가 바닥나고 사기가 떨어지자 철옹성은 모래성으로 바뀌었고, 성을 점령한 몽고군은 도시 전역을 모두 불태우고 대다수 주민을 학살했다.

남쪽으로 도망 간 금나라의 황족과 신하들은 개봉에서 최후까지 결사 항전을 벌였다. 1234년 마지막 황제 애종은 채주로 피신하여 재기를 도모했지만, 몽고군뿐 아니라 평소 숙적이던 남쪽의 송나라 군대마저 밀려드는 상황에서 어떻게 할 도리가 없어 스스로 목숨을 끊고 말았다.

이때 몽고를 지원하여 금나라를 멸망시키는 데 도움을 준 송나라에게는 나름대로 속셈이 있었다. 그것은 몽고의 힘을 빌려 맞수인 금나라를 제거한 뒤 중원을 차지하겠다는 것이었다. 그러나 몽고가 중원을 포기하고 물러가는 일은 일어나지 않았다. 연경이 함락될 때 몽고에 투항한 거란인 야율초재가 몽고 황실의 재상이 되어 몽고 지배층의 세계관

7 여진족이 세운 금나라에 밀려 중국의 송나라는 양쯔 강 이남 지역으로 이주해 남송 시대를 열었다. 그러나 평화로운(?) 남북 시기도 잠시였다. 몽고군이 금나라를 정벌하고 남송 정벌에 나섰던 것. 그림은 양쯔 강을 건너고 있는 쿠빌라이의 군대 모습이다.

을 바꾸어놓았기 때문이었다.

그는 칭기즈칸에게 말했다. "제국은 말 위에서 건설되었지만, 말 위에서 제국을 다스릴 수는 없다"라고. 문명 세계를 다스리기 위해 문명 속으로 들어가자는 제안이었다. 그의 이러한 제안은 칭기즈칸의 손자로 대권을 거머쥔 쿠빌라이에 의해 실현되었다. 그는 몽고인 스스로 중화(中華)가 되자며 1271년 원나라를 세운 후 송나라를 멸망시키고 중원을 차지하였다.

하지만 그 과정에서 '중화는 한족의 것'이라는 자존심을 잃지 않은 송나라 황실도 만만 치 않게 저항했다. 1279년 대륙을 잃은 그들은 광주 남쪽의 작은 섬 애산으로 건너가 마지막까지 싸웠다. 포위망이 점점 좁혀오자 마지막 충신 육수부는 파랗게 질려 울지도 못하는 송나라 마지막 황제 병(昺)을 안고 절벽으로 내달렸다. 그리고 몽고를 저주하듯 포효하는 바다를 향해 어린 주군과 함께 몸을 던졌다.

이처럼 초원 지대에서 일어나 중국을 점령한 몽고인의 지배는 그리 오래가지 못했다. 그들은 점차 중국 문화에 동화되어갔다. 그러면서도 한족에 대한 민족적 차별은 극심하여 한족을 어쩔 수 없는 저항의 길로 몰아넣었다. 어린 황제를 안고 시퍼런 바닷물에 몸을 던진 육수부의 혼이 되살아나기라도 한 것처럼, 백 년도 안 돼 전국에서 몽고의 지배에 반대하는 한족의 반란이 일어났다. 결국 1368년 원나라는 한족의 손에 멸망당하고, 몽고

8 몽고 제국 영역.

족은 그들이 떠났던 초원으로 되돌아갔다. 이것을 시발점으로 몽고의 세계 제국은 점차 해체의 길을 걷게 된다.

세계화는 강대국의 무력과 강제에 의해 진행되어서는 안 된다. 그럴 경우 필연적으로 다른 많은 민족들의 저항에 부딪힐 것이라는 점, 다른 민족의 자유를 억압하는 민족은 그자신도 결코 자유롭지 못하다는 점을 전세계적으로 확인시켜준 몽고 제국의 드라마는 이렇게 막을 내렸다.

한편, 몽고는 중국을 넘어 고려의 저항마저 무너뜨리고 고려를 속국으로 삼았지만, 일본까지 지배하려는 야망은 잇따른 태풍에 휘말려 좌절되고 말았다. 일본 사람들은 몽고의 침략을 막아준 이 바람을 가미카제(神風 : '신의 바람' 이라는 뜻)라고 부른다. 오늘날 경제력 또는 정치력으로 세계인의 머리 위에 군림하고 있는 서구 여러 나라와 일본이 모두 몽고의 침략을 당하지 않은 사람들의 후예라는 사실은 단지 우연일 뿐일까?

9 양양은 남북 교통의 요충지로 남송의 중요한 전략 지점이었다. 그래서 남송 정벌을 결심한 쿠빌라이는 먼저 양양성을 공격하기로 했다. 남송군은 몽고의 격렬한 공격에도 잘 버텼으나 양양성은 결국 4년 만에 함락되고 말았다. 그림은 투석기를 이용해 양양성을 공격하는 몽고군 모습.

근대 이전 세계를

정착민 V

약 1만 년 전 인류는 농사를 짓기 시작하면서 이동 생활을 그치고 한곳에 모여 살게 되었다. 이른바 문명이라는 것이 시작되었다. 그러나 모든 인류가 문명 속으로 뛰어든 것은 아니었다. 중앙아시아 초원 지대를 비롯한 많은 지역의 사람들이 이동 생활을 계속했다. 사냥과 목축을 하며 광활한 초원을 끊임없이 옮겨다니는 이들을 유목민이라고 부른다. 이들 유목민은 주기적으로 문명 세계를 향해 대이동을 하곤 했다. 기원전 천 년경 그리스·로마와 인도, 이란 등으로 밀어닥친 인도유럽어족의 물결, 5세기 로마 제국을 멸망시킨 게르만의 대이동 등이 그것이다. 주기적으로 중국을 침

1 송나라 시대 농민들이 농사짓는 모습. 농사는 이주를 멈추고 정착 생활을 이루게 했다.

움직인 역사의 동력

S 유목민

략하여 왕조를 세우곤 했던 거란족, 몽고족, 만주족 등의 사례도 유명하다. 이들 유목민은 흉노, 돌궐, 몽고 등에서 보듯 중앙아시아 일원에 거대한 제국을 건설하기도 했다. 몽고에 이어 15세기에 일어난 티무르 제국은 세계사에서 목격할 수 있는 마지막 유목 제국일 것이다. 우리는 이 제국을 찾았던 한 이슬람 학자를 주목할 필요가 있다. 그는 유목민이야말로 주기적으로 타락하는 문명 세계에 수혈되는 신선한 피라고 주장하여 정착민과 유목민의 수천 년 맞수 관계를 명쾌하게 정리했기 때문이다. 세계사의 중요한 동력이었던 이 관계를 보기 위해 티무르 제국의 궁정으로 가보자.

2 가축을 방목하기 위해 목초지를 찾아 이동하는 생활을 하는 유목민. 주로 초원이나 반사막지대에서 살았다.

야만인이라 불렸던 유목민

세계사를 다루는 책들에서 인류 문명은 대개 4대 문명 발상지에서 시작한 것으로 나온다. 중국, 인도, 이라크(메소포타미아), 이집트의 네 지역이 그곳이다. 그 뒤의 인류 역사는 대부분 이들 네 지역에 그리스·로마와 서유럽을 더한 문명 지대를 중심으로 서술되어왔다. 그에 비해 '만주'라고 불리는 중국 동북부에서 헝가리의 부다페스트에 이르는 광활한 초원과 사막 지대는 수천 년 동안 거의 잊혀진 세계였다.

문명 세계의 역사가들은 이 지역에 사는 유목민들을 '야만인'이라 불렀다. 사실 한 군데에 정착하여 살아가지 않는 이들의 생활 수준은 정착 농경민의 문명 사회에 비해 크게 떨어졌다. 그러나 이들이 태어나면서부터 배우는 말타기와 사냥을 위해 익히는 활쏘기는 때에 따라 엄청난 군사력으로 폭발했다. 그들이 이 군사력으로 문명 세계와 충돌하여 엄청난 충격을 줄 때, 오직 그럴 때에만 문명 세계의 역사가들은 이 '야만인'들에게 주목했다. 게르만족을 밀어붙여 로마 제국 안으로 들어가게 만든 훈족의 아틸라와 문명 세계 대부분을 정복한 몽고족의 칭기즈칸은 그처럼 주목받는 야만인 가운데 대표적인 존재들이다.

이들 유목민은 주기적으로 초원을 태우는 들불처럼 일어나 문명 세계를 정복하여 제국을 세우곤 했다. 그 가운데 가장 크고 유명한 것은 두말할 것도 없이 몽고 제국이다.

3 러시아 시베리아 서부 파지리크에 있는 기원전 300년경의 말탄 스키타이인 모습. 스키타이 문화는 기마 문화를 기본으로 한 유목 문화였다. 이들은 역사상 최초로 말타기를 터득한 민족 가운데 하나로 알려져 있는데, 그 때문에 영토를 빠르게 넓혀갈 수 있었다. 이들은 발달된 청동 문명을 남기기도 했다.

1368년 이 제국이 중국에서 한족에게 쫓겨나고 이슬람 쪽에서도 지배력을 잃어갈 때, 유라시아 유목 제국의 역사는 끝이 나는 듯했다. 그러나 이때 몽고 제국의 서쪽 끝에서 마치 마지막 불꽃이 화려하게 타오르듯 또 한 명의 유목민 정복자가 칼끝을 치켜들고 있었다. 그리고 그의 칼끝이 노려보는 서쪽 이슬람 문명 세계에서는 정착민과 유목민의 오랜 관계를 최종적으로 정리해줄 대역사가 생각을 가다듬고 있었다. 두 사람은 대립되는 세계에 살고 있었지만 서로를 잘 이해했고 그들 삶의 황혼녘에 극적인 만남을 가졌다. 이 두 사람의 만남을 통해 정착민과 유목민 사이에 빚어진 주기적인 충돌의 역사적 의미를 살펴보자.

마지막 유목민 정복자 티무르

몽고 제국이 쇠퇴할 무렵 지금의 우즈베키스탄 일대에 자리 잡은 차가타이 칸국에서 티무르라는 새로운 권력자가 등장했다. 그는 이슬람교도였지만 스스로 몽고 혈통을 이어받았다고 자랑하고 다닐 만큼 유목 전통에 집착하는 인물이었다. 티무르란 이름은 투르크어로 '철의 사나이'라는 뜻이다. 또 그는 전투 중에 오른발을 다쳐 '티무리 랑'(절름발이 티무르)이라는 별명으로도 불렸다. 그래서 유럽 사람들은 지금도 그를 '태멀레인'(Tamerlane)이라고 부른다. 그러나 그 당시 유럽인은 이 별명을 부르면서 비웃기는커녕

얼굴이 새파랗게 질렸다. 큰 머리, 붉은 얼굴, 훤칠한 키의 이 사나이는 말을 달리면서도 칼에서 손을 떼지 않고 활시위를 귀까지 당겼다고 한다. 그는 해체되어가던 몽고 제국을 다시 통일하고 인도까지 손에 넣겠다는 원대한 꿈을 품고 정복 활동을 시작했다.

티무르의 정복 방식은 몽고군보다도 한층 과감하고 잔인했다. 차가타이 칸국을 다시 통일한 티무르는 크리스트교에 대한 이슬람의 성전(聖戰)을 명분으로 내걸고 크리스트교 왕국인 그루지야를 정복했다. 1387년 이란의 이스파한을 공격했을 때는 7만 개의 머리를 성밖에 쌓고 성안 곳곳에 해골더미가 나뒹굴게 할 만큼 끔찍한 학살을 자행했다. 또 1393년 이라크의 바그다드를 점령했을 때는 마치 메뚜기 떼처럼 이 지역을 덮쳐 문명국가의 도시를 초원으로 되돌려놓았다.

이란과 이라크를 차지한 티무르의 다음 목표는 이집트의 마물루크 왕조였다. 1400년 그가 이집트의 카이로를 향하여 진군을 시작했을 때 그곳에는 이슬람 문명이 낳은 석학 이븐 할둔이 기다리고 있었다.

역사의 법칙을 밝힌 대학자 이븐 할둔

이븐 할둔은 지금의 튀니지에 자리 잡고 있던 작은 도시 국가에서 태어났다. 그 당시 북아프리카와 이베리아 반도의 이슬람 세계는 하룻밤 자고 나면 나라가 바뀌고 정권이 바

4 티무르 군대의 이스파한 점령 모습. 티무르군이 이스파한에서 자행한 끔찍한 학살의 장면이 담겨 있다. 그림에서 묶여 누워 있는 남자의 목구멍으로 티무르군이 붓고 있는 것은 녹인 쇳물이다.

뀌는 혼란을 겪고 있었다. 이처럼 혼란스러운 세상에서 정치가이자 군인으로 이력을 쌓아가던 그는 지금의 알제리에서 이란계 유목민인 베두인족(아라비아 반도 내륙부를 중심으로 시리아·북아프리카 등지의 사막에서 생활하는 아랍계 유목민)과 함께 사막 생활을 할 기회를 갖게 되었다. 이때 베두인족이 보여준 검소한 생활 태도와 강인하고 조직적인 사회 기풍은 훗날 그의 학문 세계에 많은 영향을 미쳤다.

1375년 모든 공직에서 은퇴한 이븐 할둔은 그동안의 폭넓은 정치적·사회적 경험을 살려 이슬람 세계 전체의 사회와 역사에 관한 깊이 있는 연구에 들어갔다. 그 성과로 탄생한 것이 그때까지 인류 사회의 일반적인 법칙을 꿰뚫었다고 평가받는 『이바르의 책』이라는 저서였다. 영국의 세계적인 역사학자 아놀드 토인비는 이 책을 일컬어 "시대와 장소를 불문하고 사람이 만들어낸 세계사 가운데 가장 위대한 문헌"이라고 감탄했다.

특히 「무캇디마」(역사 서설)라고 불리는 이 책의 서문은 근대 이전의 세계사를 꿰뚫고 흐르는 근본적인 역사 법칙을 명쾌하게 밝힌 글로 평가받고 있다. 그는 여기서 주기적으로 일어나 문명 사회의 뿌리를 뒤흔드는 유목민의 정체와 그 역사적 역할에 주목했다. 때마침 이슬람권에서 일어나 세계 정복에 나서고 있던 티무르가 그의 관심을 끌었던 것은 당연한 일이다. 이븐 할둔은 혼란스럽고 침체되어가던 이슬람 문명에 새로운 기운을 불어넣어 줄 영웅으로 티무르를 점찍고 꼭 한 번 만나볼 수 있기를 기대했다. 그 기회는 뜻밖

5 티무르군은 1402년 앙카라전투에서 오스만군을 격파한 후 연달아 아나톨리아 요새를 정복하였다. 이후 오스만 제국은 분열과 해체의 위기에 빠지게 된다.

6

에 찾아왔다. 티무르의 군대가 이집트로 쳐들어갈 때 이븐 할둔은 이집트에서 가까운 다마스쿠스라는 도시에 파견되어 있었던 것이다.

유목민과 정착민의 변증법

이븐 할둔이 다마스쿠스에 이르렀을 때 이 도시는 티무르군에 의해 포위된 상태였다. 다마스쿠스 사람들은 이븐 할둔의 반대에도 불구하고 끝까지 항전하자는 강경론으로 기울었다. 이븐 할둔이 보기에 티무르는 냉혹한 정복자이기는 하지만 기본적인 이슬람 교양을 갖춘 지도자였다. 당시 티무르 제국의 중심지인 사마르칸트와 부하라에는 내로라하는 이슬람 학자, 예술인 등이 초빙되어 찬란한 이슬람 문화를 꽃피우고 있었다.

이븐 할둔은 파국을 막기 위해 다마스쿠스 사람들이 농성하고 있는 곳을 몰래 빠져나와 티무르가 있던 막사로 향했다. 티무르도 이븐 할둔을 후하게 대접했다. 맛있는 음식을 정성껏 대접한 뒤 이븐 할둔을 접견한 티무르는 이 노학자의 방대한 지식과 달변에 감탄했다. 이븐 할둔이 티무르에게 들려준 역사 이론을 요약하자면 다음과 같다.

"제 연구에 따르면 인간 사회는 도시의 정착민과 산야의 유목민으로 나뉩니다. 이 가운데 강한 결속력을 보이는 집단은 유목민입니다. 이 집단에 내재된 연대 의식(아사비야)이야말로 역사를 움직이는 원동력입니다. 가혹한 생활 환경에서 살아가는 유목민은 권

---

6 북아프리카 튀니지에서 태어난 이븐 할둔은 젊은 시절부터 스페인과 북아프리카에서 정치가와 행정가로 활동했으며, 말년에는 카이로의 대법관으로서 많은 업적을 남겼다.

력에 대해 강한 집착을 갖고 움직이죠. 그리하여 마침내 도시의 문명 국가를 정복하여 새로운 국가를 건설합니다. 그러나 도시에 생활의 터를 잡은 이 새로운 국가는 문명의 발전과 더불어 점차 연대 의식을 잃어버리고, 새로운 연대 의식을 가진 집단에게 정복당합니다. 이러한 제 연구 성과 위에서 살펴보건대 오늘날 새로운 역사의 주인은 바로 대왕입니다. 오늘날 대왕의 일사불란한 지휘 아래 투르크인의 연대 의식은 매우 튼튼합니다. 대왕은 마케도니아의 알렉산드로스와 비교되는 영웅이십니다."

이것은 협상을 위한 아부만이 아니었다. 이븐 할둔은 실제로 인류 역사를 이처럼 유목민과 정착민의 투쟁의 역사로 일목요연하게 정리하고 있었다. 티무르는 이븐 할둔의 학식에 탄복하여 다마스쿠스에서 철수하기로 했고, 이븐 할둔은 티무르에게 북아프리카 세계에 관한 방대한 지식과 정보를 제공했다.

티무르는 이슬람 세계를 통일한 뒤 중국 명나라까지 정벌하려 했으나 뜻을 이루기 전에 병으로 죽었다. 그후 세계는 서유럽의 주도 아래 급속한 산업화의 길을 갔고 유목 문화는 빠르게 사라져갔다. 그러나 정착민과 유목민의 맞수 관계에 관한 이븐 할둔의 탁월한 연구는 오늘날까지도 인류의 고귀한 자산으로 남아 있다.

바다로 세계를 누빈

정화 V

1999년 『뉴욕 타임스』는 밀레니엄 특별 기획을 통해 중국 명나라의 정화를 동서 교류의 상징적 인물로 꼽았다. 정화는 2만 7,000여 명의 선원과 60여 척의 대함대를 이끌고 1405년부터 1433년까지 일곱 차례나 남해 여러 나라를 원정한 항해가였다. 그는 동남아시아에서 인도, 아라비아를 거쳐 멀리 아프리카 동해안까지 진출하여 명나

1 정화가 원정에 사용했던 선박의 모습.

S 콜럼버스

라의 위세를 떨쳤다. 하지만 그는 수십 년 뒤에 고작 세 척의 배로 활약한 이탈리아 출신의 항해가 콜럼버스보다 훨씬 덜 알려져 있다. 그것은 15세기 이후 세계의 중심이 서유럽 쪽으로 넘어갔기 때문이다. 같은 시대에 활약한 동서의 두 항해가를 비교하면서 세계의 중심이 왜 서유럽으로 넘어갔는지 생각해보자.

2 아메리카에 도착한 콜럼버스.

대항해 시대와 세계 최강대국 중국

중국이라는 나라를 표현하는 말 가운데 '지대물박' (地大物博)이라는 것이 있다. '땅은 넓고 물산은 풍부하다' 는 뜻이다. 실제로 세계 지도를 펴놓고 보면 중국만큼 혜택받은 곳에 자리 잡은 나라도 없다. 넓은 땅과 기름진 농토를 가진 중국은 인류 역사의 대부분을 세계에서 가장 부강한 나라로 군림해왔다.

오늘날 세계 최강이라는 미국이 강대국으로 떠오른 지는 50여 년밖에 되지 않았고, 미국의 모체인 서유럽도 17세기나 되어서야 국제 무대에서 큰소리를 칠 수 있었다. 서유럽은 15세기 전까지만 해도 이슬람이라는 큰 문명권의 변두리에 지나지 않았다. 그렇다면 15세기부터 무슨 일이 있었기에 그 짧은 시간 동안 서유럽이 급성장하여 세계의 중심으로 빠르게 진입할 수 있었을까?

15세기 초 이래 서유럽의 화두(話頭)는 '바다' 였다. 유럽인은 아프리카 희망봉을 돌아 인도로 나아갔고, 대서양을 건너 미지의 대륙으로 배를 몰았다. 이 '대항해 시대' 를 대표하는 인물이라 하면 이탈리아 항해가 크리스토퍼 콜럼버스를 들 수 있다. 그가 대서양을 횡단해 아메리카 대륙에 도달한 것은 인류 역사의 흐름을 바꾸어놓은 대사건이었다. 그 뒤 서유럽은 전세계를 향해 팽창을 거듭한 끝에 1840년에는 아편전쟁을 일으켜 세계 최강 중국을 무릎 꿇렸다.

그러나 대항해 시대에 중국이 바다에 대해 눈을 감고 있었던 것은 아니다. 중국도 큼직한 배들을 만들고 바다로 진출했다. 15세기 중국의 '대항해 시대'를 주도한 인물은 이슬람계 명나라 사람인 정화였다. 그런데 세계의 항해사에서 중국의 이름은 곧 사라지고 서유럽 선단들이 5대양을 누비게 되었다. 왜 그런 일이 일어났을까? 정화와 콜럼버스라는 그 시대 최고의 뱃사람을 비교하면서 이 의문을 풀어보자.

정화의 남해 원정

1422년 정화가 이끄는 명나라 함대가 동아프리카 해안의 교역 중심지 가운데 하나인 말린디(지금의 아프리카 케냐 남동부에 있는 도시)에 도착했다. 중국 함대에는 말린디 인구보다 많은 2만 7천여 명의 선원이 타고 있었다. 중국과 아프리카 사이의 교역은 기원전 2, 3세기부터 계속되었지만 중국 황제의 사절이 직접 아프리카 땅을 밟은 것은 이때가 처음이었다.

3 16세기 초의 항해지도. 그 이전 시기의 지도와 달리 인도와 아시아 대륙이 꽤 정확히 묘사되어 있다.

이처럼 중국의 함선들이 싱가포르, 자바, 수마트라, 인도 등을 거쳐 머나먼 아프리카까지 진출하게 된 것은 1402년에 즉위한 명나라 황제 영락제의 의지에서 비롯되었다. 그는 중국의 전성기였던 당나라 때의 국력을 회복하려면 원나라 때 잃어버린 해상 교역로의 주도권을 되찾아야 한다고 생각했다. 그래서 관료들에게 배의 주조와 함대의 조직을 명령하고 그 책임을 서역 출신인 정화에게 맡겼다.

정화는 한족의 명나라가 몽고인의 원나라를 중국 땅에서 밀어내던 격동의 시기에 중국 남서부의 윈난성에서 태어났다. 그의 성은 본래 마(馬)씨였는데 이것은 '무하마드'에서 따온 말로 이슬람계 사람들이 사용하던 한자 성이었다. 1382년 윈난성이 명나라의 공격을 받자 그의 아버지는 끝까지 원나라 편에서 싸우다 살해되고 어린 정화는 거세당하는 비극을 겪어야 했다.

그는 영락제를 만나 환관으로서 그를 섬기면서 정씨 성을 하사받고, 바다의 왕자로 거듭날 계기를 잡았다. 그 당시 인도양의 교역로를 장악하고 있던 사람은 아랍, 이란, 인도 등의 이슬람계 상인들이었다. 따라서 이러한 바다 세계에 뛰어드는 데는 이슬람 출신으로 아라비아어에 능통한 정화가 적임자였다.

정화는 1405년부터 1433년까지 영락제의 명을 받아 모두 일곱 차례에 걸쳐 대선단(大船團)을 이끌고 남쪽 바다로 나갔다. 그는 남중국해의 태풍과 인도양의 사이클론을 헤치고

---

4 정화의 원정은 중국인의 해외 이민이 늘어나는 계기가 되어 동남아시아에 중국의 식민지를 만들 수 있게 되었다. 동남아시아 각지에 화교들이 자리 잡게 된 결정적 계기가 된 셈이다. 그림은 2005년 화교 국가인 싱가포르에서 만든 정화의 남해원정 600주년 기념 우표이다.

동남아시아에서 서남아시아를 거쳐 아프리카에 이르는 30여 나라에 원정했고, 이곳에서 명나라의 국위를 선양하고 무역상의 실리를 획득하였다. 이 원정으로 바다에 대한 중국인의 인식이 새로워졌으며, 동남아시아 각지로 중국인이 진출하여 본격적인 화교(華僑) 사회가 발달하기 시작한 것도 이때부터였다.

콜럼버스의 대서양 횡단

1492년 크리스토퍼 콜럼버스가 이끄는 에스파냐 선단은 장장 2,000킬로미터에 이르는 대서양 항해 끝에 '인도'로 추정되는 육지를 발견했다. "티에라!"(육지다!)라는 선원 후앙 베르메호의 외침에 벌떡 일어난 바다의 사나이들은 새벽안개 속에 거무스름하게 다가오는 땅덩어리를 바라보며 일제히 환호를 올렸다. 세 척의 배에 나누어 탄 선원들은 '지중해도 아프리카 남단도 거치지 않고 인도로 가는 제3의 뱃길'을 찾아 에스파냐의 팔로스 항을 떠난 사람들이었다.

그 당시 인도는 유럽에서 폭발적인 인기를 끌고 있던 향신료와 금이 풍부하게 나는 곳이었다. 유럽에서 이 꿈의 나라로 가려면 내륙이나 지중해를 통해 동쪽으로 곧장 가는 것이 가장 손쉬운 방법이었다. 그러나 지중해와 그 일대는 유럽에 적대적인 오스만 제국이 차지하고 있었다. 따라서 유럽인은 인도로 가는 우회로를 찾지 않으면 안 되었다. 유럽

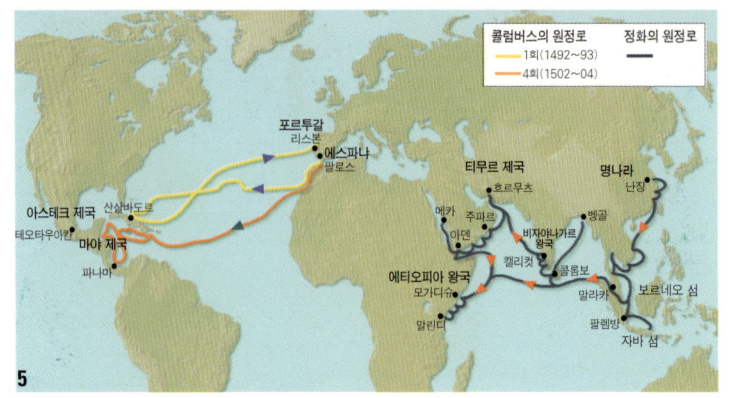

Map labels:
- 콜럼버스의 원정로 / 정화의 원정로
- 1회(1492~93)
- 4회(1502~04)
- 포르투갈 / 리스본
- 에스파냐 / 팔로스
- 티무르 제국
- 명나라 / 난징
- 호르무즈
- 메카 / 주파르
- 아덴
- 벵골
- 비자야나가르 왕국
- 캘리컷
- 콜롬보
- 아스테크 제국 / 산살바도르
- 테오티우아칸
- 마야 제국
- 파나마
- 에티오피아 왕국 / 모가디슈
- 말린디
- 말라카
- 보르네오 섬
- 팔렘방
- 자바 섬

5

인의 '대항해 시대'를 연 포르투갈 사람들은 이 우회로를 찾아 아프리카 서쪽을 더듬었다. 아프리카 대륙 남단을 돌아서 인도양으로 가면 이슬람 세력과 충돌하지 않고도 인도로 갈 수 있기 때문이었다.

그런데 이처럼 먼 길을 돌아갈 것 없이 반대편인 서쪽으로 대서양을 가로질러도 인도와 만날 수 있다고 주장하는 사람이 나타났다. 그가 콜럼버스였다.

콜럼버스는 포르투갈로 진출해 아프리카 북해안과 그린란드 앞바다를 누비고 다니던 이탈리아 항해가였다. 그는 친구인 수학자 토스카넬리에게서 지도를 구해 연구한 결과, 서쪽으로 항해해도 인도에 도달할 수 있다는 확신을 가지게 되었다. 그리하여 1484년 포르투갈 왕 주앙 2세에게 대서양 항해 탐험을 제안했으나, 아프리카 남단의 희망봉을 돌아가는 항해를 계획 중이던 왕은 이 제안을 거절했다.

그러자 콜럼버스는 포르투갈을 떠나 에스파냐로 갔다. 그 당시 에스파냐는 카스티야와 아라곤으로 나뉘어 있었는데, 카스티야 여왕 이사벨라 1세와 아라곤 왕 페르난도 2세는 결혼한 부부였다. 이들은 이웃 포르투갈이 선점하고 있던 해외 진출에 관심을 갖고 있던 터라 다소 무모해 보이는 콜럼버스의 제안을 받아들였다. 1492년 '콜럼버스는 발견한 토지의 부왕(副王)으로 임명될 것이며, 이 직책과 새로이 발견된 지역에서 얻어지는 모든 이익의 10%를 취득하는 특권을 대대로 자손에게 물려준다'는 계약이 이루어졌다. 그

5 정화와 콜럼버스의 원정 경로를 그린 지도.

리고 콜럼버스에게 자금과 배가 지원되었다.

그 당시 많은 사람들은 콜럼버스 일행이 인도에 도달하기는커녕 살아 돌아오지도 못할 것이라고 믿었다. 사실 여러 측면을 고려할 때 콜럼버스의 제안을 거부한 주앙 2세의 판단은 신중한 것이었고, 이사벨라 여왕의 선택은 모험이었다. 그러나 콜럼버스는 2개월이 넘는 항해 끝에 '인도의 서쪽'으로 여겨지는 땅(실제로는 서인도 제도의 한 섬)에 보란 듯이 도착했고 이곳에 식민지를 개척하였다. 그리고 6년 뒤인 1498년 포르투갈의 바스코 다 가마는 아프리카 남단을 돌아 마침내 인도에 도착하였다.

두 항해가의 성공을 본 유럽인은 일제히 흥분하며 저마다 '황금의 땅'을 찾아 대서양으로, 인도양으로 나서기 시작했다. 이 열풍은 그때까지 은둔의 땅이었던 서유럽을 세계로 팽창시키는 원동력이 되었다.

정화와 콜럼버스

항해와 모험의 역사를 말할 때 우리는 정화라는 이름을 빼놓고 지나가는 경우가 많다. '대항해'하면 으레 콜럼버스나 바스코 다 가마, 마젤란 등 유럽인을 떠올리게 마련이다. 그러나 정작 15세기의 세계로 가서 정화의 '서양취보선'(서양의 보물을 모으는 배)과 콜럼버스의 산타마리아 호를 비교해보면, 우리의 고정 관념은 여지없이 깨진다.

6 죽을 때까지도 자신이 발견한 곳을 인도라고 믿었던 콜럼버스.

7

정화의 대함대에 비하면 그보다 몇 십 년 뒤에 활약한 콜럼버스의 탐험선들은 장난감에 지나지 않았다. 정화의 함대는 항해에 나설 때마다 62척의 대범선과 이들을 따르는 백수 십 척의 함정으로 이루어진 반면, 팔로스 항을 떠난 콜럼버스의 배는 핀손이라는 부유하고 유능한 선장이 대준 산타마리아 호와 이사벨라 여왕이 준 두 척 등 세 척뿐이었다.

정화의 대범선은 각각 길이 120미터, 폭 40미터에 이르는 1,500톤급의 거대한 배로서 무려 50개 이상의 선실을 갖추고 있었다. 그러나 콜럼버스의 산타마리아 호는 길이 27미터, 폭 9미터였고, 다른 두 척까지 합쳐 봐야 400톤을 밑돌았다. 선원의 수는 정화의 함대가 2만 7천 명이었던 반면, 콜럼버스의 선단은 90명이 채 안 되었다. 정화 함대의 배한 척에 콜럼버스의 산타마리아 선단을 다 싣고도 남는다는 이야기이다. 세계 역사에서 정화의 함대 같은 대규모 함선의 이동은 정화가 활약한 지 500년이 지난 1차 세계대전까지는 어디서도 찾아볼 수 없었다.

시기적으로도 정화는 콜럼버스의 동시대인인 바스코 다 가마보다 80~90년 앞서 인도양에 도달했다. 따라서 우리가 그들을 정당하게 대접한다면 서양의 내로라하는 대탐험가들을 다 합쳐도 정화 한 사람에 못 미친다고 보는 게 옳다. 지금도 말라카(말레이시아에 있는 항구 도시), 인도네시아, 태국, 미얀마, 캄보디아, 베트남, 필리핀 등지에서는 정화를 바다의 신으로 기리는 많은 유적들을 찾아볼 수 있고, 그가 싹을 키운 화교들이 전세계

7 멕시코만 부근 바하마 제도에 상륙한 콜럼버스. 항해의 목적을 달성했다고 생각한 그는 십자가를 세워 왕의 깃발을 걸려고 하고 있다. 신에게 감사를 드림으로써 이 땅을 점령했음을 선언하려 했던 것이다.

8

바다와 육지를 누비고 있다.

그런데도 정화가 많은 세계인에게 철저히 잊혀진 것은 서양 중심으로 서술되는 역사책의 책임이 크다. 이러한 서양 중심 사관이 오늘날 대세를 이루게 된 원인 중 하나는 중국이 정화의 후계자를 더 이상 배출하지 않고 외부 세계에 대해 문을 닫아버렸기 때문이기도 하다. 정화가 7차 항해를 무사히 마치고 귀환했을 때 그를 기다리고 있던 것은 원양항해 금지라는 청천벽력 같은 명령이었다. 상업을 천시하고 대규모 함대의 운영을 국고 낭비라고 여긴 유학자 관료들이 목소리를 높인 탓이었다. 중국 자체가 '지대물박' 한데 무엇 때문에 인력과 경비를 들여가면서 이역만리까지 돌아다니느냐는 것이었다. 정화는 난징의 사령관으로 좌천되었고 그가 이끌던 거대한 함선들은 양쯔 강의 정박장에서 썩어갔다.

거기에 비해 기껏해야 20미터 정도밖에 되지 않는 돛단배로 아프리카 연안과 대서양을 들락거리던 유럽인은 곧 거인으로 성장했다. 그들은 비좁고 보잘것없는 나라에서 벗어나 외국에서 한 밑천 잡아야겠다는 '속물근성' 을 가지고 있었던 것이다. 19세기 말 이래 서구 열강 앞에 한없이 작아졌던 중국과 동아시아가 세계화의 시대에 뒤처지지 않고 숨겨진 저력을 현실화하려면, 정화와 같은 인물들이 여러 지역, 여러 분야에서 배출되어야 하지 않을까?

8 인도 항로를 개척한 포르투갈의 항해가 바스코 다 가마. 오른손에는 망원경을 왼손에는 투구를 잡고 있어 항해가이자 성복자라는 그의 양면성을 보여준다.

15세기에 정화의 중국 대선단이 양쯔 강 연안에 틀어박히고 유럽의 작은 배들이 세계의 대양을 휘젓기 시작하면서 세계사의 흐름이 확 바뀌었다. 활짝 열린 '대항해 시대'는 유럽인의 시야를 틔워주고 폐쇄적이었던 유럽 내부를 혁명적인 변화로 몰고 갔다. 르네상스와 종교개혁을 거쳐 근대로 나아간 유럽은 아시아, 아프리카, 아메리카 등지로 뻗어나가면서 세계를 자신의 모습대로 재창조하기 시작했다. 자본주의 경제, 민족 국가, 개인주의 등 유럽에서 시작된 새로운 삶의 모습은 서서히 전세계인의 삶의 모습으로 자리 잡아 나갔다.

유럽에서 시작된 근대는 그 이전과 비교할 수 없는 활기와 풍요와 다양성을 인류에게 안겨주었다. 그러나 선사 시대에서 고대로 넘어가면서 생겨났던 사람 사이의 차별과 갈등은 해소되기는커녕 엄청난 규모로 확대 재생산되었다. 대항해 시대 이전까지 의심할 바 없는 세계 최강대국이었던 중국은 물론이요 서아시아,

라이벌

인도 등 찬란한 문명을 꽃피우던 곳들이 화포로 무장한 유럽 앞에서 노예로 전락했다. 유럽 이외의 나라들 앞에는 일본처럼 빨리 그들을 모방하여 근대에 적응하느냐, 조선처럼 속절없이 식민지로 전락하느냐 하는 잔인한 선택이 놓여 있었다.

국가와 국가 사이에서뿐 아니라 한 사회 내에서도 사람들 사이의 차이와 분열은 더욱 뚜렷해지고 깊어졌다. 사회는 생산수단을 소유한 자본가와 그들로부터 임금을 받고 일하는 노동자로 나누어졌다. 이러한 사회관계 위에서 자본주의를 유지하자는 '우익' 세력과 자본주의를 폐지하고 사회주의로 나아가자는 '좌익' 세력 사이에 광범위한 정치 대결이 벌어졌다. 좌우 대결이 한 나라 내부뿐 아니라 전세계로 확대되는 가운데 세계의 모든 사람은 좋든 싫든 점점 더 가깝게 연결되고 서로를 의식하는 삶을 살아가게 되었다.

근대사

신대륙 아메리카에서

구대륙 V

1 15세기 초 포르투갈의 아프리카 항로 개척으로 대항해 시대의 막이 올랐다. 처음 신항로 개척에 적극적으로 나선 나라는 이베리아 반도에 있는 포르투갈과 에스파냐(스페인)였다. 그림은 16세기 중반의 지도에서 보이는 유럽 남서쪽 끝의 이베리아 반도.

흔히 4대 문명의 발상지이자 오랫동안 교류가 많았던 아시아·유럽·아프리카를 '구대륙', 16세기 이후 유럽인에 의해 새롭게 개발된 아메리카와 오세아니아를 '신대륙'이라 부른다. 그러나 유럽인의 시각에서 벗어난다면 아메리카는 결코 신대륙이라고 부를 수 없다. 왜냐하면 콜럼버스가 '발견'하기 전에도 많은 사람들이 살고 있었기 때문이다. 더욱이 그들은 유럽이나 아시아에 못지않은 고도의 문명을 이루며 살고 있었다. 그런데도 아메리카가 신대륙으로 불려져 온 것은 16세기 이후 이곳의

유럽이 복제되다

S 신대륙

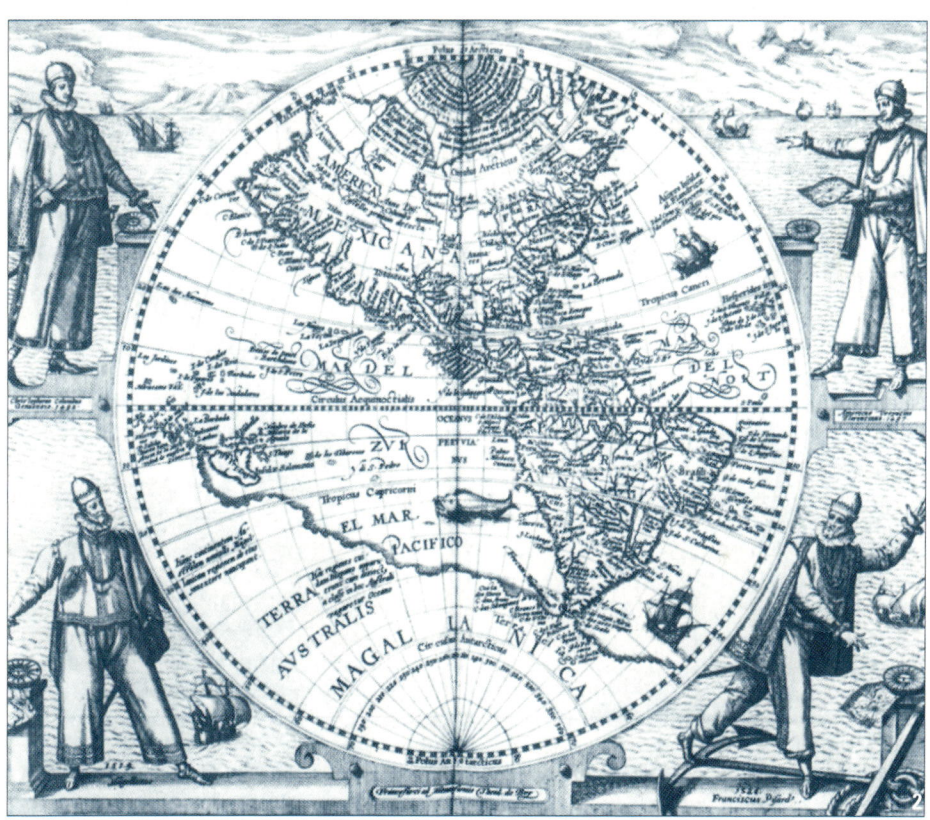

인종 분포와 문화, 정치, 경제, 사회 등이 유럽의 백인들에 의해 그 전과는 완전히 다른 '새로운' 것으로 탈바꿈했기 때문이다. 이곳의 주인이었던 원주민은 오늘날 거의 멸종했거나 다양한 혼혈 인종을 이루어 해당국의 2등 국민으로 살고 있다. 대신 북아메리카는 영국 문화가 주류인 앵글로 아메리카, 중남부 아메리카는 에스파냐·포르투갈이 씨를 뿌린 라틴 아메리카가 되어 구대륙 문화의 복사판이 되었다. 지난 4세기 동안 '구대륙' 유럽과 '신대륙' 아메리카 사이에 무슨 일이 일어난 것일까?

2 1596년에 만들어진 서반구 지도. 지도의 네 모서리에 서 있는 사람들은 16세기의 위대한 탐험가로 손꼽히는 이들인데, 왼쪽 위에서부터 시계 방향으로 콜럼버스, 베스푸치, 피사로, 드레이크이다.

3

유럽 탐험대와 아메리카 원주민

콜럼버스는 죽을 때까지도 자신이 발견한 곳을 인도라고 생각했다. 당시 유럽인에게 인도는 황금과 향신료가 넘쳐나는 꿈의 고장이었다. 그래서 그는 이곳을 '인도의 서쪽' (서인도)이라 부르고 이곳에 살고 있던 원주민들을 '인도 사람' (인디언)이라 불렀다. 그의 생각이 잘못되었음이 판명된 뒤에도 유럽인은 계속해서 중앙아메리카의 섬들을 '서인도 제도', 이 대륙의 원주민들을 '아메리카 인디언' 이라 불러왔다. 최근에야 '인디언' 이라는 잘못된 이름 대신 '토착 아메리카인' (Native American)이란 이름을 쓰고 있다.

'아메리카' 라는 대륙 이름도 이탈리아 탐험가 아메리고 베스푸치의 이름을 딴 것이다. 베스푸치는 이곳이 인도가 아니라 '신세계' 라는 점을 1505년경에 밝혔고, 2년 후 독일의 지리학자 발트제뮐러는 그의 업적을 높이 사 이곳의 이름을 '아메리카' 라고 불렀다. 신세계는 유럽인 사이에 광기에 가까운 열정을 불러일으켰다. 그런 분위기를 더욱 부추긴 것이 '엘도라도' 전설이다. 에스파냐어로 '황금의 땅' 이라는 뜻의 이 말은 에스파냐 탐험가들이 원주민의 전설을 아전인수격으로 해석하여 만들어낸 것이라 한다. 전설에 따르면 아마존 강과 오리노코 강의 중간쯤에 있는 구아타비타 호수 근처에는 황금 지붕이 늘어서 있는 마노아라는 거리가 있고 그곳에는 온몸에 금가루를 칠한 왕이 살고 있다고 한다. 그래서 그 당시 에스파냐에 나돈 아메리카 지도를 보면 구아타비타 호수의 위

---

3 15세기 말, 신대륙으로부터 유입된 막대한 양의 '은' 은 전유럽의 물가를 치솟게 해 '가격혁명' 을 일으켰고, 유럽의 상업자본 발전에 구조적 변화를 가져왔다. 이 은들은 곧 시작될 '자본주의' 사회의 종잣돈이 되었다. 그리고 그 종잣돈은 아메리카의 인디언들을 노예처럼 부리고 그들의 삶의 터전을 빼앗은 결과였다. 그림은 테오도르 드 브리가 그린 「은광에서 일하는 인디언들」.

4

치가 암시되어 있다.

그러나 남아메리카에 있던 것은 엘도라도가 아니라, 왕이 있고 백성이 있고 도시와 농촌이 있는 문명국들이었다. 지금의 멕시코 일대에는 아스테크 제국, 페루 일대에는 잉카 제국이 주변을 아우르면서 수준 높은 문명을 이어가고 있었다. 아메리카 원주민은 이미 기원전 6500년경에 농경을 시작하여 '구대륙' 주민들과 어깨를 나란히 했다. 5세기경 멕시코 중앙 고원에 자리 잡았던 고대 도시 테오티우아칸(콜럼버스의 아메리카 대륙 발견 이전 시대에 가장 크고 중요한 도시로 7세기경에 멸망함)은 이미 20만의 인구와 수많은 피라미드가 들어서 있던 계획 도시였다. 그리스와 로마를 빼면 문명 생활을 시작한 지 얼마 안 되는 유럽에 비해 오히려 아메리카가 더 '구대륙' 이었던 셈이다.

이 같은 전통을 지닌 아메리카인은 오랜 옛날 베링 해협(유라시아 대륙의 동쪽 끝인 시베리아와 북아메리카 서쪽 끝인 알래스카 사이에 있는 해협)을 통해 아시아에서 아메리카 대륙으로 넘어간 황색 인종의 후예였다. 그들은 미지의 세계에서 온 백인 탐험가들을 매우 우호적으로 받아들였다. 그 이유 중 하나는 아스테크 사람들이 믿던 케찰코아틀 신화 때문이었다. 케찰코아틀은 큰 코에 흰 피부를 가진 신이며 9세기에 이 지역을 다스리던 왕으로, 아스테크 사람은 이 왕이 언젠가는 바다를 통해 멕시코로 돌아온다고 믿었다. 1519년 에스파냐 탐험가 코르테스가 병사 508명과 말 16필을 이끌고 유카탄 반도(멕시

4 테오티우아칸에 세워졌던 '태양의 피라미드'. '신의 도시' 혹은 '인간이 신이 되는 곳' 이란 뜻을 가진 테오티우아칸은 서기 원년즈음 이미 대도시화가 진행되었다고 한다. 비슷한 시기에 마야 문명이 시작되었고 이외에도 중앙아메리카나 안데스 지역 곳곳에 여러 문명들이 등장했다.

코 남동부에 있는 반도)에 상륙하자 아스테크 사람들은 그를 케찰코아틀로 받아들였다. 에스파냐인이 보유하고 있는 말과 대포는 그전까지 아메리카 대륙에는 없던 것으로 사람들의 경외감을 이끌어내기에 충분했다.

그러나 코르테스는 악을 물리치러 온 케찰코아틀이 아니었다. 그는 아스테크 황제 몬테수마 2세에게 에스파냐 왕에 대한 충성을 맹세하도록 한 다음, 속았다는 것을 깨닫고 봉기한 아스테크 사람들을 잔인하게 학살하고 '노바 에스파냐'(새 에스파냐)를 건설했다. 그로부터 20여 년 뒤에는 코르테스의 조언을 받은 또 한 명의 에스파냐 도살자 피사로가 잉카 문명마저 파괴했다. 그리하여 수천 년 내려온 아메리카 문명은 그 막을 내렸다. 콜럼버스가 바하마에 도착하기 전 1,300만에 이르렀던 아메리카 원주민은 순식간에 수백만 수준으로 줄어들었고, 이 대륙에서 찬란하게 꽃피었던 문명은 잿더미가 되었다. 이것은 유럽사에 영광의 개척사로 기록되어 있지만, 아메리카 원주민의 입장에서는 천인공노할 만행의 역사가 아닐 수 없다.

유럽 본국과 아메리카 식민지

역사는 냉엄한 것이다. 한번 아메리카 역사의 주역 자리에서 밀려난 원주민들에게는 쉽게 회복의 기회가 오지 않았다. 그 대신 이 지역에서 역사의 진보를 담당하고 나선 사람

5 아스테크 제국을 멸망시킨 코르테스. 10대 초반에 콜럼버스가 발견한 서인도제도 얘기에 매혹되었던 그는 10대 후반에 직접 서인도제도로 향한다. 쿠바에서 20대를 보낸 그는 1519년 마침내 멕시코에 도착한다. 그는 아스테크 제국의 공주를 포로로 잡은 후 그녀의 환심을 사서 빠른 시간 안에 아스테크 제국을 에스파냐 영토로 만들 수 있었다.

들은 식민지에 와서 살면서도 개척의 이익을 본국 정부에 상납해야 했던 유럽 출신 아메리카인들이었다.

아메리카로 향하는 유럽인의 행렬은 꼬리에 꼬리를 물었다. 남아메리카를 선점한 에스파냐와 포르투갈의 성공담이 전해지면서 유럽의 다른 나라도 잇따라 아메리카 대륙 진출을 서둘렀다. 특히 영국과 프랑스가 적극적으로 북아메리카 경영에 나섰다.

그러나 북아메리카는 남쪽에 비해 문명의 발달 단계가 더뎠고 자연 환경도 썩 우호적이지 않았다. 엘리자베스 1세의 총애를 받던 월터 롤리 경은 플로리다 북부를 '버지니아'로 명명하고 식민지로 개척하려 실패했다. 이 지역에 대한 식민 개척의 주역으로 나선 이들은 철저한 자기 절제와 근검 절약으로 무장한 청교도들이었다.

영국 국교회의 탄압을 피해 네덜란드에서 망명 생활을 하던 영국 청교도들은 낯선 환경과 다른 언어 때문에 고생하고 있었다. 그러던 중 "신천지에서 우리의 종교를 믿고 우리의 언어로 말하고 우리의 공동체를 일구자"는 운동이 그들 사이에서 일어났다. 1620년 메이플라워 호에 몸을 실은 청교도들은 65일간의 험난한 항해 끝에 플리머스(미국 매사

6 1620년 9월 16일, 영국 남서쪽에 있는 플리머스 항을 떠나 아메리카로 향하는 메이플라워 호. 이 배에 탔던 190여 명의 사람들 중 미국에 정착한 사람은 102명이었는데, 그 가운데 정말 종교의 자유를 찾아온 청교도 급진파는 35명이었다고 한다.

추세츠 주에 있는 도시) 해안에 도착했다. 이들은 이곳에 유럽인의 아메리카 진출 사상 최초로 본국 정부의 직접 관할을 받지 않는 식민지를 건설하고 자치를 실행했다.

그 뒤 북아메리카 역사는 자치권을 행사하려는 이민자들과 이들을 통제하려는 본국 사이의 대립으로 이어졌다. 이민자들과 원주민들 사이의 생존권 싸움, 영국과 프랑스 사이의 식민지 쟁탈전도 함께 벌어졌다. 이민자와 본국 사이의 갈등은 청교도들이 지향하는 철저한 공화제와 영국 정부가 유지하려는 입헌 왕정 사이의 갈등이기도 했다.

안으로 들끓던 갈등은 1773년 '보스턴 차 사건'으로 폭발했다. 식민지와 본국 사이의 무역을 본국 정부가 독점하자 이에 반발한 이민자들이 보스턴 항에 들어온 배 2척을 습격했다. 그들이 차 상자 342개를 바다에 내던지자 영국군이 발포했던 것이다.

그 당시 영국의 식민지였던 미국 동부의 13개 주는 1776년 필라델피아에 모여 독립을 선언했다. 그리고 조지 워싱턴을 사령관으로 임명하여 영국과 독립전쟁을 벌여서 7년 뒤 승리를 쟁취했다. 이 독립전쟁은 아메리카에 또 하나의 백인 국가인 미합중국을 탄생시킨 데 그치지 않고, 자유와 민주주의의 편에 승리를 안겨줌으로써 역사상 중요한 진보를 이룩하였다.

그러나 아메리카 대륙에 유럽 이민자들의 나라가 들어서면서 원주민의 독립은 더욱 멀어졌다. 나아가 자유민을 자처하는 미국인은 원주민에 대해 철저한 말살 정책을 펼쳤다.

7 북아메리카 제임스타운에 최초의 집을 짓고 있는 영국 이주민들의 모습이다. 제임스타운은 1607년 개척된 정착지로 영국인이 북아메리카 대륙에 최초로 영구 정착한 곳이다. 이곳에서 대륙 최초의 대의제 정부가 세워졌으며, 최초의 아프리카 노예들이 이곳을 통해 들어왔다.

이것은 역사의 커다란 역설이요 오점으로 남아 있다. 이런 현상은 남아메리카에서 더욱 심하여, 19세기에 독립한 아르헨티나·볼리비아·페루 등에는 원주민과 혼혈인을 노골적으로 탄압하는 백인들의 독재 정권이 들어섰다.

미국과 유럽

미국독립전쟁 이후 1세기가 지나면서 미국과 유럽의 세력 관계는 점차 역전되어갔다.

동부의 13개 주에서 출발한 미국은 서부로 뻗어 나간 개척자들의 활약에 힘입어 짧은 시간 동안 952만 km²에 이르는 세계 4위의 영토 대국을 이룩하였다. 이 신흥 강국은 1898년 에스파냐와 제국주의전쟁을 벌여 남아메리카에 대한 영향력을 넘겨받았고, 이것을 시작으로 국제 무대에서 발언권을 키워갔다.

1차 세계대전에 미국이 참전한 것은 이 전쟁의 승패를 바꿔놓은 극적인 사건이었다. 대전 초기에 이 전쟁을 유럽의 전쟁으로 보고 개입하지 않겠다고 했던 미국이 영국을 비롯한 삼국 협상의 편을 들면서 독일을 중심으로 하는 삼국 동맹에 유리했던 전세가 급격히 기울었던 것이다. 독일은 미국을 무서워하게 되었고, 영국은 미국에 큰 빚을 지게 된 것이다.

그리고 운명의 2차 세계대전. 미국의 절반을 약간 넘는 490만 km²의 유럽 대륙 전체가

8 영국 의회가 차에 세금을 부과하는 차 조례를 통과시키자 납세거부운동을 일으킨 식민지인들은 보스턴 차 사건을 일으켰다. 이들은 어둠을 틈타 인디언으로 위장을 하고 배에 난입해 영국 동인도회사 소유의 값비싼 차들을 바다로 던지고 배를 파괴했다.

불바다로 변해 수천만 명이 목숨을 잃는 세계 역사상 최대의 비극이 벌어졌다. 여기서 미국은 적지 않은 희생을 치렀지만 유럽에서 멀리 떨어져 있어 국토는 전혀 손상을 입지 않았다. 그리하여 유럽의 강국들이 크나큰 타격을 입고 국세가 기운 가운데 미국은 일약 세계 최강의 나라로 떠오르게 되었다. 그 당시 유럽의 자본주의 국가들은 사회주의 소련의 위협 앞에서 미국의 지원을 받지 않으면 존립이 위험할 지경에 몰렸다. 그 결과 미국 중심으로 유럽의 사회와 경제를 부흥시키는 마셜 플랜이 실시되었고, 역시 미국을 중심으로 유럽의 군사력을 재편성하는 북대서양 조약 기구(NATO)가 결성되었다.

이 체제는 사회주의가 붕괴한 오늘날까지 이어져 유럽 각국, 특히 영국은 미국의 세계 전략에 거의 매번 보조를 맞추고 있다. 이라크와 유고에 대한 미국의 전쟁에 유럽 각국이 '들러리'로 동원된 것이 가장 좋은 예이다. 물론 이것은 옛날 유럽 각국이 아메리카를 식민 지배하던 주종 관계의 완전한 역전은 아니다. 유럽 각국은 여전히 미국과 함께 사이좋게 세계의 일등 국가들로 군림하고 있으며, 그러한 기득권을 유지하는 데 미국의 힘을 빌리고 있다.

그러나 이 같은 양자의 공존과 협력은 유럽이라는 '구대륙'과 아메리카라는 '신대륙'이 16세기 이래 가져온 라이벌 관계의 끝일 수 없다. '신대륙'에 대해 '구대륙'이 자행한 학살과 파괴의 흔적은 곳곳에 남아 있으며, 그때 생의 끝에 내몰렸던 사람들의 후예는

9 쿠바의 아바나 항에서 원인모를 폭발로 침몰한 메인 호의 모습. 이 사건이 계기가 되어 미국과 에스파냐 사이에 전쟁이 일어나게 되었다. 미국과 에스파냐의 이 전쟁은 1895년 2월 쿠바인들이 에스파냐의 통치에서 벗어나기 위해 일으킨 독립 투쟁 과정에서 비롯되었다. 이 전쟁 결과 아메리카 대륙에서 에스파냐의 식민 통치가 끝났으며 미국은 태평양 연안 서부 지역과 라틴 아메리카 지역의 영토를 획득했다.

비록 힘은 약하지만 곳곳에서 삶을 이어가고 있다. 이들이 과거의 상처를 보상받고 아메리카 대륙에서 이주민과 진정한 의미에서 공존할 바탕이 마련될 때까지 16세기의 악몽은 결코 지워지지 않을 것이다.

10 유럽에 마셜 플랜을 홍보하기 위해 제작된 포스터 중 하나. 마셜 플랜(Marshall Plan)은 1947년 6월 미국 국무장관 마셜이 제안하여 마셜 플랜이라 하는데, 정식 이름은 '유럽 부흥 계획'(European Recovery Program)이다. 미국의 후원으로 2차 세계대전 뒤 유럽의 경제를 재건하여, 민주주의 국가들이 살아남을 수 있는 안정된 조건을 만들려고 세운 계획이다. 원조를 받아들인 나라는 서유럽 16개 국으로 1951년 말까지 원조 액수는 114억 달러에 이르렀다.

근대 유럽 문화의

르네상스 V

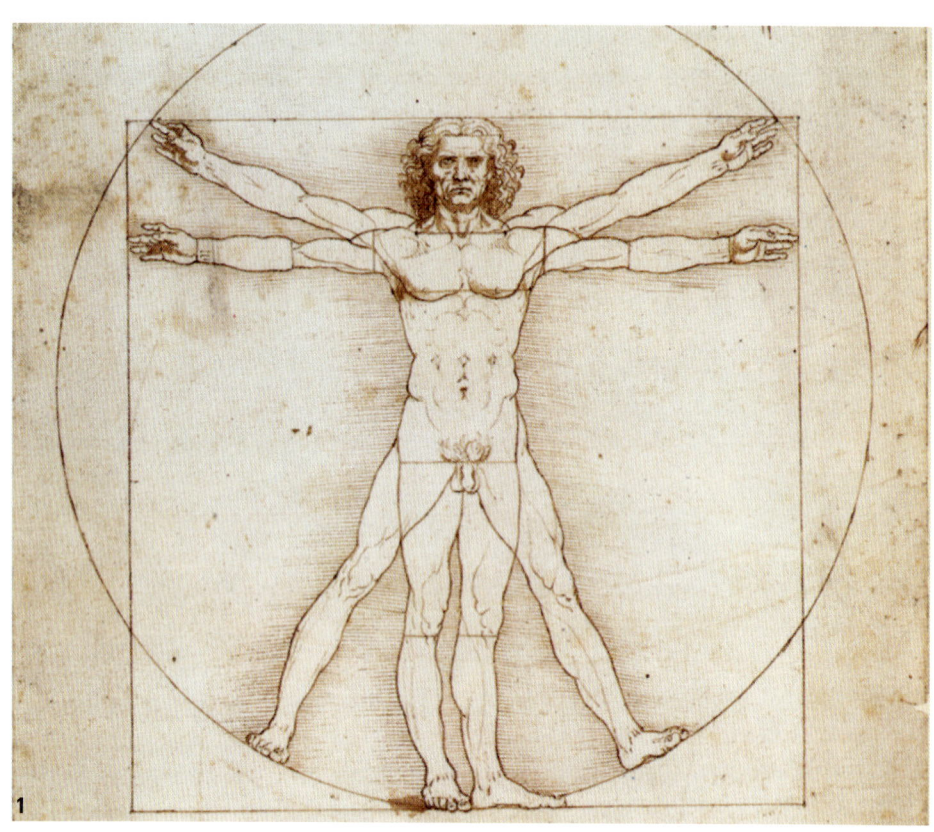

1

15세기부터 북부 이탈리아의 피렌체, 밀라노, 베네치아 등 도시 국가들을 중심으로 새로운 정신의 흐름이 싹텄다. 그것은 고대 그리스·로마 문화를 되살리자는 움직임으로 나타났는데, 이러한 움직임을 르네상스라 한다. 한편 유럽 중세 사회의 붕괴는 종교에서도 나타나기 시작했다. 그것은 원시 크리스트교의 순수성에 입각하여 교회의 타락을 비판하는 일로 시작되었다. '르네상스'와 '종교개혁'이라고 불리는 이 두 가지 현상은 서유럽을 암흑의 중세에서 해방시키고 근대 문명으로 이끈 두 원동력으

1 레오나르도 다빈치의 인체 비례도. 인간성 해방과 인간 재발견의 길을 연 르네상스 시기 대표적 작품이다.

S 종교개혁

로 꼽힌다. 그런 점에서 르네상스와 종교개혁은 닮은꼴이며 서로가 서로를 보완하는 운동이었다. 그러나 현실에서 두 운동은 여러 가지 대조적인 성격을 가지고 있었을 뿐 아니라 서로에게 적대적이기도 했다. 르네상스가 주로 엘리트 지식인의 문화운동 이었다면, 종교개혁은 교회의 혁신운동으로 시작되었다가 농민들까지 참여하는 정 치운동으로 발전했다. 이 두 운동이 어떻게 서로 맞수 관계를 이루며 서유럽을 근대 세계로 이끌었는지에 대해 살펴보자.

2 칼뱅이 종교개혁의 교의를 설명하는 모습.

르네상스와 종교개혁

'르네상스' (Renaissance)는 프랑스 말로 '부활', '재생'을 뜻한다. 이탈리아 화가 바사리가 14~16세기 이탈리아 미술의 특징을 가리켜 사용한 '리나시타'를 번역한 말이다. 이 말에는 레오나르도 다빈치, 미켈란젤로 등 거장들이 그리스·로마의 이상적인 미술을 '재생'했다는 의미가 담겨 있다. 이후 '르네상스'는 19세기에 스위스의 문화사가 부르크하르트가 『이탈리아 르네상스 문화』라는 저서에서 14~16세기 전반을 가리키는 시대 구분의 용어로 사용한 뒤로, '중세 1,000년 암흑기와의 단절'과 '고대 그리스·로마 문화의 부활'을 특징으로 하는 하나의 시대를 가리키는 말이 되었다.

한편 16세기부터 본격적으로 전개된 종교개혁의 영문 표기는 'Reformation'이다. 여기에는 단지 가톨릭이라는 종교를 개혁하는 차원을 넘어 서유럽 사회 자체를 새롭게 '형성' (formation)했다는 깊은 뜻이 담겨 있다.

3 르네상스 정신을 가장 잘 보여주는 작품으로 손꼽히는 보티첼리의 「비너스의 탄생」. 부드러운 필치로 고대 그리스·로마 미술에 대한 새로운 이해를 드러냈으며, 신플라톤주의 철학의 영향을 받아 비너스를 매우 순수하고 지적인 모습으로 묘사하고 있다.

서유럽은 이처럼 14~16세기의 르네상스, 16~17세기의 종교개혁을 겪으면서 중세의 낡은 구조를 털어내고 18세기의 근대 시민혁명을 준비할 수 있었다.

르네상스의 벗이 종교개혁의 적으로

1517년 독일 비텐베르크 대학에서 성서학 강의를 하던 신학자 마르틴 루터는 로마 교황청의 면죄부 판매를 강력히 비판하며 '95개조 논제'를 발표하고 공개 토론을 요구했다. 면죄부란 가톨릭 교회가 신자에게 죄를 용서해주는 대가로 기부를 받고 교황의 이름으로 발행한 증명서였다.

이것은 가톨릭 교리와 밀접한 관계가 있다. 가톨릭에서는 인간이 비록 죄를 지어도 회개하고 선행을 하면 천국에 갈 수 있다고 가르친다. 교회에 헌금을 하는 것도 이러한 선행 중의 하나였으므로, 교회가 발행한 면죄부를 사는 것은 일종의 '천국행 차표'를 얻는 것과 같았다.

루터가 면죄부 판매를 비판한 것은 교회가 신도들의 신앙을 돈벌이에 이용한다는 도덕적 분노 때문만은 아니었다. 그의 '95개조 논제'에는 중세 가톨릭 교리 자체에 대한 강력한 비판 의식이 깔려 있었다. 그의 생각에 따르면, 인간이 선행을 한다고 해서 원죄를 씻고 천국에 갈 수 있는 것은 아니었다. 오직 독실한 신앙으로 완전한 크리스트교인이

4 면죄부를 판매하고 있는 모습.

5

되는 것만이 구원의 길이었다.

가톨릭 교회는 개인이 교회의 매개를 통해서만 신과 만날 수 있다고 가르쳤지만, 루터는 개인도 얼마든지 직접 신과 대면할 수 있다고 주장했다. 굳이 교회를 나가지 않아도, 굳이 교회에 기부를 하고 '면죄부'를 받지 않아도 구원받을 길을 열어놓은 것이었다.

그의 도전을 받은 교황은 레오 10세였다. 그는 로마에 성 베드로 대성당을 건립할 자금을 마련하기 위해 면죄부를 발행했다. 레오 10세는 루터의 공개 토론 요구를 묵살하고 1521년 이 젊은 신학자를 파문했다. 루터가 그 파문장을 불살라버리면서 종교개혁의 불길은 타올랐고, 레오 10세는 종교개혁의 '공적(公敵) 1호'로 역사에 기록되었다. 그렇다면 레오 10세는 근대로 나아가는 역사의 물줄기를 막으려고 애썼던 중세의 파수꾼이었을까? 그렇지만은 않다. 그는 이탈리아 피렌체의 명문가인 메디치 집안 출신으로, 본명은 조반니 데 메디치이다. 메디치 집안은 피렌체에서 시작된 르네상스의 적극적인 보호자요 육성자로 유명하다.

레오 10세 자신도 인문학자인 피치노 등에게 교육을 받을 만큼 르네상스의 세례를 받고 자랐다. 그리고 교황의 자리에 오른 뒤에는 학문과 미술을 보호하고 로마를 르네상스 문

5 건축 기간만 100년이 넘게 걸린 성 베드로 대성당. 원래 성 베드로 대성당은 4세기에 콘스탄티누스 황제가 지은 것인데, 16세기 초에는 벽이 기울고 온통 먼지로 뒤덮이는 등 황폐해져 있었다. 이 4세기의 성당을 허물고 다시 지은 것이 오늘날 성 베드로 대성당의 모습이다.

화의 중심지로 만들어 이른바 '르네상스 교황' 으로까지 불렸다. 그가 비난을 무릅쓰면서까지 면죄부를 남발한 것도 성 베드로 대성당을 르네상스 건축 미술의 완성판으로 만들려는 욕심 때문이었다.

르네상스와 종교개혁이 서유럽을 근대로 이끈 쌍두마차라고 할 때 르네상스의 벗이었던 레오 10세가 종교개혁의 적으로 등장한 이 상황은 어떻게 설명해야 할까? 중세의 권력자인 로마 교황이 근대를 앞당긴 르네상스 문화를 적극적으로 보호하고 육성한 것은 또 어떻게 설명해야 할까?

교황청과 르네상스

피렌체라는 도시와 메디치라는 가문은 르네상스와 동의어라고 할 만큼 르네상스와 밀접한 관련을 가지고 있었다. 메디치 집안은 로마 교황청의 재정과 관련된 은행업을 하면서 르네상스 문화를 뒷받침할 만한 재력을 쌓았다. 유럽 전역에서 로마 교황청으로 흘러드는 자금은 메디치 집안의 중요한 수입원이었다. 메디치 집안은 그렇게 모은 재산으로 1만 5,000권의 장서를 자랑하는 메디치 도서관과 유수한 학자들을 양성해낸 메디치 아카

6 15세기의 피렌체 지도. 12세기 초부터 국제 경제의 중심지로 부상한 피렌체에는 부유한 상업 가문이 권력을 잡자 모든 분야의 예술이 발전하기 시작했다.

데미, 그리고 화려한 르네상스 미술 작품들을 후원했다.

그렇다면 피렌체는 어떻게 르네상스의 중심지가 되었을까? 제노바, 베네치아 등 다른 이탈리아 도시와 마찬가지로 피렌체도 십자군전쟁 때 활발하게 전개된 교역의 덕을 보았다. 서유럽의 다른 지역이 아직 중세의 장원 제도에서 벗어나지 못하고 있던 13세기 말, 피렌체에서는 벌써 상인 세력이 봉건 귀족 세력을 무너뜨리고 시민의 이익을 대변하는 공화정을 세웠다.

그 당시 유럽에서는 로마 교황과 신성 로마 제국* 황제가 세력 다툼을 벌이고 있었는데, 피렌체에서도 '교황당'으로 불리는 상인과 '황제당'으로 불리는 귀족이 싸우고 있었다. 진보적인 상인들이 교황의 편에 섰던 것은 에스파냐, 프랑스 등 피렌체에 적대적인 나라들이 신성 로마 제국 황제와 결탁하고 있었기 때문이다. 피렌체 상인들은 교황청의 재정

7 미켈리노가 그린 『신곡』(神曲)을 들고 있는 단테의 모습. 왼쪽 아래에는 지옥으로 가는 문이, 단테의 머리 뒤쪽으로는 천국으로 가는 문이 보인다. 단테는 『신곡』을 1307년경부터 쓰기 시작하여 1321년에 완성했다. '지옥편', '연옥편', '천국편'의 3부로 이루어져 있고, 각편은 33개의 곡으로 구성되어 있다. 여기에 서곡을 합치면 모두 100곡에 이른다. 전체 줄거리는 다음과 같다. "단테는 33세 되던 해의 어느 날 밤 길을 잃고 어두운 숲 속을 헤매며 하룻밤을 보낸 뒤, 빛이 비치는 언덕 위로 다가가려 했으나 올라갈 수 없었다. 그때 고대 로마의 시인 베르길리우스가

나타나 그를 구해주고 길을 인도한다. 그는 먼저 단테를 지옥으로, 다음에는 연옥으로 안내하고는 베아트리체에게 그의 앞길을 맡긴다. 젊어서 세상을 뜬 단테의 연인인 베아트리체의 인도를 받은 단테는 천국에 이르고 그곳에서 한순간 신(神)의 모습을 우러러보게 된다." 단테는 『신곡』에서 인성(人性)과 신성(神性)의 대칭 개념을 베르길리우스와 베아트리체라는 인물 속에 투영시켜, 참다운 인간의 진리란 무엇이며 그 진리를 추구함에 있어 절대적으로 필요한 인간의 자유 의지가 신의 섭리와 어떻게 조화를 이루어야 하는가를 비유적으로 나타내고 있다.

을 관리해주면서 막대한 이익을 챙겼다.

피렌체의 상인 세력 중에는 르네상스의 선구자인 시인 단테도 끼어 있었다. 그는 한때 상인 공화국의 장관을 지내기도 했으나 반대 세력에게 권력을 빼앗긴 뒤 이국땅을 떠돌며 유명한 장편 서사시『신곡』을 썼다. "고통 받는 사람들에게 희망을 주기 위해 썼다"라는 단테 자신의 말처럼 이 대작 곳곳에는 새로운 시대를 내다보는 시인의 예지가 번뜩이고 있다. 더욱이 단테는 어려운 라틴어를 버리고 세간의 아낙네들이 흔히 쓰는 쉬운 이탈리아어로 이 작품을 썼다.

그러나『신곡』을 관통하고 있는 주제는 중세적이고 종교적이다. 로마 교황청이 '중세 가톨릭 백과사전'이라고 부를 만큼 작품 전체에 중세적 · 가톨릭적 세계관이 흐르고 있다. 이처럼 중세적 내용을 새로운 시대의 언어로 담아냈기 때문에 어떤 사람은 "한 시대가 단테에서 끝났고 다른 시대가 단테에서 열렸다"라고 말하기도 했다.

단테와 그의 후계자인 보카치오, 페트라르카 등 피렌체 출신의 세 문인을 르네상스의 3대 문호라고 한다. 그들이 글로 르네상스를 예고했다면, 그림으로 르네상스를 활짝 꽃피운 것은 피렌체의 3대 화가였다. 15세기에 활약한 이 화가들은 레오나르도 다빈치, 미켈란젤로, 라파엘로로서 이들을 적극적으로 후원한 것이 바로 교황 레오 10세를 낳은 메디치 가문이었다. 이 집안은 14세기 말부터 은행업에 투신하여 교황청을 끼고 엄청난 재산

195 르네상스 VS 종교개혁

* 신성 로마 제국 : 독일 왕 오토 1세가 로마 교황으로부터 황제로 대관(제왕이 왕관을 받아 쓰는 것)된 때부터 프란츠 2세가 제위(帝位)에서 물러날 때까지 독일 제국의 정식 명칭(962~1806). 로마 제국의 전통과 크리스트 교회의 권위를 결부시켰으나 점차 유명무실해졌다.

8

을 모았다. 미술을 보고 즐길 줄 알았던 이 집안 사람들은 천재 미술가들에게 아낌없는 투자를 해서 피렌체를 르네상스의 중심지로 발전시켜 나갔다.

르네상스라는 햇볕과 종교개혁이라는 폭풍우

지금까지 살펴본 것처럼 르네상스를 앞장서서 이끈 사람들은 교황청과 부호 가문, 그리고 그들의 지원을 받는 엘리트 지식인이었다. 그들은 이탈리아 도시의 자유로운 분위기 속에 새로운 지식을 흡수하여 르네상스를 일구어 나갔다. 그들은 가톨릭에 맞서 싸우지 않았고, 교황들은 르네상스를 사랑했다.

그러나 루터의 나라 독일(신성 로마 제국)에서 르네상스는 그다지 큰 인기를 얻지 못했다. 독일은 가톨릭을 대리하여 속세를 다스리는 신성 로마 황실의 지배를 받고 있었다. 이 나라에서는 서유럽의 어느 곳보다도 봉건 영주와 농민의 갈등이 날카로웠다. 영주의 수탈에 시달리던 독일 농민에게 르네상스 문화 같은 것은 먼 이야기였다.

그런 독일에서 가톨릭 교회를 비판하고 신앙의 자유를 부르짖은 종교개혁은 농민의 마음을 사로잡았다. 가톨릭 교회에 대한 비판은 곧 봉건적 수탈 구조에 대한 투쟁이기도 했기 때문이다. 종교개혁에 찬성하여 들고일어난 농민들은 루터가 예상했던 것보다도 훨씬 더 근본적이고 훨씬 더 과격한 방향으로 나아갔다. 그리하여 단순히 종교를 개혁하

8 정치가이자 예술과 문학의 후원자로서 메디치 가문에서 가장 뛰어난 인물이었던 로렌초 메디치. 말년에 그는 산마르코 수도원에 자신의 조각학교를 열었는데, 거기서 한 15세의 학생을 눈여겨 보고 자신의 궁전에 데려와 아들처럼 키웠다고 한다. 그 학생이 바로 미켈란젤로였다. 또 그의 아들 가운데 한 명인 조반니는 훗날 '르네상스 교황'이라 불린 레오 10세가 되었다.

는 차원을 넘어서서 중세 유럽의 지배 질서를 무너뜨리려는 혁명적인 운동으로까지 발전했다.

이탈리아의 르네상스가 내세운 모토는 '인문주의'였다. 인문주의란 신 중심으로 모든 것을 보던 중세의 세계관을 벗어나, 인간이라면 이런 저런 교양과 능력을 갖출 수 있으며 또 갖춰야 한다는 생각이었다. 그러나 독일의 종교개혁은 농민들이 그런 교양과 능력을 갖추기에 앞서 먼저 '인간'으로 해방되어야 한다는 것을 보여주었다. 독일 농민은 르네상스 지식인들과 달리 우선 봉건 압제에서 벗어나야 그 다음에 인문 교양을 쌓든 말든 할 수 있었기 때문이다.

르네상스가 은은한 햇볕이라면 종교개혁은 천둥 번개를 동반한 폭풍우였다. 14~16세기 서유럽은 시대의 낡은 외투를 벗기기 위해 한쪽에서는 햇볕이 내리쬐고 한쪽에서는 폭풍우가 몰아치는 전천후 개혁의 시대였다.

9 행진하는 독일 농민군. 루터의 복음주의의 영향을 받은 농민 반란이었지만 루터는 수도원과 성채 등을 파괴한 그들의 행위를 비판하여 그들을 고립시켰고, 결국 이들은 제후연합군에 의해 진압당하고 말았다.

근대 국가 체제의

군주제 V

공화국이라는 국가 체제는 유럽에서 시작되었다. 대항해 시대와 르네상스 때 큰 역할을 한 베네치아, 피렌체 등 이탈리아 도시 공화국들은 그 뿌리가 고대 로마에 닿아있다. '공화국' (republic)이라는 말도 황제가 다스리기 전 로마의 국가 체제를 가리키던 말이다. 그러나 근대적 의미의 공화제는 17세기 이래 서유럽에서 일어난 시민혁명과 더불어 시작되었다. 18세기에 영국으로부터 독립한 미국은 처음부터 공화국체제로 출발했으며, 18세기 말에 일어난 프랑스혁명은 시민 계급이 자유, 평등, 우애

1 루이 14세와 그의 가족들을 우화적으로 묘사한 그림.

S 공화제

의 이념 아래 절대 왕정과 봉건적 특권을 타파하고 공화국을 수립한 혁명이었다. 그 후 프랑스혁명의 영향으로 유럽의 군주제는 서서히 공화제로 바뀌어갔으며, 형식에서는 군주제를 유지하는 나라에서도 내용적으로는 국민이 뽑은 대표가 국정을 책임지는 공화제를 채택해 나갔다. 그리고 유럽 열강의 영향을 받거나 식민지로 전락했다가 독립한 세계 각국도 대개 공화제를 국가 체제로 선택하면서, 오늘날 우리는 대부분의 국가가 공화국인 세계에서 살게 되었다.

2 1880년에 만든 「공화국 기념일 축전도」. 왼쪽에 삼색기를 들고 있는 여신은 마리안느로, 프랑스 공화국을 상징하는 여성상이다. 중앙의 'RF' 는 프랑스(F) 공화국(R)의 이니셜이다.

투쟁으로 태어난 공화제

조선 시대를 배경으로 한 텔레비전 사극을 보면, 정치 투쟁은 대개 누가 왕위를 이을 것인가를 둘러싸고 벌어진다. 그 시대의 정치 체제는 오직 한 사람이 주권, 곧 최고 권력을 가졌던 군주제였기 때문이다. 거기에 비해 요즘의 정치 투쟁은 어떻게 하면 더 많은 국민의 지지를 이끌어낼 것인가를 놓고 벌어진다. 헌법에도 명시되어 있는 것처럼 대한민국은 주권이 국민에게 있고, 그들의 위임을 받은 대표자가 국가를 통치하는 공화국이기 때문이다. '대한민국'의 영어 표기는 'Republic of Korea'인데, 여기서 'republic'은 바로 '공화국'이라는 뜻이다. 'republic'은 라틴어로 '대중(publicus)의 일(res)'을 뜻하는 'respublica'에서 유래한 말이다.

우리나라뿐 아니라 오늘날 세계 대부분의 나라는 이 같은 공화국이다. 가령 북한도 정식 명칭은 '조선민주주의인민공화국'(Democratic People's Republic of Korea)이고, 중국은 '중화인민공화국'(People's Republic of China)이다. 미국 같은 연방국도 정부 형태는 공화국이며, 영국과 일본은 표면적으로는 군주국이지만 실질적으로는 국민들이 주권을 행사하는 공화국이다.

이처럼 현대에는 공화제가 보편화되어 있지만, 인류가 공화제를 경험한 기간은 군주제에 비하면 매우 짧다. 1차 세계대전이 일어날 때까지만 해도 유럽에서 프랑스·스위스·

3 1789년 바스티유 감옥을 습격하는 파리 민중들. 바스티유 감옥은 억압의 상징이었으나 정작 당시 그곳에 감금된 죄수는 7명뿐이었고, 그 가운데 정치범은 단 한 명도 없었다고 한다.

포르투갈을 제외하고는 모두 군주제였다. 공화제는 군주제에 대한 길고도 험난한 투쟁의 과정에서 태어난 피와 땀의 산물이었다.

로마인, 공화제를 수립하다

인류 역사에서 처음으로 군주제와 공화제가 충돌한 대표적인 사례를 고대 로마에서 찾을 수 있다. 테베레 강가의 일곱 언덕에서 출발한 로마에는 전설적인 건국자 로물루스를 비롯하여 일곱 명의 왕이 있었다고 전해진다. 이것이 어느 정도까지 사실인지는 알 수 없지만, 로마 초기에 '렉스'(rex)라고 불리는 왕이 있었고 그 마지막 왕들이 에트루리아인*이었다는 것만은 확실하다.

기원전 6세기 초, 로마인 귀족들은 에트루리아인인 타르퀴니우스 수페르부스 왕을 몰아내고 군주제를 폐지했다. 이것은 고대 세계에서 매우 독특한 사건이었다. 왜냐하면 고대 사회에서 군주제는 거의 모든 나라에서 상식으로 통하는 국가 체제였기 때문이다. 세계 각지의 고대사를 훑어보면 군주가 한 나라의 권력을 자신에게 집중시켜가는 과정이 곧 역사의 발전 과정이었다. 물론 군주제가 전형적으로 발전한 동아시아에서도 신하들이 포악한 군주를 몰아내는 일은 가끔씩 일어났다. 그러나 그때는 다른 군주를 내세웠기 때문에 군주제 자체는 그대로 이어졌다.

4 로마의 전설적인 건국자들인 로물루스와 레무스. 전설에 따르면 이들은 늑대의 젖을 먹고 자랐다고 한다. 이후 성장한 로물루스는 자신들이 어렸을 때 발견된 자리에 도시를 세우고 로마라는 이름을 붙였으며, 왕으로서 로마를 오랫동안 다스린 후 폭풍우 속으로 사라졌다고 한다.

* 에트루리아인 : 기원전 1000년부터 이탈리아 반도로 이주하기 시작하여 기원전 4세기 초까지 도시 국가를 건설하고 정치적·문화적으로 지도적 지위를 누렸다. 예술 방면에서 탁월한 성과를 보였으며, 고대 그리스의 문화를 로마에 자리 잡게 하는 데 큰 역할을 했다.

그런데 로마인은 군주를 몰아내면서 아예 군주제를 폐지해버렸다. 그리고 귀족들이 주권을 나누어 가졌다. 국가 권력은 한 사람의 군주가 아닌 귀족들의 집단인 원로원으로 넘어가고, 원로원에서는 2명의 집정관을 선출하여 행정을 맡겼다.

이처럼 귀족들이 주권을 공유하는 공화정을 '귀족정'이라 한다. 이것은 비슷한 시기에 나타난 그리스의 아테네와 대비되는 점이다. 아테네는 귀족들에게서 권력을 빼앗아 평민들이 완전한 참정권을 행사하는 '민주 공화정'을 수립했기 때문이다. 로마 공화국에서는 권력을 지키려는 귀족들과 여기에 도전하는 평민들 간의 투쟁이 계속해서 일어났다. 이 투쟁 과정에서 평민들의 대의 기관(대의원이 정사를 논의하는 기관)인 '민회'와 평민의 권익을 보호하는 관리인 '호민관'(고대 로마에서 평민의 권리를 지키기 위하여 평민 중에서 선출한 관직으로 10명이 정원임)이 생겨나 원로원의 귀족 세력과 끊임없는 갈등을 빚었다.

카이사르, 거대한 군주제를 꿈꾸다

귀족과 평민 사이의 신분 투쟁이 지속되는 와중에도 로마는 눈부신 성장을 거듭했다. 포에니전쟁*을 통해 카르타고를 꺾고 서부 지중해의 패권을 완전히 장악했으며, 계속해서 해외에 드넓은 속주(이탈리아 반도 이외의 로마 영토)를 가진 세계 제국으로 뻗어나갔다.

5 원로원(세나투스)에서 공화정을 전복하려 한 카틸리나에 맞서 공화정의 원칙을 지켜내려 반박하고 있는 키케로의 모습. 원로원은 로마 시대의 입법·자문 기관으로 로마 건국 때부터 게르만족의 이동 시기까지 존속했다.

* 포에니전쟁 : 로마와 페니키아의 식민시(植民市) 카르타고와의 전쟁. 지중해 세계의 패권을 둘러싸고 기원전 3세기 중엽에서 기원전 2세기 중엽에 이르기까지 3차에 걸쳐 일어났다. 이 중 카르타고의 명장 한니발과 로마의 스키피오가 대결을 펼친 2차 전쟁이 가장 유명하다.

로마의 원로원 의원들은 이들 속주에서 거의 신과 같은 존재로 추앙을 받았다. 하지만 제국의 이런 성장과 더불어 여러 문제들도 함께 드러났다. 나라는 커져만 가는데 귀족과 평민의 대립은 끝이 없고, 스파르타쿠스로 대표되는 노예들은 압제에 지쳐 반란의 기치를 높이 세웠다. 기원전 1세기의 로마가 처한 상황이 이러했다. 이때 공화정 체제의 비효율성을 지적하고, 한 사람의 강력한 지도력 아래 거대한 제국을 통제해야 한다고 나선 사람이 율리우스 카이사르였다. 그가 추구한 노선은 군주제의 단순한 부활이 아니라 거대하고 강력한 권력을 지닌 황제(imperator)가 다스리는 제국 체제의 건설이었다.

신분간의 대립 구도에서 평민파에 섰던 카이사르는 잇따른 해외 원정에 성공함으로써 대중적인 인기를 누렸다. 그가 원로원과의 대결에서 승리하여 공화정의 폐지가 눈앞에 다가오던 기원전 44년 3월, 군주정의 부활에 대하여 극심한 거부감을 가지고 있던 귀족들은 최후의 수단으로 그를 암살했다. 이때 암살 계획에 가담한 사람 중 한 명이 카이사르의 충복이었던 브루투스였다. 카이사르가 죽어가면서 "브루투스, 너마저도……"라고 외치는 셰익스피어 연극의 한 장면은 유명하다. 그러나 브루투스가 카이사르의 시체를 앞에 두고 던진 변명의 연설은 그렇게 널리 알려져 있지 않다.

"내가 카이사르를 죽인 것은 카이사르를 사랑하지 않아서가 아니라 로마를 더 사랑하기 때문입니다."

6 제롬이 그린 「카이사르의 죽음」. 카이사르는 폼페이우스, 크라수스와 함께 삼두 정치를 이끌다가 기원전 49년 루비콘 강을 건너 폼페이우스와 결전을 치른 후 딕타토르(독재관)의 자리에 올랐으나, 불과 5년 만에 공화정의 지지자들에게 암살당하고 말았다.

7

여기서 브루투스가 사랑한 로마는 두말할 것도 없이 공화국 로마였다. 그러나 그의 안간힘은 부질없는 몸부림에 그쳤고, 로마는 카이사르의 양자인 옥타비아누스에 의해 기원전 27년 기어코 거대한 군주정, 즉 제정(帝政)으로 치닫게 되었다.

영국 ─ 군주제와 공화제의 '명예로운' 타협

로마에서 잦아들었던 군주제와 공화제의 대립은 무려 1,600여 년 동안 숨을 고른 다음 영국에서 다시 고개를 들었다. 그 당시 유럽은 왕의 권력이 신으로부터 온 것이라는 '왕권 신수설'(王權神授說)이 등장할 만큼 군주제가 기승을 부리고 있었다. 17세기 초 영국 왕 찰스 1세는 의회의 승인도 없이 관세를 징수하고 선박세를 부과하며, 헌금과 공채를 강요하여 응하지 않는 자를 투옥했다. 그러자 의회는 국민의 권리를 지키기 위해 권리 청원*을 제출했다. 1629년 왕은 의회를 해산하고 전제 정치를 강화했다. 이에 의회의 급진파와 크롬웰을 중심으로 하는 청교도들이 들고일어나, 1649년 찰스 1세를 국민의 적으로 처형하고 군주제와 귀족원(귀족들의 특권 의회)을 폐지하여 '공화국·자유 국가'를 선언했다. 크롬웰은 권력을 장악하는 과정에서 호민관에 취임하여 군사 독재를 펼쳤지만 자신에게 주어진 왕관은 끝내 사양하고 공화정을 고수했다.

그러나 유럽 대륙에 수많은 군주 국가들이 건재한 상황에서 섬나라의 공화정은 그리 오

7 찰스 1세는 "국왕은 지상의 어떤 권력에 의해서도 재판받지 않는 존재"라며 법정에 서는 것을 인정하지 않았다. 하지만 폭정·반역·살인 등 사회에 해악을 끼친 죄로 그에게는 사형이 선고되었고, 화이트홀 연회장 바깥에 세워진 처형대에서 죽음을 맞이했다.

* 권리 청원(Petition of Right) : 1628년 영국 하원에서 기초하여 그 해 6월 7일 찰스 1세의 승인을 얻은 국민 인권에 관한 선언. 주요 내용은 의회의 동의 없이는 어떠한 과세나 공채도 강제되지 않는다는 것, 법에 의하지 않고는 누구도 체포·구금되지 않는다는 것, 각종 자유권을 보장한다는 것 등이었다.

래가지 못했다. 공화정 혁명의 강력한 지도자였던 크롬웰이 죽고 호민관 정치가 무너지자 보수 세력들은 해외에서 망명 중이던 찰스 1세의 동생 찰스 2세를 불러들여 국왕에 취임시켰다. 18년 만의 왕정 복고였다.

이처럼 홍역을 치른 영국인은 두 번 다시 군주제를 폐지할 엄두를 내지 못했다. 결국 1688년, 국왕은 국가를 대표하는 상징적인 존재로 그치고 의회가 실질적인 국가 주권을 행사하는 입헌군주국 체제가 탄생했다. 자유와 민권을 향한 체제 실험이 마무리된 것이다. 내용적으로는 공화제이고 형식적으로는 군주제인 입헌군주제는 300여 년이 지난 지금까지 영국인의 최종적인 선택으로 남아 있다.

미국과 프랑스─공화제의 결정적인 승리

영국의 절충에 대해 다시 도전장을 낸 공화주의자들은 박해를 피해 북아메리카 영국 식민지로 이주했다. 그들은 영국 본토에서 독립하여 자신들만의 나라를 세우기 위해 투쟁했다. 이 투쟁은 영국 군주제의 지배를 벗어나 모든 국민이 공평하게 주권을 행사하는 새로운 나라를 세우겠다는 목적을 가지고 있었다.

독립전쟁에서 승리한 뒤 1787년에 마련된 미국 헌법안은 행정부·입법부·사법부가 견제와 균형의 원리에 따라 권력을 나누는 정부 형태를 명시했다.

8 1653년 병사들을 이끌고 의회에 들어와 의원들을 강제로 내보내서 의회를 해산시키는 크롬웰의 모습. 이로써 스코틀랜드군의 침입에 대처하고자 찰스 1세가 소집했던 장기의회가 13년 만에 종결되었다.

이처럼 미국이 북아메리카라는 신천지에 뿌린 공화제의 씨앗에 보편이라는 비료를 주어 세계를 뒤덮는 아름드리나무로 키워낸 것은 프랑스인들이었다. 영국이 입헌군주국으로 거듭나고 미국에서 본격적인 민주공화정이 출범할 때까지 프랑스는 유럽 내 절대군주제의 보루였다. 그곳에서 1789년 5월 5일 신분별 의회인 삼부회가 소집되었다. 그리고 일련의 과정을 거쳐 7월 14일 파리 민중이 절대 왕정의 상징인 바스티유 감옥을 공격했다. 프랑스혁명이었다. 이 혁명은 프랑스뿐 아니라 세계의 정치 지형을 완전히 바꾸는 지각변동을 불러일으켰다.

그 당시 삼부회의 가장 낮은 자리를 차지하고 있던 제3신분은 군주제 아래에서 특권을 누리던 성직자와 귀족을 제외한 98%의 국민을 대표하고 있었다. 그런데도 삼부회의 결론은 1, 2, 3신분이 1:1:1의 투표권을 갖는다는 것이었다. 2%의 인구인 1, 2신분이 국가 운영에 관해 2/3의 결정권, 즉 사실상의 전권을 갖는 셈이다. 그 당시 제3신분 대표 시에예스가 쓴 팸플릿 「제3신분이란 무엇인가」는 다가오는 공화제의 성격을 미리 보여주고 있다.

"첫째, 제3신분이란 무엇인가? 모든 것이다. 둘째, 정치 질서에서 제3신분은 지금까지 무엇이었나? 아무것도 아니었다. 셋째, 제3신분은 무엇을 요구하는가? 그들은 무엇인가가 되고자 한다."

9 헌법 초안을 받고 있는 조지 워싱턴의 모습. 이 미국 헌법은 세계 최초의 민주적인 성문헌법으로, 그 주요 내용은 연방제, 삼권분립제, 민주주의와 자유주의의 확립 등이다.

그리고 수십 년에 걸친 혁명과 반혁명의 소용돌이를 거치면서 프랑스 국민은 마침내 군주제와 그 잔재를 완전히 청산하고 스스로 '무엇인가' 가 되었다. 자유·평등·박애를 상징하는 프랑스 공화국의 기치는 유럽 전역으로, 나아가 세계로 퍼져나갔다. 그전까지 국가 체제의 상식으로 여겨졌던 군주제가 불과 200년 사이에 지구상에서 사실상 모습을 감추었다. 이 태풍의 눈에는 바스티유로 진군하는 프랑스 군중이 있었던 것이다.

10 1792년 8월 10일, 봉기군과 튈르리 궁 보호 군대 사이에는 격렬한 전투가 벌어져 사상자가 1,000명에 달했다. 당시 튈르리 궁에는 국외 탈출을 시도하다 붙잡혀온 루이 16세 일가가 있었는데, 튈르리 궁을 습격한 혁명 급진파는 루이 16세를 체포해 탕플탑에 가두었다. 그리고 1791년 입헌군주제를 골자로 한 프랑스 최초의 헌법을 무효화시키고 1792년 9월 공화정 수립을 선언했다.

근대 자본주의

자본가 V

프랑스혁명을 시민혁명이라고 한다. 여기서 '시민'이라는 말은 프랑스어 '부르주아지'를 번역한 말이다. 그들은 농촌 사회 중심의 중세에서 도시와 도시를 오가며 장사로 돈을 벌고 근대적 산업을 시작하여 자본가로 성장한 사람들이다. 프랑스혁명을 비롯한 근대 시민혁명은 이러한 자본가들에게 알맞은 경제 환경을 만들어낸 사회 변혁이었다. 자본가가 주도하는 경제 체제, 즉 자본주의에서는 자본가가 공장, 기계 등 생산수단을 마련해놓고 노동자에게 임금을 주어 일을 시킨다. 중세 농촌에서 농사를 지어 먹고 살던 농민들 가운데 많은 사람들이 도시로 가서 임금을 받는 노동자가 되

1 세계적 자동차 회사인 포드의 창립자 헨리 포드(1893년의 모습).

경제를 굴리는 두 축

S 노동자

2

었다. 근대 산업 경제는 농업과는 비교도 할 수 없이 빠르게 성장하여 시간이 갈수록 노동자는 더욱 늘어났다. 자본가와 노동자는 이제 지주와 농민을 제치고 근대 경제의 기본 계급으로 자리 잡았다. 자본가는 노동자가 있어야 공장을 굴릴 수 있고 노동자는 자본가가 있어야 먹고 살 수 있다. 그러나 자본가와 노동자의 사이는 처음부터 그다지 좋지 않았다. 자본주의의 생산력이 커지면 커질수록 두 계급 사이의 갈등도 눈덩이처럼 불어났다. 아직까지 그러한 갈등이 해결됐다는 소식은 지구상 어느 곳에서도 들려오지 않고 있다.

2 증기펌프를 다루고 있는 노동자의 모습(1920년 미국).

자본주의 사회의 두 집단

1990년대 후반 IMF 위기를 겪으면서 한국 사회에 화두로 등장한 것 중에 '정리해고' 가 있다. 이것은 '긴박한 경영상의 필요가 있을 때' 경영자가 종업원을 해고할 수 있는 제도 이다. 이 제도가 실행되면 자기 직종에서 충분한 경험과 능력을 쌓은 종업원이 한창 일 할 나이에 직장을 잃게 된다. 이때 그의 경험과 능력을 필요로 하는 다른 직장이 있을지 는 전적으로 시장에 달려 있다.

이 종업원의 시각에서 볼 때 정리해고는 개인적으로나 사회적으로나 낭비이다. 그 경험, 그 능력이면 많든 적든 사회를 위해 계속 봉사할 수 있는데, 일개 회사가 그 사람을 활용 할 역량이 없다고 그 능력을 사장(死藏)시키는 것이니까.

그러나 그를 쫓아낸 경영자의 시각에서는 이 문제가 다르게 보일 것이다. 우리 사회는 자기 회사를 비롯한 수많은 회사들이 경쟁하는 체제로 되어 있다. 그 속에서 일부 종업 원을 희생해서라도 생산성을 높이지 않으면 회사가 무너질 수도 있고, 그럴 경우 더 많 은 실업자를 양산해 사회에도 부담을 줄 테니까.

이때 경영자는 그 회사의 소유주일 수도 있고 그를 대리하는 전문 경영인일 수도 있다. 이들을 통틀어 '자본가' 라고 부른다. 그 자본가에 의해 고용되거나 해고되는 종업원은 '노동자' 라고 한다. 근대 이후 자본주의 사회는 자본가와 노동자라는 두 집단을 중심으

3 소이어가 그린 「도시의 공원에서」. 초점을 잃은 멍 한 눈의 남자와 담배를 문 남자, 입을 벌린 채 잠든 남자는 모두 일자리를 잃고 갈 곳이 없어 공원에 모 인 실업자들이다. 노동하지 않는 사람의 이런 비참한 모습은 아직 일을 가진 사람들에게 '더 열심히' 일할 이유가 된다. 어쩌면 마르크스의 말처럼 자본주의는 이런 실업자들을 양산해내야만 유지될 수 있는 그런 체제인 것은 아닐까?

로 편성되었다.

그런데 이 두 집단은 지금까지 인류 사회에서 짝을 이루며 존재해온 어떤 신분이나 계급보다도 불안정한 관계를 맺고 있다. 가령 고대 사회의 노예는 한번 주인에게 속하면 그 인격까지를 포함해 완전히, 그리고 영원히 속했다. 그리고 중세 서양 사회에서 볼 수 있는 영주와 농민의 관계나 박경리의 『토지』에서 보이는 지주와 소작농의 관계도 서로 쉽게 끊어지지 않는 특징을 갖고 있다. 그러나 자본가와 노동자는 냉혹한 현금 계산에 기초한 계약 관계 속에서 거의 매 순간 헤어질 준비를 한다. 자본가는 회사가 도태되는 꼴을 보지 않기 위해 항상 더 적은 임금에 많은 일을 해줄 노동자를 찾는다. 반면 노동자는 생존을 위해 항상 더 많은 임금에 자신의 노동력을 사줄 자본가를 찾아 헤맨다.

근대 이래의 세계사는 이처럼 전례 없이 불안정하지만 동시에 역동적인 관계를 바탕으로 이루어졌다.

자본가와 노동자가 함께 탄생하다

이 세상에 자본가도 노동자도 없었을 때, 인구의 대부분은 토지를 경작하거나 가축과 누에 등을 치며 사는 농민이었다. 자본주의가 가장 먼저 시작된 영국의 예를 들면, 이들 농민은 자신이 사는 마을의 경작지에 대해 일정한 지분을 가지고 그곳에서 경작을 했다.

4 1843년 「자본가와 노동자」라는 제목으로 『펀치』지에 실린 카툰. 두 계급의 모습을 대비하여 사회의 부조리한 구조를 꼬집고 있다.

토지라는 생산 수단을 소유하면서 노동을 통해 그 생산 수단을 직접 이용하는 이런 농민을 '소농'이라고 한다.

그런데 15세기부터는 사정이 달라졌다. 느닷없이 마을의 경작지와 목초지, 과수원 같은 공유지 둘레에 울타리가 생기고, 그 앞에 '접근 금지'라는 팻말이 세워졌다. 그리고 울타리 안에는 그 당시 유행한 모직 공업에 양털을 공급하기 위해 양을 기르는 목초지가 조성되었다. 이들 경작지와 공유지에 대해 관습적으로 인정되던 소농의 소유권은 부정되었고, 이들은 하루아침에 재산과 일터를 잃고 떠도는 신세가 되었다.

이렇게 경작지와 목초지를 울타리로 둘러싸는 행위를 '인클로저'(enclosure)라고 부른다. 양털 판매와 모직물 생산이 가져다 주는 엄청난 이익에 눈먼 봉건 영주나 부농(富農), 양모 업자는 앞 다투어 그 일에 나섰다. 절대 왕정은 농민의 실업과 이농(離農)을 초래하고 농가를 황폐화시키는 인클로저를 억제하려고 노력했다. 그러나 소농에게 인정되던 소유권은 관습적인 것이기 때문에 법적으로 보장받기 어려웠다.

16세기 영국의 사상가 토마스 모어가 쓴 『유토피아』에는 양이 사람을 먹는 장면이 나온다. 양을 기르기 위해 농민을 쫓아내던 인클로저의 냉혹한 본성을 이처럼 정확히 알려주는 표현도 없다.

18세기까지 계속된 인클로저를 통해 폭력적으로 농지와 목초지 등 생산 수단을 손에 넣

5 토마스 모어가 "양이 사람을 잡아먹는다"고 말했던 인클로저 당시 영국의 한 거리 풍경으로 양들을 도살장으로 끌고 가고 있는 모습이다. 인클로저로 인해 토지를 잃고 쫓겨난 농민들이 엄청나게 늘어나자 영국에는 실업자·극빈자·부랑자들이 넘쳐나게 되

었다. 그러자 정부는 이들이 걸식한다는 사실만으로 그들을 '범죄자'로 취급해 부랑자로 한 번 체포되면 피가 나도록 맞고, 두 번 체포되면 피가 흐르도록 매를 맞은 후 귀를 절반 자르며, 세 번 체포되면 사형에 처했다고 한다.

은 사람들은 빠르게 자본가로 바뀌어갔다. 그들은 생활의 터전에서 쫓겨난 농민을 고용하여 임금을 주고 경작이나 목축, 양털 깎기 등의 일을 시켰다. 농촌을 떠난 농민은 도시로 흘러들어가 막 생겨나고 있던 도시 가내 수공업 등에 임금 노동자로 흡수되었다. 그리하여 이제 세상은 두 종류의 전혀 다른 인간으로 나뉘게 되었다. 생산 수단을 소유한 소수의 자본가와 아무런 생산 수단도 없이 오직 노동력을 팔아 임금을 받으며 사는 다수의 노동자로.

자본가와 노동자가 공존하면서 맞서다

자본가와 노동자는 서로를 필요로 하면서도 계속 싸워왔다. 최대한 많은 이윤을 뽑아내는 것이 목표인 자본가는 될 수 있으면 적은 수의 노동자에게 적은 임금을 주고 많은 일을 시키려 했다. 반면 노동자는 생존 차원에서 노동 시간을 줄이고 임금을 올려 받으려 했다.

1811년 영국 노팅엄의 직물 공장에서는 복면을 쓴 괴한들이 기계들을 파괴하고 달아나는 사건이 일어났다. 이러한 기계파괴는 곧 유행처럼 번져 랭커서·체셔·요크서 등 영국 중북부의 직물 공업 지대를 휩쓸었다. 기계를 파괴하는 자들은 정체불명의 지도자 러드의 지휘 아래 조직적으로 움직였다. 이들은 '러다이트'(러드의 사람들)라는 이름의 비

6 호가스의 그림 「정직한 견습생」. 산업혁명으로 기계제 공장 형태가 등장하기 전에는 수공업적 기술을 기본으로 하면서 경영은 자본주의적 운영 형태로 하는 매뉴팩처 단계의 생산 방식이 주를 이루었다. 이때까지는 숙련된 기술을 가진 노동자가 일을 하지 않으면 제품을 제대로 만들 수가 없었기 때문에 자본가들이 노동자를 마음대로 부릴 수 없었다.

밀 결사까지 조직하여, 가입자에게 조직에 대한 충성을 선서하게 했으며 무술 훈련도 시
켰다. 이들이 닥치는 대로 기계를 파괴하는 바람에 공포에 빠진 자본가들과 경찰은 대대
적인 단속과 검거에 나섰다. 하지만 지도자가 워낙 교묘하게 통솔력을 발휘한 덕분에 러
다이트운동은 1817년까지 계속되었다. 그런데 사실 러드라는 사람은 가공 인물이었다
고 한다. 러다이트 조직은 직물 기계가 도입되면서 직장을 잃거나 임금을 삭감당한 노동
자들이 중심을 이루었다. 산업혁명의 결과 보급된 기계 덕분에 상품이 싸게 대량으로 생
산되자 이전의 수공업 단계에서 잘 나가던 숙련 노동자의 가치가 떨어졌다. 이에 노동자
들은 실업과 생활고를 기계 탓으로 돌리고 대대적인 기계파괴운동을 일으켰던 것이다.
그러나 기계를 아무리 파괴해도 기계 공업은 없어질 수 없으며, 기계 자체가 노동자의
적도 아니었다. 이 사실이 분명해지면서 노동자들은 점차 노동 조건을 개선하기 위한 조
직적인 운동에 나섰다. 그들은 생산 현장에서 자신들의 이익을 지키기 위해 노동조합을
결성하고, 소비 생활에서의 권익을 지키기 위해 소비조합을 결성했다.
각국에서 생겨난 노동조합운동의 가장 큰 목표는 무엇보다도 하루 노동 시간을 8시간으
로 줄이는 일이었다. 자본가와 노동자의 관계가 제대로 정립되지 않은 19세기 초기 자본
주의 사회에서는 저임금에 17시간씩 일하는 노동자도 적지 않았다. 수많은 노동자들의
투쟁 끝에 노동 시간은 14시간으로, 다시 12시간으로 줄어들었다. 그리고 1886년 5월 1

7 뮬 방적기가 도입된 공장에서 일하는 노동자들의
모습. 영국의 아크라이트는 18세기 후반에 방적에서
직조까지 모든 공정을 처리하는 기계를 만들어 면방
적 분야에 획기적인 전기를 마련했는데, 이후 19세
기 초에 영국의 로버츠가 아크라이트와 하그리브스
의 방적기계에서 장점만을 취해 완전 자동화된 뮬 방
적기를 만들어냈다. 그리고 이런 자동화된 기계의 도
입은 숙련 기술을 가진 노동자와 초보 노동자의 차이
를 없애버려 노동시간과 임금 등을 자본가 마음대로
정할 수 있게 만들었다.

일, 우리는 노동자들이 다음과 같이 부르짖으며 대규모 시위에 나서는 역사적인 장면을
미국에서 만나게 된다.

"자본주의적 노예 상태로부터 이 나라의 노동자들을 해방시키기 위하여 현재 가장 시급
히 그리고 가장 절실하게 요구되는 것은 미국의 모든 주에서 하루 노동 시간을 8시간으
로 제한하는 법률을 통과시키는 일입니다!"

당시 장시간 노동, 저임금, 비인격적인 대우, 노동권 억압 등에 시달리던 미국의 노동자
들은 마침내 8시간 노동제를 쟁취했다. 5월 1일 노동절(메이데이)은 바로 이 역사적인 시
위를 기념하여 정한 날이다.

자본가와 노동자가 서로 등을 돌리고 맞서다

역사적인 8시간 노동제를 쟁취한 노동조합운동 덕에 노동 조건과 노동자의 사회적 지위
는 꾸준히 향상되어갔다. 그러나 노동운동이 발전하면서 자본가와 노동자의 관계를 근
본적으로 다시 보려는 사람들이 나타나기 시작했다. 19세기 말 독일의 사회주의 지도자
로자 룩셈부르크는 이렇게 말했다.

"노동조합운동을 통해 임금이나 노동 시간 등 노동 조건이 아무리 좋아져도 노동자는 끊
임없이 바위를 산 위로 밀어 올리다가 바위가 다시 굴러 떨어지면 처음부터 다시 시작해

8 1886년 5월 4일 헤이마켓 사건 당시의 모습. 이 사
건 3일 전인 5월 1일에는 8시간 노동제를 요구하는
미국 노동자들의 시위가 열렸고, 5월 3일에는 매코
믹 수확기 회사에서 파업하던 노동자 중 한 명이 경
찰의 손에 죽고 부상자가 속출하는 사건이 있었다.
그러자 노동자들은 5월 4일 헤이마켓 광장에 모여
항의 집회를 열었는데, 순간 어디선가 다이너마이트
가 터져 경찰과 군중이 다치는 일이 벌어지자 경찰은
노동자들을 향해 권총을 발포했다. 오늘날 '노동자
들의 날'인 메이데이(5월 1일)는 이를 기념하고 노동
자의 권익을 보호하기 위해 제정되었다.

9

야 하는 시시포스의 운명을 벗어날 수 없다."

쉽게 말해 자본주의 체제가 지속되는 한, 노동자는 언제나 자본가의 이윤 획득에 봉사하는 도구에서 벗어날 수 없다는 것이다. 따라서 노동자가 노동을 통해 자신을 실현하는 진정한 인간으로 해방되려면, 쾌적한 직장에서 돈을 좀더 받는 것이 아니라 자본주의 체제 자체를 변혁해야 한다는 주장이 제기되었다. 그리하여 현실의 개선을 추구하는 노동조합운동과는 달리, 사회주의운동과 결합하여 정치적인 변혁을 꾀하는 노동운동이 등장했다.

그런가 하면 19세기 말이 되면서 자본가들에게도 큰 변화가 나타났다. 끊임없이 이윤을 추구하는 경쟁 속에서 점차 소수의 기업이 다른 기업을 흡수하거나 도태시켜 시장을 독점하기 시작했다. 이때 등장한 독점 자본가들은 사업체를 국내외로 확장하고 정치권과도 결탁하여 막강한 정치적·경제적 영향력을 행사했다. 노동자에 대한 통제력도 한층 강화했다. 그들은 일부 노동자에게 높은 임금과 지위 등을 주어(이른바 '노동 귀족'의 탄생) 자기편으로 끌어들이고 대다수 노동자의 노동 조건을 훨씬 떨어뜨렸다. 이리하여 19세기 말, 20세기 초에는 혁명적 노동운동과 거대한 독점 자본이 화해할 수 없는 대립의 늪으로 빠져 들어갔다.

이 과정에서 마침내 혁명적인 노동운동가들이 자본가의 지배를 무너뜨리고, 정치 권력

9 '혁명의 살아 있는 불꽃'이라 불렸던 로자 룩셈부르크. 자신의 이상을 향한 신념을 굽힌 적이 없는 그녀는 대중의 자발성을 신뢰한 이론가로도 유명하다. 전쟁에 반대하며 인간이 인간답게 사는 세상을 갈망했던 그녀는 스파르타쿠스단의 봉기 때 한 병사에게 살해되어 란트베르 운하의 물 속에 던져졌다.

과 생산 현장의 주권을 손에 넣는 대사건이 현실로 나타났다. 그것은 독점 자본이 튼튼하고 노동 귀족이 상대적으로 많은 서유럽이 아니라, 이제 막 자본주의 발전이 시작되어 자본가의 힘이 약한 러시아에서 일어난 일이다.

러시아를 비롯한 동구권과 중국 등지에서 자본가 없이 경제를 운영하는 사회주의 실험이 시작되었다. 그 실험은 1970년대까지는 대단히 성공적인 것으로 보였다. 여기에 자극받은 다른 자본주의 나라 노동자들도 혁명적인 경향을 보이자 위기 의식을 느낀 자본가들은 전략을 바꾸었다. 국가가 직접 개입하여 경쟁을 조절하고, 노동자들에게 복지를 제공함으로써 그들의 불만을 누그러뜨리는 '수정 자본주의' 방식을 채택한 것이다.

이러한 궤도 수정이 성공을 거두었는지 1980년대 이후 사회주의 국가들은 급격히 경쟁력을 잃고 자본주의 체제로 회귀했다. 그리고 거의 전세계의 노동자들은 다시금 자본가들의 통제를 받으며 생산에 임하고, 때로는 정리해고도 감내하는 처지에 놓였다. 사회주의 실험의 실패는 자본가에게 환희를, 노동자에게 반성을 안겨주었다. 그러나 오늘도 많은 사람들이 그 동안의 역사를 거울삼아 자본가와 노동자의 올바른 관계에 관한 고민을 계속하고 있다.

10 1934년 미국 미네소타 주의 미니애폴리스에서 벌어진 파업 현장의 모습.

근대 정치의

좌익 V

근대 사회는 기본적으로 자본가와 노동자로 구성되고, 그 사이에 다양한 사회 계층이 분포한다. 근대의 정치 세력들은 이들 다양한 사회 계층의 이익을 대변하면서 사회의 주도권을 둘러싼 경쟁을 벌여왔다. 정치학자들이나 언론은 이러한 정치 세력가운데 자본가 쪽에 가까운 세력을 우익, 노동자 쪽에 가까운 세력을 좌익이라고 불러왔다. 보통 자본가는 근대 자본주의 사회의 유지와 발전을 바라기 때문에 그들의이익을 대변하는 우익은 보수적인 정치 세력으로 여겨진다. 반대로 자본주의를 넘어사회주의로 나아가려는 좌익에는 진보적·혁명적이라는 꼬리표가 따라다닌다. 물론

S 우익

1

자본가와 노동자라는 경제 주체와 우익과 좌익이라는 정치 세력이 항상 기계적으로 연결되는 것은 아니다. 자본주의 시장 경제를 반대하지 않는 사람이 개혁을 주장하다가 좌익으로 몰리기도 한다. 또 사회주의를 신봉하던 사람이 점진적인 개량을 제안했다가 우익으로 비판 받기도 한다. 그러나 이러한 좌와 우의 정치적 대립 관계는 결국 노사간의 경제적 대립 관계에서 비롯된 것이며 근대 자본주의 체제와 운명을 함께 할 것임은 의심할 여지가 없다.

1 프랑스 2월혁명(1848년) 당시 민중과 국왕군의 충돌 장면. 이 혁명으로 마침내 프랑스에 제2공화정이 수립된다.

좌익과 우익은 어떻게 생겨났나?

한국에서 좌익과 우익의 이념 갈등은 일제 강점기부터 시작되었다. 해방된 조국을 그리면서 자본주의 국가의 수립을 지향하는 우익과 사회주의 국가의 수립을 지향하는 좌익으로 독립운동가들이 나뉘었기 때문이다.

해방 이후 건국과 통일 방안을 놓고 좌·우익의 이념 대결은 더욱 치열하게 벌어졌다. 그 결과 같은 민족끼리 서로 총구를 겨누는 전쟁을 치렀으며, 50년이 넘는 세월 동안 남북은 갈린 채 대립하고 있다. 그 동안 우리 사회에서 '좌익'이라 하면 '빨갱이', '공산주의자'로만 인식되어 온 것도 이런 이유에서였다.

그러나 원래 좌익과 우익이란 프랑스혁명기인 1792년에 나온 말이다. 의회에서 급진파가 왼쪽, 온건파가 오른쪽 의석을 차지한 데서 유래한 것이다. 그렇다면 좌익과 우익이 언제부터 사회주의와 자본주의를 가리키게 되었을까?

프랑스혁명의 주도 세력 중에 '자코뱅당'과 '지롱드당'이 있었다. 자코뱅당은 소시민과 도시 빈민 등을 위해 프랑스혁명을 정치 혁명에서 사회 혁명으로 발전시키려 한 급진파였다. 여기에 비해 지롱드당은 자유주의 경제와 부르주아 중심의 혁명 노선을 지향한 온건파였다. 이들은 1792년에 열린 국민공회(프랑스혁명의 최종 단계에서 구성된 의회)에서 사사건건 충돌했는데, 바로 이 국민공회에서 자코뱅당은 의장석에서 볼 때 왼쪽 의석을

2 국민공회의 좌파 자코뱅당의 모임. 이들이 모였던 곳이 자코뱅 수도원이었기에 자코뱅당이라는 이름이 붙여졌다. 주로 수공업자와 노동계급, 상퀼로트 (긴 바지를 입은 사람이라는 뜻으로 프랑스혁명 당시 주로 빈민층이었다) 등과 긴밀한 관계를 맺고 있었다.

차지했고 지롱드당은 오른쪽에 자리 잡았다.

좌익의 원조인 자코뱅당은 무엇을 추구했을까? 그것은 중앙 정부가 경제를 통제하면서 모든 사람에게 생산 도구를 나누어주고 각자 열심히 일하게 하는 소시민 공화국이었다. 우익의 원조인 지롱드당은 통제 경제에 반대하고 자본가의 소유권과 재산권을 옹호하는 부르주아 공화국을 추구했다. 이처럼 좌·우익 대결은 왕정이라는 중세의 잔재를 청산한 바탕에서 탄생한 근대 정치 세력간의 대결이었다. 그들은 공화정을 함께 추구했지만, 그들이 지향한 이상은 정반대였다.

역사상 최초의 좌우 대결은 폐위된 전 국왕 루이 16세를 처형할 것인가 말 것인가를 놓고 시작되었다. 자코뱅당은 과거의 잔재를 완전히 뿌리 뽑는다는 명분으로 파리 시민의 협력을 얻어 국왕을 처형했다. 이어 1793년 6월에는 지롱드당 의원 29명을 국민공회에서 제명하고 공포 정치라는 유명한 독재를 시작했다.

여기서 조직으로서의 지롱드당은 소멸했다. 그러나 그들의 우익 노선은 프랑스혁명이 만들어낸 근대 사회에 깊이 뿌리를 내리고 있었다. 자코뱅당이 급진적인 혁명 정책을 펴면서 점차 대중들로부터 고립되어가자, 부르주아 공화주의자들이 다시금 고개를 들었다. 그리고 분열에 빠진 자코뱅당 지도자들에게 대반격을 가함으로써 지롱드당의 원수를 갚았다.

3 국민공회의 우파 지롱드당의 지도자들 모습. 온건 공화파의 많은 수가 지롱드 주 출신이었기에 이런 이름이 붙었다. 주로 사업가들 및 정부 관리들과 긴밀한 관계를 맺고 있어 근대적 평등 관념에 못 미치는 온건한 정치관을 가지고 있었다.

그 뒤 프랑스에서는 지롱드당의 맥을 이은 부르주아 공화주의가 대세를 장악했다. 그러자 자코뱅당의 맥을 잇는 혁신 세력 안에서도 새로운 이념이 꿈틀거리기 시작했다. 모든 것을 시장의 자유 경쟁에 맡긴 결과 나타난 부의 편중과 사회적 불평등을 혁파하고, 모든 사람이 평등하게 부와 권력을 누리는 사회를 만들려는 사람들, 곧 사회주의자들이 나타난 것이다. 1871년 사회주의자, 무정부주의자 등은 파리 시민과 합세하여 파리를 장악하고 '파리 코뮌'이라는 혁명 정권을 수립했다. 그러나 이 정권은 72일 만에 프로이센과 결탁한 프랑스 정부군에 의해 무참하게 진압당했다. 이것은 다가올 전세계적인 차원의 좌·우익 대결을 예고하는 사건이었다.

전세계가 좌와 우로 갈라지다

유럽에서 자본주의가 확고하게 뿌리를 내리면서 그 폐단도 점점 더 분명하게 드러났다. 그러면서 사회주의가 본격적으로 성장하기 시작했다. 영국과 프랑스에서 고개를 내밀기

4 프랑스 화가 루스의 「1871년 파리 코뮌」. 1871년 2월 프로이센과의 평화조약 체결을 위해 소집된 의회에서 왕당파가 다수를 차지하자 파리 시민들은 이 의회가 왕정을 부활시킬까봐 염려했다. 이러던 차에 의회가 굴욕적인 강화조약을 비준하자 이에 반발한 파리 시민들의 저항이 일어났다. 이들은 곧 자체 정부를 구성하게 되는데, 이 정부가 역사상 최초로 노동자들이 주체가 되어 구성한 파리 코뮌이었다. 이 정부는 10시간 노동제와 종교 재산의 국유화 등 개혁 조치들을 취해갔다. 그러나 불과 두 달 만에 프랑스-프로이센 연합군에 의해 붕괴되고 말았다.

시작한 사회주의는 독일에서 마르크스와 엥겔스가 '프롤레타리아트', 곧 '노동자 계급'
에 기초한 과학적 사회주의*를 내걸고 나오면서 비약적인 성장을 이룩했다.

이 새로운 좌익은 부르주아지가 영국혁명이나 프랑스혁명 등 시민혁명에서 하다 만 진
보를 이제 프롤레타리아혁명을 통해 이룩해야 한다고 주장했다. 그리고 노동자들의 국
제적인 단결에 운명을 걸었다. 자본주의 국가들은 세계 시장을 놓고 서로 경쟁하지만,
노동자들은 국적에 관계없이 자본가들에게 착취당하기는 마찬가지이다. 따라서 서로 연
대를 이룰 수밖에 없다는 것이다. 그래서 마르크스와 엥겔스는 최초의 프롤레타리아혁
명이 자본주의가 발달한 영국, 프랑스, 독일, 미국 등지에서 동시에 일어날 것이라고 예
측했다.

그러나 그들의 예상은 빗나갔다. 사회주의혁명은 영국, 프랑스, 독일, 미국에서 동시에
일어나지도 않았고, 그 중 한 나라에서 일어나지도 않았다. 첫번째 사회주의혁명의 무대
는 유럽의 변두리 후진국이던 러시아였다. 때는 1917년, 유럽 자본주의 국가들의 식민지

5 나폴레옹 3세와 프로이센 수상 비스마르크의 만
남. 프랑스군과 프로이센군은 함께 파리로 진격, 코
뮌 지지자 3만여 명을 학살했다.

* 과학적 사회주의 : 마르크스와 엥겔스는 생시몽, 푸리에 등 초기 사회주의자들의 학설과 사상을 과학적 토
대를 갖추지 못한 '공상적 사회주의' 라고 비판했다. 그리고 사적(史的) 유물론·잉여 가치론 등의 과학적 이
론을 토대로 한 자기들의 이론을 '과학적 사회주의' 라고 불렀다.

쟁탈전이 대량 살육을 동반한 1차 세계대전으로 확대된 해였다. 러시아 사회주의의 지도자였던 레닌은 독일, 영국 등 자본주의 국가들이 서로 싸우느라 러시아 자본주의를 지원해줄 틈이 없다는 점을 간파했다. 그리고 과감하게 혁명을 일으켰다. 그렇게 등장한 것이 세계 최초의 사회주의 정권인 '소비에트 정권'이었다.

사회주의 정권이 현실로 나타나자 자본주의 국가들은 소스라치게 놀라면서 진압에 나섰다. 서유럽과 미국, 일본 등은 연합군을 형성하여 러시아 내 반사회주의 반군인 백군(白軍)을 지원하거나 직접 침공을 감행했다. 그러나 한 번 시동이 걸린 사회주의의 질주는 쉽게 멈추지 않았다. 결국 1922년 12월 최초의 사회주의 국가인 소비에트사회주의공화국연방, 곧 소련이 성립했다. 소련은 자본주의 국가들 간의 갈등을 이용하면서, 한편으로는 서유럽의 식민지로 고통 받고 있는 아시아, 아프리카 여러 민족들과 연대하여 어려움을 헤쳐나갔다.

이러한 사회주의의 성장에 놀란 극단적인 우익 집단은 민주주의를 포기하고 전체주의적인 방법으로 자본주의를 유지하려 했다. 이것이 바로 이탈리아와 독일에서 시작된 파시즘이었다. 파시즘 세력을 상대로 한 2차 세계대전에서 소련이 눈부신 활약을 펼친 결과, 동유럽의 많은 나라들이 자본주의 진영을 박차고 나왔다. 또 1949년에는 중국이라는 거대한 나라에서 사회주의가 승리를 거두었다. 이로써 사회주의는 전세계의 절반이 넘는

6 러시아 10월혁명의 사령본부였던 스몰리누이 수도원에 모인 민중들. 이곳에서 열린 제2차 전 러시아 노동자·병사 대표들의 소비에트 대회에서 소비에트 정권의 수립이 선언되었다.

영토와 인구를 가진 거대 세력으로 성장하여 자본주의와 대등하게 맞서게 되었다. 프랑스혁명 때 혁명의 노선을 둘러싸고 국민공회 내에서 불거져 나왔던 좌우 대립이 드디어 전세계 차원에서 전개되기 시작한 것이다. 양자는 그리스, 한국, 베트남 등 세계 전역에서 전쟁을 벌였다. 또한 인공위성 발사와 외계 탐사 등 우주 개발, 핵무기 등 대량 살상 무기 개발에서 한 치의 양보도 없는 맞수 대결을 펼쳤다.

신좌익과 신우익

좌·우익 대결은 전세계를 둘로 나눈 채 크게는 나라의 운명에서, 작게는 개인의 삶까지도 좌지우지했다. 그러는 가운데 양대 진영 내부에서도 분열이 일어나기 시작했다. 그나마 자본주의 국가들은 북대서양 조약 기구(NATO)라든가 국제통화기금(IMF) 같은 국제 기구를 통해 군사적·경제적 단결을 그런 대로 유지하는 편이었다. 그러나 성립된 지 얼마 되지 않는 사회주의 국가들은 눈에 띄게 분열하기 시작했다.

먼저 중국이 소련의 패권주의(강대한 군사력을 배경으로 세계를 지배하려는 제국주의 정책을 이르는 말)를 비난하면서 소련 중심의 사회주의 세계 체제에서 이탈했다. 유고슬라비아의 초대 대통령인 티토도 독자 노선을 걸어갔다. 영국 노동당, 프랑스 사회당 등 서유럽 국가 내부의 사회주의 정당들도 소련의 프롤레타리아 독재 노선을 거부하고, '유러코

7 1934년 나치 돌격대원들 사이로 행진하는 아돌프 히틀러. 극단적인 우익집단이었던 나치당은 보수적 민족주의를 부추기고 사회주의 정권에 대한 공포감을 이용하여 독일 내에서 12년간 집권당으로 맹위를 떨쳤다.

뮤니즘'(서유럽형의 공산주의)이라는 독자적인 노선을 택했다.

1950년대 말 영국에서 나타난 '신좌익(New Left)운동'은 이런 흐름을 대변하고 있다. 『뉴레프트리뷰』라는 격월간지를 중심으로 활동한 이들 신좌익 집단은 사회주의를 인간의 해방과 결부시키고, 문화까지도 정치의 대상으로 파악하려 했다. 이들의 이념은 1968년에 미국, 프랑스 등 전세계를 휩쓴 학생운동과 신문화운동의 기반이 되었다.

이러한 좌익의 분열은 결국 소비에트 사회주의라는 '구좌익'의 예상치 못했던 몰락을 가져왔다. 1991년 전세계 좌익의 수장이었던 소련은 힘 한번 제대로 써보지 못하고 자멸하고 말았다. 그것은 특히 영국의 대처 수상과 미국의 레이건 대통령이 대표하는 '신자유주의'가 사회주의를 집중 공략한 결과이기도 했다.

'신자유주의'는 새롭게 강화된 우익의 이념이다. 한때 자본주의 국가들은 사회주의의 평등 이념에 대항하기 위해 정부가 직접 경제에 개입하여 소득을 인위적으로 재분배하는 복지 정책을 썼다. 신자유주의자들은 이러한 복지 정책을 거두어들이고, 초기 자본주의의 자유 경쟁을 되살리자고 주장했다. 이것은 이미 경쟁력에서 압도적인 우위를 차지하고 있던 금융 독점 자본의 힘을 더욱 키워주었고, 그들의 영향력을 극대화시키는 결과를 낳았다.

20세기에 형성된 전세계 차원의 좌우익 대결은 이렇게 우익의 승리로 끝났다. 그러나 우

8 1968년 6월 파리의 생미셸 거리에서 경찰들에게 쫓기고 있는 학생들. 68혁명과 함께 등장한 신좌파는 소련 공산당을 철저하게 비판했으며 경제적·정치적 문제뿐 아니라 일상의 문제(인종차별, 여성 억압, 동성애 금지 등)에 큰 관심을 기울였다.

익이 옹호하고 대표하는 자본주의는 인류가 안고 있는 많은 문제를 해결하지 못하고 있다. 전세계적인 빈부 격차는 오히려 더욱 커지고 국지적인 분쟁은 더욱 확대되고 있다. 이런 상황에서 냉전이 끝난 뒤 인류가 들어선 새로운 시대는 과연 희망적일까?

9 신자유주의의 대표자 레이건과 대처.

근대 문명에 도사린

흑인 V

근대 시민혁명의 정신에 따르면 만인은 법 앞에 평등하다. 자본가냐 노동자냐 하는 경제적 계급의 차이가 있다고 해도 노동자는 적어도 법적으로는 자본가와 똑같은 권리를 가지는 근대 사회의 시민이다. 그러나 아직 이러한 형식적 평등조차 누릴 수 없는 사람들이 있었다. 하나는 여성이고 하나는 노예였다. 고대 사회에나 있어야 할 이 야만적인 차별이 근대 사회에서도 오랫동안 사라지지 않았다. 이 중 근대사의 수치로 기록될 노예는 세계 최초의 근대 공화국이라는 미국에서 쉽게 발견된다. 콜럼버

1 1958년 집을 찾고 있는 흑인 남성. 그가 서 있는 집 앞에는 "방 세 놓음─유색인종은 안 됨" 이라는 문구가 붙어 있다.

야만의 백색 얼굴

S 백인

2

스가 아메리카에 도달한 직후부터 드넓은 농장과 금광을 개발하기 위해 아프리카에서 마구 사들여온 흑인들이 이 근대 노예제의 바탕이었다. 흑인 노예가 해방되고 시민의 권리를 찾아가는 과정은 험난했다. 그러나 더욱 험난한 것은 단지 피부 빛깔이 다르다는 이유만으로 사람을 차별하고 학대하는 인류의 야만적 심성을 극복하는 일이었다. 그러한 야만적 인종 차별은 아직도 세계 곳곳에서 사람들의 마음과 행동을 더럽히고 있다.

2 1959년 런던 트라팔가 광장에 모인 '백인방어연맹' 회원들. 이들은 흑인의 영국 이주를 막아야 한다고 주장했다.

'살색'이라는 말의 폭력

21세기 들어 우리나라 인권 단체와 외국인 노동자들이 함께 벌인 '살색없애기운동'은 우리 사회에 작지 않은 파장을 일으켰다. 많은 사람들이 우리 피부색과 가장 가까운 연한 살구색을 습관적으로 '살색'이라고 써오다가, 이 운동을 보고서야 살색이 하나가 아니라는 사실을 새삼 깨달았다.

사실 여러 가지 살색은 사람들이 살아가는 자연 환경의 차이, 즉 햇빛이 강하고 약하다는 차이 때문에 생겨났다. 머리나 성격이 좋고 나쁘다는 이유로 살색이 달라진 것은 아니다. 살색의 차이는 그야말로 겉보기의 차이일 뿐 지구상의 모든 인간은 생물학적으로 똑같은 종(種)이다. 게다가 과학적으로 볼 때 흑인, 황인, 백인의 피부는 별 차이가 없다. 모든 인종은 피부색에 관계없이 멜라닌 색소를 만드는 세포인 멜라노사이트의 수가 같다. 다만 이 세포 안에 피부를 검게 하는 멜라닌 색소가 어떻게, 얼마나 들어 있느냐에 따라 피부색이 달라진다. 즉 멜라노사이트라는 세포에는 멜라닌 색소를 갖고 있는 작은 주머니가 있는데, 피부가 검은 사람은 덜 검은 사람에 비해 이 주머니가 약간 크고 세포당 개수가 많다는 것이다.

그런데 많은 사람이 살색에 따라 인종을 나누고 그들 간에 서열을 매긴다. 예를 들어 우리나라 사람은 '백인종'에 대해서는 한없이 너그러운 반면 '흑인종'에 대해서는 이를

3 1970년대 함께 어울리고 있는 미국의 어린이들. 백인이 흑인보다 지적으로나 문화적으로 뛰어나다는 생각은 유럽이 식민지 경영에 나선 것과 관련이 깊다. 총칼로 무장한 유럽인들은 자신들과 피부색이 다른 인디언이나 아프리카인들을 '인간'으로 보지 않았고 따라서 인간처럼 대할 필요가 없다고 생각했다. 그리고 '문명' 전파의 의무를 구실로 식민주의를 정당화했다.

4

데 없이 냉담하다. 이런 태도는 흑인들이 많이 살고 있는 아프리카의 문화적·경제적 수준이 백인 세상인 미국이나 유럽보다 훨씬 못하고, 우리는 그들 사이에서 중간은 된다는 인식 때문에 생겼다.

살색에 따라 사람을 차별하는 의식은 인류 사회가 안고 있는 문제 가운데서도 가장 저급하고 야만적이다. 그러한 차별 의식은 인류가 이 세상에 나오면서부터 생겨난 것이 아니라 비교적 가까운 과거에 인간이 스스로 만들어낸 역사적인 현상이다. 따라서 인종 차별은 분명히 인간의 힘으로 극복할 수 있는 대상이며, 지금까지 더디지만 지속적으로 극복되어왔다. 흑인에 대한 백인의 차별이 해소되는 방향으로.

백인이 흑인을 사냥하여 노예로 부리다

1783년 뉴욕은 열광의 도가니였다. 미국인이 영국에 대해 벌인 독립전쟁에서 마침내 승리했기 때문이다. 미국인은 영국의 식민지 지배를 물리쳤을 뿐 아니라 영국식의 국왕 일인 통치 방식을 받아들이지도 않았다. 모든 국민이 평등하게 인권을 누리며 살자는 '공화국'이 신천지 아메리카에 나타난 것은 세계인에게 충격으로 받아들여졌다.

그러나 그 공화국은 어디까지나 영국에서 신천지를 찾아 아메리카 대륙으로 건너온 백인들만의 것이었다. 같은 시기 영국의 브리스틀 항구에서는 4천 파운드의 총포와 면직

4 발과 손에 연결된 쇠고랑을 차고 이동 중인 노예들. 미국 남부에서는 18세기 후반까지 환금 작물(팔기 위해 재배하는 작물)을 생산하는 흑인 노예제가 성립되었다. 플랜테이션 경영이 남서부로 광범위하게 퍼짐에 따라 노예들도 이동되어 매각되었다.

물을 실은 화물선 말보로 호가 아프리카를 향해 떠나고 있었다. 아프리카 서부 기니 해안에 도착한 말보로 호 선원들은 이곳에서 화물을 원주민에게 건네주고 그 대금으로 '검은 상품' 400개(?)를 받아 선박 밑창에 차곡차곡 쟁였다. 이 '검은 상품'들을 아메리카에 싣고 가면 개당 50파운드, 총 2만 파운드에 팔 수 있으니 다섯 배나 남는 장사였다. 이 '검은 화물'은 바로 아프리카 내륙에서 사냥되어 잡혀온 흑인*이었다.

이처럼 흑인이 상품으로 아메리카 대륙에서 날개 돋친 듯 팔린 까닭은 무엇일까? 브라질 광산 지대, 카리브 해 연안의 사탕수수 플랜테이션(자본과 기술을 지닌 유럽·미국인이 원주민의 값싼 노동력으로 쌀·고무·솜·담배 따위를 대량으로 가꾸는 농업 경영 형태), 미국의 면화 재배지 등에서 그들의 노동력을 필요로 했기 때문이다. 이들 흑인 노예는 영양 실조와 질병으로 죽는 일이 흔했다. 그러나 더욱 심각한 것은 졸지에 부모와 배우자, 자식으로부터 떨어져 이역만리 낯선 곳에서 가축 취급을 받으면서 입는 정신적 상처였다. 그래서 스스로 목숨을 끊는 이들도 많았다.

백인이 흑인을 풀어주다

백인이 흑인을 노예로 부린 것은 8, 9세기에 이슬람 상인이 아프리카에서 흑인 노예를 사냥하면서 시작되었다. 이 야만적인 인종 학대가 가장 기승을 부린 것은 18세기 미국

5 플랜테이션 농장에서 휘트니 면조기를 사용해 작업하고 있는 흑인 노예들. 미국의 휘트니가 면화와 씨를 분리하는 면조기를 발명하여 분리 작업이 훨씬 쉬워지자, 남부의 플랜테이션이 더욱 광범위하게 퍼져갔고, 흑인 노예들의 예속도 강화되었다.

* 처음에 유럽인들은 자신들이 직접 노예를 사냥했으나 희생이 너무 커지자 원주민에게 구식 총이나 술, 담배 등을 주면서 다른 부족을 잡아오도록 선동하여 쉽게 노예를 확보했다.

남부의 대농장에서였다. 흑인들은 노예 상태에서 벗어나기 위해 도망치고 반항했지만, 스스로의 힘만으로는 뜻을 이룰 수 없었다. 그들을 노예 제도의 족쇄에서 해방시켜준 사람은 에이브러햄 링컨이라는 백인 대통령이었다. 미국의 남부가 반란을 일으켜 내전이 벌어졌던 1862년, 링컨은 다음과 같은 선언을 했다.

"반란 상태에 있는 여러 주의 노예를 전부 해방한다. 해방된 흑인은 폭력을 삼가고 적절한 임금으로 충실히 일해야 한다. 또한 그들에게는 연방 군대에 참가할 기회가 주어질 것이다."

여기서 '반란 상태에 있는 여러 주' 란 남부 지역을 말한다. 왜 미국 전역이 아닌 남부 지역의 노예만을 해방한다고 발표했을까? 그 이유는 "해방된 흑인은 …… 적절한 임금으로 충실히 일해야" 한다는 문장에 있다. 그 당시 미국의 북부에는 남부의 대농장과 달리 근대적인 대규모 공장들이 들어서고 있었다. 남부의 농장은 노예를 쓰는 것이 효율적이었던 반면, 북부의 산업체 공장에서는 일정한 임금을 받고 일하는 노동자를 많이 확보하는 것이 나았다. 남부 농장주들에게 개인적으로 예속되어 있는 흑인을 해방시키면, 북부의 공장주들은 그 해방 노예들을 임금 노동자로 고용하는 이익을 얻을 수 있었다. 따라서 북부의 이익을 대변하는 링컨이 대통령에 당선되었을 때 노예 제도 폐지는 예정된 일이었고, 남부 농장주들은 여기에 반발하여 반란을 일으켰던 것이다.

6 게티즈버그에서 연설하고 있는 링컨. 이 연설에서 그 유명한 "국민의, 국민에 의한, 국민을 위한 정치" 라는 말을 했다.

이후 4년여에 걸쳐 전개된 남북전쟁은 결국 1865년 남부의 항복으로 끝났고, 링컨은 미국 헌법에 노예 해방을 또렷이 적어놓도록 했다. 이렇게 해서 이루어진 노예 해방은 결과적으로 미국 산업 자본주의의 발전을 앞당겼을 뿐 아니라 인종 차별의 극복에도 큰 진전을 가져왔다. 그러나 이것은 흑인도 인간이라는 당연한 사실을 뒤늦게 확인한 절차에 불과했다. 그들은 여전히 투표권을 제한받았고 학교 등 공공시설에 쉽게 드나들 수 없었다. 미국 국민으로서의 권리를 박탈하는 이런 차별에 반대하여 일어난 것이 세계 인권운동사에서 유명한 흑인들의 '민권운동' 이었다.

이 운동 과정에서 1909년에 건설된 '전미유색인지위향상협회'(NAACP)를 비롯해 수많은 흑인해방운동 조직이 만들어졌고 맬컴 엑스, 마틴 루터 킹 등 위대한 흑인운동가가 탄생했다. 인종 차별적으로 운영되는 버스에 대한 대중적인 보이콧(부당한 행위에 대항하기 위하여 정치·경제·사회·노동 분야에서 조직적·집단적으로 벌이는 거부운동), 흑인의 투표권 등록 운동, 흑인 대학생의 연좌 농성 등을 통해 이들의 투쟁은 조금씩 결실을 얻어갔다. 1954년 최고 재판소는 공립학교의 인종 차별을 위헌이라고 판결했고, 1964년에는 공공시설과 학교에서의 차별 금지법, 1965년에는 흑인의 투표권 등록에 관한 차별 금지법이 제정되었다. 나아가 1968년에 마틴 루터 킹이 암살당한 사건을 계기로 공민권법이 제정되면서, 적어도 법률상으로는 흑인이 백인과 평등한 지위를 보장받게 되었다.

7 1965년 미국 남부 캐롤라이나에서 충성서약을 하고 있는 KKK단원들. KKK단은 원래 19세기에 남북전쟁 참전자들의 친목모임이었다가 남부 백인들의 비밀 테러 조직이 되었다. 이들은 흑인들과 그들을 지지하는 백인들을 야간에 급습하여 매질하고 살해했다.

그러나 형식적인 평등(법률적인 평등)이 이루어지면 실질적인 불평등(사회적인 불평등)이 더욱 분명히 보이는 법이다. 법적인 차별이 없어졌지만, 미국 인구의 11% 정도를 차지하는 흑인은 여전히 가난에서 벗어나지 못한 채 백인 중심 사회에 예속되어 있다. 1992년 로스앤젤레스에서 일어난 흑인 폭동에서 볼 수 있는 것처럼 사회·경제적 해방 없이 완전한 흑인 해방은 있을 수 없으며, 아직도 엄연히 남아 있는 흑백 갈등은 미국 민주주의의 치부이다.

흑인이 스스로 노예에서 벗어나다

백인의 노예로 전락했던 흑인이 스스로 봉기하여 성공한 사례는 미국뿐 아니라 세계 전체를 살펴보아도 거의 없다.

프랑스혁명이 한창 진행 중이던 1791년, 중앙아메리카의 프랑스 식민지 산토도밍고에서 흑인 노예들의 봉기가 일어났다. 그것은 이 지역 흑인에게 선거권을 부여하려는 본국 정부의 지침을 백인 농장주들이 거부한 데서 비롯되었다. 100만 명에 이르는 노예 가운데 10만 명이 참여한 시위대는 닥치는 대로 백인을 살해하고, 설탕과 커피 등 농작물을 불살랐다. 본국 혁명 정부는 원정군을 보내 사태를 진정시키려 했지만 그들이 일으킨 시민혁명에 자극받은 노예들의 열정을 꺾을 수는 없었다.

8 1963년 워싱턴에서 열린 평화 집회에서 연설하는 킹. 그는 이날 "나에게는 꿈이 있습니다"라는 유명한 연설을 했다. 그의 연설 일부만 수록해본다. "나에게는 꿈이 있습니다. 언젠가 이 나라가 우뚝 서서 '우리는 모든 사람이 평등하게 태어났다는 것을 자명한 진리라고 주장한다'라고 한 신조의 참된 의미를 몸소 실천하는 날이 오리라는 꿈입니다. 나에게는 꿈이 있 습니다. 언젠가 조지아의 붉은 언덕에서 노예의 후손들과 노예 주인의 후손들이 형제애가 넘치는 식탁에 함께 둘러앉게 되리라는 꿈입니다. …… 나에게는 꿈이 있습니다. 언젠가 나의 네 자녀들이 피부색으로 사람을 평가하는 나라가 아니라 인격으로 사람을 평가하는 나라에서 살게 되리라는 꿈입니다."

산토도밍고의 흑인들은 마침내 백인 지배자들을 쫓아내고 1804년 아이티공화국을 세웠다. 이것이야말로 인류 역사에서 성공한 유일한 흑인노예혁명이다. 이처럼 흑인 봉기가 성공하기 어려웠던 것은 백인 지배자의 진압이 그만큼 강력하고 잔혹했다는 뜻이지, 흑인에게 자유를 찾으려는 의지가 적었다거나 그들의 투쟁이 다른 해방 투쟁에 비해 적었다는 뜻은 아니다.

그런데 흑인으로서 인종 차별에 시달린 것은 남의 땅에 팔려가서 노예가 된 사람들만이 아니었다. 흑인은 자기 땅인 아프리카에서조차 백인 국가의 제국주의 침략을 받아 노예 상태로 굴러떨어졌고, 그들이 다시 주권을 찾을 때까지 길고도 험한 투쟁의 여정을 걸어야 했다. 특히 이 대륙 남단에 자리 잡은 남아프리카공화국에서는 20세기 후반까지도 다수 흑인이 소수 백인의 지배를 받았다. 현대사에서 가장 집요했던 이 나라의 인종 차별 정책이 저 악명 높은 '아파르트헤이트'였다.

'분리·격리'를 뜻하는 '아파르트헤이트'는 일찍이 이 지역에 진출했던 네덜란드게 백

9 1976년 남아프리카공화국 소웨토에서 일어난 봉기 당시의 모습. 남아공 정부의 흑백 분리 정책에 따라 흑인 주거지 중 하나로 세워진 소웨토에는 항상 흑인 평등을 요구하는 활동들이 펼쳐져왔다. 그러다 1976년 정부가 고등학교 수업을 남아공 백인들의 언어인 아프리칸스어로 진행하라고 지시하자 이에 대한 항의로 봉기가 시작되었다(남아공 흑인들은 줄루어, 코사어 등 각 부족 고유의 언어를 사용했다). 이 봉기에서 경찰이 시위대에게 발포하여 최소 6명이 죽고 10여 명이 부상당했다. 이 일로 시위가 전국적으로 확산되어 전부 600명 이상의 사망자와 4천여 명 이상의 부상자가 발생했다.

인인 보어인이 2차 세계대전 이후에도 그대로 눌러 살면서 시작되었다. 전체 인구의 16%밖에 안 되면서도 정치·경제적 특권을 독점하고 있던 그들은 다수 흑인을 자신들과 분리해 척박한 땅에 살도록 하는 정책*으로 지배권을 이어가려 했다. 여기에 흑인의 참정권을 부정하고 인종간 교류를 막는 각종 악법이 추가되었다.

이러한 소수 백인의 지배에 저항하는 흑인의 투쟁 기구로 출범한 것이 '아프리카 민족회의' (ANC)였다. 이 기구의 청년 조직 출신인 흑인 변호사 넬슨 만델라는 아파르트헤이트에 맞서 싸우다가 1962년부터 1990년까지 무려 27여 년 투옥되었다. 그는 석방된 뒤 아프리카 민족회의의 의장을 맡아 국내외 여론의 압도적인 지지를 받으며 백인 정권과 협상을 벌였다. 그 당시 데 클레르크가 맡고 있던 백인의 국민당 정권과 아프리카 민족회의는 마침내 전 국민이 자유롭게 참여하는 선거로 다음 정권을 뽑는 데 합의했다. 그리하여 1994년 남아프리카공화국 국민은 압도적인 표 차로 만델라를 대통령에 선출했다. 이것은 흑인이 자신들의 힘으로 부당한 인종 차별을 극복해낸 또 하나의 쾌거였다.

이후 남아프리카공화국은 만델라 후계자들의 지도 아래, 다른 아프리카 나라와 더불어 제2의 해방이며 진정한 해방인 '사회·경제적 해방'을 위해 땀 흘리고 있다.

10 남아프리카공화국 최초의 흑인 대통령 넬슨 만델라의 연설 장면.

* 백인 정권은 남아프리카공화국의 흑인을 종족별로 10개의 지정지에 격리·수용하고 명목상 자치권을 부여했다. 그러나 전국 면적의 13%에 해당하는 척박한 땅만이 배분되어 자치구로서의 생존 가능성이 보장되지 못했다. 따라서 많은 흑인들은 객지를 떠도는 날품팔이가 될 수밖에 없었고, 백인들은 아프리카인의 값싼 노동력을 확보할 수 있었다.

침략과 저항,

민족주의 V

프랑스혁명이 일어났을 때 누군가 이렇게 말했다. "바스티유의 대포 소리와 함께 프랑스가 탄생하고 생동하기 시작했다!" 프랑스는 그 전에도 있었다. 그렇다면 왜 "프랑스가 탄생"했다고 했을까? 그것은 절대 군주 한 사람의 나라였던 프랑스가 죽고 '민족' 전체의 프랑스가 태어났다는 뜻이다. 또 봉건 영지별로 분산되어 있던 프랑스가 죽고, 민족을 하나로 묶는 프랑스가 태어났다는 뜻이기도 하다. 이처럼 민족은 서유럽 나라들이 왕국에서 근대 국가로 변신하면서 역사에 대두되기 시작한 개념이다. 그후 서유럽 각국이 세계로 진출하면서 인류는 민족 단위로 헤쳐모이기 시작했

민족주의의 두 얼굴

S 민족주의

다. 이 과정에서 약소국을 침략하는 서유럽과 미국, 일본의 민족주의는 오만하고 강압적인 제국주의로 변질되어갔다. 반면 아시아, 아프리카, 남아메리카에서 나타난 민족주의는 낡은 전통 사회를 극복하고 제국주의의 침략을 물리치려는 진보적 사상으로 떠올랐다. 이처럼 민족주의는 근대를 탄생시킨 이념인 동시에 근대와 현대를 침략과 저항의 도가니로 빠뜨린 이데올로기라는 두 가지 얼굴을 가지고 있었다.

1 영국의 식민지 지배에 맞서 인도인들이 일으킨 세포이 항쟁. 오늘날 세포이 항쟁은 인도 최초의 독립항쟁이자 당시 유럽 국가의 침략적 민족주의에 맞선 저항 민족주의 항쟁의 하나로 평가 받고 있다.

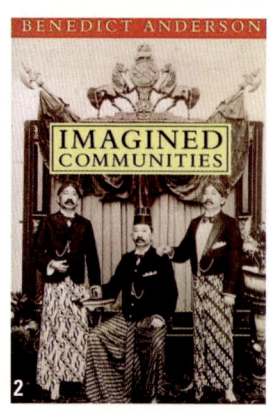

민족이란 무엇인가

'민족'이란 현대 사회에서 가장 정열적이고 폭발적인 인간 행동을 자아내는 요소이다. 그것은 하나의 민족이 두 개의 국가로 갈라져 있는 우리나라에서는 언제나 예민한 감수성과 한없는 동경을 자아내고 있으며, 여러 민족이 하나의 나라 속에 살면서 서로 갈등하는 동유럽에서는 증오와 광기의 근원으로 작용해왔다.

민족을 둘러싸고 일어나는 갖가지 감정의 분출은 하나의 뚜렷한 경향 아래 이루어지고 있다. 그것은 하나의 민족이 하나의 국가를 이루려고 하는 경향이다. 둘로 나뉜 우리 민족은 다시 합쳐 하나의 국가가 되려 하고, 소련과 유고슬라비아 등에서는 하나로 합쳤던 각 민족들이 서로 떨어져 각각의 국가를 이루려는 원심력을 보이고 있다.

그러면 도대체 민족이란 무엇인가? 언제부터 생겨난 것이고 그 구성 요소는 무엇인가? 여기에 대해서는 서로 다른 정의들이 존재한다. '단일 민족'을 자부하는 우리나라는 초등학교 교과서에서부터 민족이란 오래 전에 형성된 고정 불변의 실체라고 설명한다. 신라가 삼국을 통일했을 때부터 민족의 기반이 마련되었고, 고려가 후삼국을 통일하면서 단일 민족 국가로 확정되었다는 것이다. 하지만 다민족 국가인 중국은 민족이 역사 속에서 형성되어왔고 지금도 형성 중인 역사적 존재라고 설명한다. 현재 중국인의 95%에 이르는 한족도 역사적으로 형성되어온 존재이며, 나머지 소수 민족도 결국에는 융화되어

2 베네딕트 앤더슨이 쓴 『상상의 공동체』. 앤더슨은 이 책에서 민족과 민족주의란 근대적 국가가 탄생하면서 만들어진 개념으로, 민족이란 상상의 공동체일 뿐이라고 주장한다. 실제로 이탈리아 통일운동이 일어난 19세기에 정치가 다젤리오는 이탈리아 통일 직후 다음과 같이 말했다. "이탈리아를 만들었다. 이제 남은 일은 이탈리아 '인'을 만드는 것이다."

하나의 '중국 민족' 을 이루게 되리라는 것이다.

그런데 민족 개념이 인류 역사에서 문제가 되기 시작한 것은 근대 서유럽에서였다. '민족' 은 서유럽의 나라들이 왕국에서 근대 민족 국가로 변신하면서 역사의 전면에 떠오른 개념이며, 민족 국가로의 변신은 서유럽 열강이 앞 다투어 식민지 쟁탈에 나서면서 전 세계적인 현상으로 떠오르게 된 것이다. 그 뒤 세계의 인간 집단은 민족을 중심으로 헤쳐모였고, 민족을 중요한 가치로 삼는 민족주의가 대두했다.

민족주의는 근·현대 인류사의 현장에서 때로는 부당한 외세의 침략에 저항하는 정의로운 이념, 때로는 자기 민족의 이익을 위해 다른 민족을 억압하고 침략하는 사악한 이념이라는 두 얼굴을 보여왔다. 민족주의가 이처럼 두 얼굴을 갖게 된 것은 근대 시민혁명과 함께 태어나 이웃으로 전파될 때부터였다.

프랑스 민족주의 대 독일 민족주의

유럽에서 중세의 어둠을 헤치고 나타난 정치 체제는 절대주의였다. 하지만 프랑스의 왕 루이 14세의 "짐은 곧 국가이다" 라는 말이 보여주듯이, 오로지 군주 한 사람이 모든 것을 장악하는 절대주의 국가를 민족 전체가 '자기 나라' 로 받아들이기는 어려웠다. '민족 전체의 나라' 가 되려면 군주의 절대권을 제한하거나 배제할 필요가 있었다. 이것을 해낸

3 코소보전쟁 후의 코소보 어린이들. 코소보전쟁은 동유럽의 유고슬라비아 연방 해체 과정에서 세르비아계와 알바니아계 사이에 벌어진 충돌이다. 코소보는 신유고연방 세르비아공화국에 속한 지역이었으나 주민의 90%가 알바니아계였다. 그래서 코소보 주민들은 세르비아가 아닌 알바니아와 합병되어야 한다며 분리독립운동을 전개했고 무장투쟁에 나섰다. 그러자 세르비아 정부는 코소보 반군을 소탕한다며 엄청난 수의 주민을 희생시켰다. 이 사태는 나토가 군사 개입한 후 유고측이 항복하여 일단락되었다.

4

것이 시민혁명이었다.

사람들을 민족의 깃발 아래 똘똘 뭉치게 만드는 힘인 민족주의는 근대의 개막을 알리는 시민혁명과 함께 태어났다. 최초의 시민혁명은 영국의 명예혁명이었지만, 본격적으로 시민혁명의 이념을 유럽에 확산시킨 것은 프랑스혁명이었다. 프랑스인이 삼색기를 흔들고 프랑스 국가(國歌)인 「라 마르세예즈」를 부르며 프랑스 민족의 영광을 외치자, 여러 나라로 나뉘어 있던 독일과 이탈리아 사람들도 덩달아 민족의 통일과 부흥을 외쳤다. 영국 치하의 아일랜드인과 오스트리아 제국 치하의 소수 민족들도 독립을 위해 일어났다. 이러한 민족주의는 나폴레옹전쟁*에서 그 실체를 분명하게 드러냈다. 나폴레옹은 혁명의 수호를 외치면서, 혁명을 반대하는 유럽 열강의 위협을 빌미 삼아 국민의 애국심을 최대한 자극했다. 여기에 맞서는 나라들에서도 마찬가지로 프랑스의 '침략적 민족주의'에 맞서는 '저항적 민족주의'가 싹텄다.

그런데 이 과정에서 공세적인 프랑스 민족주의와 수세에 처한 독일 민족주의 사이에는 큰 차이가 생겨났다. 프랑스 민족주의는 지방의 차이라든가 혈연 따위를 가리지 않고 프랑스 안에 사는 사람들이면 모두 한 민족으로 간주하는 합리적이고 자신감 넘치는 민족주의였다. 반면 독일 민족주의는 혈연을 강조하고 '게르만 정신'이라는 순혈주의적 이데올로기를 강조하는 비합리적 형태를 띠게 되었다. 월드컵 축구대회에 참가하는 프랑

4 1차 세계대전 이전 유럽에서 가장 규모가 큰 전투였던 라이프치히 전투 장면. 이 전투에서 나폴레옹은 오스트리아 · 프로이센 · 러시아 · 스웨덴 군대로 이루어진 동맹군에게 패하여 곧 몰락하였다.

* 나폴레옹전쟁 : 1797~1815년. 프랑스가 나폴레옹 1세의 지휘하에 유럽의 여러 나라와 싸운 전쟁의 총칭. 1792년부터 프랑스는 프랑스혁명의 성과를 지키기 위해 유럽 열강에 대항해 전쟁을 벌였다. 그런데 나폴레옹이 절대 권력을 장악하면서 전쟁 목적이 프랑스의 영향력과 영토를 확장하는 것으로 바뀌었다.

스 국가 대표팀에는 알제리, 모로코 등 북아프리카에서 이민온 선수들과 백인, 흑인 등 다양한 인종이 섞여 있었던 반면, 독일 대표팀은 얼마 전까지만 해도 게르만족 일색으로 구성되어 있었던 것이 그러한 양국 민족주의의 전통을 엿보게 한다.

이러한 차이는 프랑스 민족이 근대혁명에서 승리를 맛본 반면, 독일 민족은 혁명을 이루지 못한 채 분열과 후진을 면치 못했기 때문에 생겨났다. 그리고 이는 마침내 게르만 정신을 강조하며 유태인을 학살하고 전 세계에 총부리를 들이대는 나치즘의 비극으로 이어지고 말았다.

제국주의 민족주의 대 식민지 민족주의

서유럽에서 시작된 근대 시민혁명은 왜 국경 없는 '세계 시민 사회' 로 나아가지 못하고, 민족간에 첨예한 대립을 일으키는 '민족 국가' 의 창출에서 멈추고 말았던 것일까? 그 이유로 우리는 각국의 시민 계급이 자기 민족의 이익을 최우선으로 여기도록 만드는 '보이지 않는 손' 에 주목하지 않을 수 없다.

절대주의 시절 급격하게 성장한 자본주의는 지방별로 분산되어 있던 중세의 장원제를 무너뜨리고 단일한 법질서 아래 움직이는 '민족 시장' 을 창조했다. 그러나 민족 시장은 서로간의 장벽을 없앤 세계 시장으로 나아가지 못했다. 민족 시장을 배경으로 성장한 민

5 1832년 5월 말, 독일 남서부 쪽 라인 강 유역의 고성(古城)에서 열린 축제 때의 모습. 국민주권과 함께 독일 통일을 바라는 3만 명의 사람들이 참가했다. 이 축제 후 2년 만에 관세동맹이 맺어져 경제적 통일을 이루었으며, 1861년 재상이 된 비스마르크는 국내의 정치 불만을 해소하기 위해 통일에 매진, 드디어 1871년 독일 통일을 이루었다.

족 자본가들이 자기 시장을 틀어쥐고, 배타적으로 다른 민족 시장과 경쟁을 벌여 나갔기 때문이다.

자본주의는 각 민족 시장의 한계를 넘어 확장을 시도하게 되어 있다. 19세기 말에 이르러 유럽의 각 민족은 앞 다투어 아시아와 아프리카 각 지역을 식민지로 삼으면서 시장을 넓히려 했다. 아시아와 아프리카에서는 아직 자본주의 단계에 이르지 않았거나 자본주의의 싹만 트고 있었기 때문이다. 유럽의 근대 민족 국가들은 시장을 넓히는 과정에서 무자비한 군사적·정치적 침략을 자행했다. 제국주의의 침략을 받은 식민지에서 '저항적 민족주의'가 일어나는 것은 당연한 일이었다. 인도에서, 아프리카에서, 중국과 베트남과 한국에서 스스로를 하나의 민족으로 인식하고, 자기 민족의 자결권을 침해하는 외세에 저항하여 민족해방투쟁이 일어났다.

19세기 말 20세기 초, 제국주의와 민족해방운동 간의 투쟁에서는 한 가지 특이한 현상이 나타났다. 서유럽에서 민족주의는 처음부터 자본주의와 하나였다. 따라서 자본가라고 하면 자기 민족을 최우선으로 여기는 민족 자본가일 수밖에 없었다. 그런데 식민지에서는 자본주의가 제국주의 침략과 함께 들어오면서 제국주의 자본가에 협력하는 반민족적 자본가가 나타날 수밖에 없었다. 식민지 시대의 우리나라를 예로 들면, 일본 회사의 자회사를 운영하거나 일본 금융 자본의 지원을 받아 사업을 하는 조선인 자본가가 민족의

6 줄루전쟁 중 벌어진 전투 가운데 하나인 이산들와나 전투에서 싸우고 있는 영국군과 줄루족 병사들. 영국의 아프리카 진출이 가속화되자 긴장한 프랑스도 본격적으로 아프리카 식민화에 뛰어들어 두 국가 사이에 영토 분쟁이 일어났고, 그 절정을 이룬 사건이 바로 파쇼다 사건이다.

독립을 지지할 수는 없었다. 이런 사람들을 중국에서는 '매판'(買辦)이라고 불렀다. 바로 이런 요소 때문에 식민지에서는 민족의 독립을 바라는 민족 자본가가 자본주의 자체를 반대하는 사회주의자와 협력하는 경우가 생겨났다. 중국의 국공합작이나 우리나라의 민족협동전선인 신간회*가 그런 좌우합작의 예였다.

시오니즘 대 범아랍주의 : 현대 민족주의의 블랙 박스

1945년 2차 세계대전이 끝나면서 제국주의 열강의 식민 통치는 속속 막을 내렸다. 세계는 적어도 형식적으로 대등한 민족 국가들의 집합으로 다시 짜여졌다. 2차 세계대전이 끝나고 미국과 소련이 초강대국으로 떠오르면서 자본주의 체제와 사회주의 체제가 냉전을 벌이자 민족 간의 갈등과 충돌은 상대적으로 덜 중요한 일이 되었다.

그러나 힘을 앞세워 후진국에서 부당한 이익을 취하려는 선진 자본이 있는 한 민족주의 간의 투쟁은 사라질 수 없다. 유전(油田)을 둘러싼 아랍 세계와 서방 선진국의 싸움이나, 1990년대 구소련과 동유럽에서 사회주의 체제가 붕괴한 뒤 각 지역의 이권을 둘러싸고 일어난 민족 간의 유혈 충돌에서 그러한 진실을 뚜렷이 확인할 수 있다.

2001년 9월 11일, 세계 경제의 심장부인 뉴욕 세계무역센터를 강타한 비행기 테러는 민족주의의 비합리성과 폭발성이 어느 정도까지 갈 수 있는지를 여지없이 보여주는 사건

7 중국 공산당과 국민당 사이에 공식적인 연합전선이 형성된 것을 국공합작이라 한다. 1차 국공합작은 열강의 제국주의와 군벌에, 2차 국공합작은 일본의 침략에 맞서기 위해 합의되었으나 모두 서로간의 내전으로 끝나고 말았다. 사진의 왼쪽에 있는 인물은 국민당의 쑨원이 국공합작 전선을 구성하는 것을 도왔던 러시아 코민테른의 대리인 보로딘이다.

* 신간회는 1927년 좌·우익 세력이 합작하여 결성한 대표적인 항일단체로 좌·우익 협력의 가능성을 보여주었지만 4년 만에 해산되었다.

이었다. 그것이 정말 아랍 테러리스트의 소행이라면, 힘으로 아랍 세계를 억눌러온 미국에 대한 아랍 민족주의의 '막가는' 보복이 아닐 수 없다. 독일 사상가 엥겔스는 일찍이 "억압하는 민족과 억압당하는 민족은 다 같이 자유롭지 못하다"라고 주장했는데, 이 사건이야말로 억압하는 자의 악(惡)에 맞서는 억압당하는 자의 악(惡)을 극한까지 보여준 사례가 아닐까?

현대 민족주의의 두드러진 대립 모델이 되고 있는 범(汎)아랍주의와 유태인의 시오니즘은 원래 둘 다 제국주의 시대에 태어난 저항적 민족주의였다. 범아랍주의는 오스만투르크 제국에 점령당했던 아라비아와 서아시아, 북아프리카의 이슬람 민족이 모두 하나임을 내걸고, 제국주의 침략에 대항한 이념이었다. 오늘날의 사우디아라비아, 이라크, 쿠웨이트 등이 모두 하나의 언어를 쓰고 하나의 종교를 믿는 형제요 공동체라는 생각은 여기에서 비롯되었다.

한편 시오니즘은 2,000년이 넘도록 조국을 잃고 유럽 전역에서 유랑 생활을 해오던 유태인이 19세기 후반 자기네 민족 국가를 세우자는 목표로 세운 민족주의 이념이었다. 시온은 그들의 조상이 나라를 이루고 살던 팔레스타인에 있는 언덕 이름으로, 이스라엘 전체를 상징한다. 그들은 "시온으로 돌아가자"라는 표어를 내걸고 팔레스타인에 자신들의 자치 정부를 세울 것을 결의했다.

8 이스라엘 건국 선언서를 읽고 있는 초대 수상 벤구리온. 벽에 걸린 사진 속 인물은 유태인의 독립국가 건설을 주창한 시오니즘의 창시자 헤르츨이다.

2차 세계대전이 끝난 뒤 유태인은 영국과 미국의 지원을 받아 이 목표를 이룩했다. 그러나 유태인이 팔레스타인에 자신들의 나라인 이스라엘을 세운 것은 이미 이곳에 터를 잡고 살아온 아랍인에 대한 도전이었다. 시오니즘은 이제 범아랍주의와 정면으로 부딪칠 수밖에 없었다. 아랍인은 이스라엘의 건국 뒤에 이 지역에서 정치적·경제적 영향력을 확보하려는 영미 제국주의의 음모가 있다고 보고, 이스라엘과 영국·미국을 동시에 비난했다. 그것이 9·11 테러와 아프가니스탄전쟁으로 이어지는 비극적인 민족주의 충돌의 시작이었다.

확산 일로를 걷고 있는 영국·미국과 이슬람 세계의 대립은 누군가의 말처럼 '문명의 충돌'이 아니다. 그것은 현재도 계속되고 있는 침략적 민족주의와 저항적 민족주의의 "누가 더 추악해지나" 하는 극한 투쟁이다. 그리고 이 투쟁의 근본적 책임은 자신의 이익을 위해 다른 민족의 터전을 빼앗고 이권을 챙겨온 시오니즘과 영미 패권주의에 있다.

한 나라를 1인 군주로부터 빼앗아 민족 전체에게 안겨준 근대 시민혁명의 주역들은 지하에서 이 같은 민족주의의 타락을 지켜보며 무슨 생각을 하고 있을까?

9 이스라엘 군대에 맞서 전투 준비를 하고 있는 팔레스타인 여성들.

근대 동양과

청나라 V

16세기 중국의 사대부들은 "땅이 넓고 물산이 풍부한 중국이 굳이 먼 나라와 교역할 필요가 없다"라는 이유로 인도양을 누비던 정화의 대함대를 폐기했다. 그들은 약 300년 만에 그 대가를 혹독하게 치러야 했다. 그 동안 대서양, 인도양, 태평양을 누비면서 세계 곳곳을 식민지로 만들어가던 서구 열강은 1840년 마침내 중국에 대해 함포를 정조준했다. 그때까지 동아시아 사람들에게 중국은 이름 그대로 '천하의 중심'이었다. 당시 중국을 다스리던 만주족의 청나라는 역대 왕조 가운데 가장 넓은 영

서양의 냉혹한 만남

S 영국

토를 확보한 대국이었다. 그런 나라가 유라시아 대륙 서쪽 끝에 있는 섬나라 영국과의 싸움에서 패배할 것이라고 예상한 동아시아 사람들은 별로 없었다. 그러나 영국은 이미 중국 못지않은 대국 인도를 식민지로 만들어버린 서구 열강의 선두 주자였다. 영국의 함포 사격 앞에 중국이 무릎을 꿇으면서 동아시아 사람들이 믿던 '천하'는 신기루처럼 사라져버렸다. 그들 앞에는 서유럽이 차려놓은 근대 '세계'가 냉혹한 자태를 드러내고 있었다.

2 아편전쟁 당시 영국군이 중국 푸젠성 남동부의 항만도시 샤먼을 공격하는 모습.

홍콩 반환, 역사적인 그날

1997년 6월 30일 오후 11시 50분 홍콩 컨벤션 센터. 중국의 국가 주석인 장쩌민은 찰스 영국 왕세자와 토니 블레어 영국 총리, 크리스 패튼 28대 홍콩 총독이 보고 있는 앞에서 특유의 카랑카랑한 목소리로 이렇게 선언했다. "홍콩 반환은 중국뿐 아니라 세계 전체 인민의 승리입니다."

장내에는 중국인 내빈들의 박수 소리만 메아리쳤다. 톈안먼 광장에서 멀티비전 중계를 지켜보던 중국인은 환호를 올렸고, 가정에서 텔레비전 중계를 보던 영국인은 채널을 돌렸다.

150년 넘게 이어온 영국의 홍콩 지배는 이렇게 막을 내렸다. 반환식은 10분 만에 끝나고 왕세자는 황황히 홍콩을 떠났다. 1840년 함포와 아편을 배에 가득 싣고 홍콩에 들어오던 영국인의 당당한 태도와는 너무도 대조적인 장면이었다.

영국이 홍콩을 차지한 것은 1840년부터 2년간 중국과 영국 사이에 벌어진 전쟁 때문이었다. 그 당시 영국은 막 떠오르던 서양의 신흥 강국이었고 중국은 저물어가던 동양의 대국이었다. 이들이 맞붙은 것은 두 나라뿐 아니라 세계사 전체의 운명을 결정 지을 대사건이었으며, 동서의 모든 나라가 이 전쟁의 추이를 지켜보고 있었다.

그런데 이 정도의 전쟁이라면 그것은 마땅히 장엄한 서사시의 주제가 될 만한 명예로운

3 홍콩 반환의 상징물.

대의와 영웅적인 사명감으로 충만해야 할 것이다. 그러나 정작 이 전쟁을 일으키고 끝고 나간 동력은 엉뚱하게도 아편이라는 마약을 둘러싼 영국의 추악한 이권이었다. 바로 그 원죄 때문에 영국은 홍콩을 자본주의의 전시장으로 화려하게 가꾸어놓고도 150년 뒤 쫓기듯 그곳을 떠나야 했고, 중국은 그토록 당당하게 '전세계 인민의 승리'를 노래할 수 있었던 것이다. 이야기는 영국 식민지 인도에서 대량으로 재배된 아편이 밀수선으로 잔뜩 실려와 퍼져나가고 있던 1839년의 중국 광저우에서 시작된다.

중국의 희망 임칙서, 아편을 불태우다

1839년, 중국을 통치하던 청 왕조의 선종은 흠차 대신(황제로부터 임시로 권한을 부여받은 대신) 임칙서를 광저우에 파견했다. 50대 중반의 강직한 관리 임칙서는 부임 즉시 '아편 금연 대업'(아편 흡입을 금지하기 위한 임무)에 나섰다. 그는 호광(호북지역과 호남지역을 합쳐서 부르는 말) 총독 시절 전국에 만연한 아편으로 인해 '10년 안에 나라가 망할 지경'이란 상소를 올려 구국의 대임을 맡게 된 인물이었다.

왜 아편 때문에 중국이 망한다고 했을까? 엄청난 양의 아편 밀수 대금으로 은이 빠져 나가면서 은값이 올랐고, 그러자 은을 기준으로 세금을 내던 농민들의 불만이 하늘을 찌르고 있었기 때문이다. 청 왕조의 입장에서는 아편 밀수의 철폐가 국운을 건 과제일 수밖

4 청나라의 아편굴 모습. 청 왕조는 아편 밀수를 철폐하고자 했으나 부패한 관리와 돈맛을 본 중국 상인들을 막기에는 역부족이었다.

에 없었다. 임칙서는 우선 관가에서부터 아편 중독자를 색출하기 위해 모든 관리들을 청사로 소집했다. 아편을 피우는 자가 있으면 고백하라고 해도 나서는 자가 없자, 그들을 모두 여섯 시간 동안 한자리에 세워놓았다. 그러자 손발을 떨면서 픽픽 쓰러지는 자가 사방에서 속출했다. 곧이어 임칙서는 관청과 결탁한 중국인 밀매 조직을 적발하고, 광저우에 주재하는 영국인 상관(규모가 큰 상점)과 영국 상선인 튜나 호가 아편 밀매에 관련되어 있다는 사실을 밝혀냈다.

임칙서가 보기에 상황은 너무나 급박했다. 그는 동인도회사* 소속인 튜나 호가 광저우를

5 중국에 공급되는 아편은 영국 동인도회사가 인도에서 인도인 일꾼들을 부려 생산한 것이었다(그림은 양귀비 저장 창고). 1760년대 동인도회사의 한 이사회는 "청나라 조정이 아편을 금지하여 은밀한 방식으로만 중국에 아편을 보급할 수 있다"는 기록을 남기고 있다.

떠나지 못하도록 억류하고 영국인 상관을 포위하는 강력한 무력 시위를 벌였다. 아편을 모두 내놓으면 풀어주겠다고 해도 영국인이 막무가내로 버티자, 임칙서는 영국인 상관으로 들어가는 물과 음식을 차단했다. 극약 처방이었다. 영국인 신부가 그를 방문하여 비인도적인 처사라며 항의했지만 임칙서는 아편을 내놓을 때까지는 그 지시를 철회할 수 없다고 잘라 말했다. 영국인 신부가 단식으로 저항하겠다고 위협하자 임칙서는 카랑카랑한 목소리로 대답했다. "당신들이 하루 단식하면 나도 하루 단식하겠소. 그렇게 명분 없는 단식을 계속하다 죽으면 내 기꺼이 그 죽음을 축하해주리다."

영국 정부도 공식적으로는 아편의 밀무역을 금지하고 있었기 때문에 뾰족한 수가 없었다. 그래서 결국 통상 대사 엘리어트를 파견하여 튜나 호가 숨긴 아편 2만여 상자를 내주도록 하고 선원들을 철수시켰다. 임칙서는 이렇게 압수한 아편을 모두 불태워버렸다. 임칙서는 청나라의 희망으로 떠올랐을 뿐 아니라 영국에서도 인기인이 되어 일간지에 그의 경력이 자세하게 소개되었다. 그 당시 스물을 갓 넘긴 영국의 빅토리아 여왕은 그에 관한 보고를 받고 이렇게 말했다. "나도 중국인이었으면 임칙서처럼 했을 겁니다."

아편의 '자유 무역' 을 수호하기 위한 전쟁

이로써 사태는 일단락되는 듯했으나 800만 파운드에 이르는 손실을 입은 밀매업자와 통

---

* 동인도회사 : 17세기 초 영국·프랑스·네덜란드로부터 동양에 대한 독점 무역권을 부여받아 동인도에 세워진 무역회사. 동양과의 무역 촉진이라는 명분을 내세웠으나 실상은 인도와 극동지역에 대한 제국주의 침략의 앞잡이 역할을 한 회사였다.

6

상 기지를 상실한 무역 관료는 빅토리아 여왕과 의회를 상대로 중국에 대해 전쟁을 벌일 것을 집요하게 설득했다. 명분 없는 전쟁에 대한 반대도 적지 않았지만, 결국 의회는 1840년 4월 10일, 271 대 262라는 근소한 표 차이로 전쟁을 의결했다.

중국인이 아니었으므로 임칙서가 될 수 없었던 빅토리아 여왕은 다음과 같은 말로 전쟁에 대해 지지를 표명했다. "영국인의 안전도, 800만 파운드의 손실도 문제가 아닙니다. 자유 무역에 대한 거부가 다른 나라에까지 파급되면 대영 제국은 1년 만에 멸망합니다. 동방의 마지막 땅인 중국을 소유하면 19세기를 소유하는 겁니다."

이 말은 영국이 내외의 비난을 무릅쓰고 하필 '아편' 문제로 전쟁을 일으킨 이유를 그럴 듯하게 합리화하고 있다. 그때 아편 무역은 영국이 인도를 지배하는 데 빼놓을 수 없는 요소였다.* 나아가 중국에서 아편을 밀매하여 얻은 은은 세계 무역의 결제 수단으로 쓰이고 있었다. 즉 영국은 제국을 유지하기 위해 중국에서 아편의 '자유 무역'을 수호할 수밖에 없었던 것이다.

또한 1825년 공황(세계 최초의 공황으로 영국에서 발생했으며, 그 원인은 과잉 생산에 있었다) 이래 중국 시장의 개방은 영국 경제의 절실한 과제였다. "4억 중국인의 셔츠가 1인치만 늘어나도 영국의 공장들이 30년 가동된다"라는 유행어가 나돌 정도였다. 그래서 영국은 끊임없이 중국 시장의 개방을 추진했으나, 청 왕조는 중국이 '지대물박'(地大物博)

254 라이펠 세계사 24 근대사

6 2차 아편전쟁에서 중국 톈진 근처의 베이탕 항을 점령한 영국군의 모습. 아편전쟁은 두 차례에 걸쳐 일어났는데, 1차 아편전쟁은 아편 밀수가 빌미가 되어 1839~42년에 일어났고, 2차 아편전쟁은 애로호 사건으로 일어나 1856~60년까지 계속되었다. 광저 우 앞에 정박하고 있던 범선 애로호의 중국인 승무원 12명을 중국 관헌이 해적 혐의로 체포하자 영국은 사과를 요구하고 나섰다. 청 정부가 이에 불응하자 영국이 공격을 개시하여 광저우를 점령하면서 2차 아편전쟁이 시작되었다.

* 그 당시 영국은 본국의 면포를 인도에, 인도의 아편을 중국에, 중국의 차를 영국에 수출하는 삼각 무역을 실시했다. 그 때문에 아편 무역이 금지되면 이 삼각 무역은 무너질 수밖에 없었다.

해서 무역이 필요 없으니 조공이나 하라며 이를 일축하고 있었다. 따라서 이번 기회에 중국의 무역 제한을 철폐시키고 무역과 군사상의 이권을 선점하는 일은 '아편'의 비도 덕성 때문에 늦추거나 꺼릴 수 없는 사활이 걸린 문제였던 셈이다.

그 해 6월 철갑선 네메시스('신의 보복'이란 뜻) 호를 앞세우고 나타난 48척의 영국 함대 는 임칙서가 버티고 있는 광저우를 우회하여 북상했다. 함포를 앞세운 영국군이 톈진 등 을 유린하면서 계속 베이징을 압박해 들어가자 청 왕조 내에서는 점차 협상론이 고개를 들었다. 그리고 지나친 강경책으로 전쟁을 유발했다는 이유로 임칙서에게 책임을 물어 야 한다는 주장까지 나왔다. 중국이 스스로 망하는 길을 택한 것이다.

영국이 쌓아 올린 아편 더미 위에서 새 중국이 꿈틀거리다

베이징으로 소환된 임칙서는 결국 파직당했다. 그는 "서양의 장점으로 중국의 단점을 보 완하여 영국과의 싸움을 승리로 이끌겠다"고 다짐해온 애국자였다. 문제는 그가 이런 생 각을 가진 거의 유일한 청나라 관료였다는 점이다.

1842년 영국군이 양쯔 강을 따라 난징으로 돌진하자, 난징 함락이 청 제국의 위신에 미 칠 영향을 두려워한 선종은 영국의 요구를 무조건 수용하기로 결심했다. 여기에 따라 난 징에 정박 중이던 영국 군함 콘월리스 선상에서 중국 역사상 최초의 불평등 조약인 난징

7 1842년 영국 군함 콘월리스 선상에서 난징 조약을 체결하고 있는 청과 영국의 대표. 이 난징 조약의 체 결로 청은 서구 열강들의 먹잇감이 되기 시작했다.

조약이 맺어졌다. 그것은 홍콩을 영국에 떼어주고 광저우·상하이 등 5개 항을 개방하며 막대한 전쟁 배상금을 지불하는 등 '무조건 항복'이나 다름없는 내용으로 이루어졌다. 이로써 청 제국은 각 개항장에서 영국에 조계를 내주고, 관세도 영국과 협의해서 결정해야 하는 처지가 되었다. 그 2년 뒤엔 미국, 프랑스와도 비슷한 내용의 조약을 체결함으로써, 5개 개항장은 열강의 국기가 물결치는 경제 식민지로 굳어져갔다. 이들 열강은 청나라가 다른 나라에 특권을 주면 자국도 자동으로 그 특권을 누리는 이른바 '최혜국 대우'를 보장받았다. 이러한 청나라의 추락은 중국 안팎에서 심각한 파장을 불러일으켰다. 서양이 동양을 정복하는 '서세동점'(西勢東占) 추세에는 가속도가 붙었고, 절대 강자로 생각했던 중국이 서양 오랑캐 앞에서 와르르 무너지는 모습을 목격한 조선, 일본 등 동아시아 각국은 그야말로 혼돈 상태에 빠졌다.

부패한 관군이 저항다운 저항도 없이 무너지는 모습을 본 중국 민중은 스스로 외세에 항거할 태세를 갖추었다. 임칙서의 그림자가 드리운 광저우에서 영국군이 부녀자를 폭행하는 사건이 일어나자 수만 명의 농민이 이에 항의하여 시위를 벌였다. 전쟁이 끝난 뒤 영국인의 행패가 심해지자 "양귀('서양 귀신'이란 뜻으로 여기서는 '서양인'을 지칭함)는 광저우에 발을 들여놓는 즉시 살해되리라"라는 격문이 곳곳에 나붙고 관공서가 잇따라 공격을 받았다. "관(官)은 양귀를 두려워하고 양귀는 민(民)을 두려워한다"라는 말이 공

8 이 그림은 조계지에서 벌어진 서양인과 중국인의 다툼을 묘사하고 있다. 이 그림에 딸려 있는 기사에 따르면 인력거를 타고 온 서양인의 하인이 차비를 가로채서 시비가 발생했는데 중국어를 잘 모르는 서양인이 인력거꾼에게 덤벼들어 상해를 입혔다고 한다. 이 기사는 "언제나 하늘의 도가 제대로 돌아올까"하는 개탄으로 끝맺고 있다. 이렇듯 외국인이 자유로이 거주하며 치외 법권을 누릴 수 있도록 설정한 구역인 조계(租界)는 제국주의 국가들의 침략이 시작되면서 체결된 불평등 조약 결과 생긴 것으로 중국·한국에서는 '조계', 일본에서는 '거류지'라 불렸다. 아편전쟁 이후 1845년 영국이 상하이에 둔 것이 최초이다.

공연하게 나돌았다. 마치 한 명의 임칙서가 사라지자 수만 명의 임칙서가 들고 일어난 형국이었지만, 이들 민중은 청 왕조를 외세의 앞잡이로 본다는 점에서 임칙서와는 달랐다. 역사에 '반외세(반제국주의) 반봉건'이라고 기록된 중국과 아시아 민중의 장구한 투쟁이 그 첫발을 내딛고 있었던 것이다.

아편 때문에 벌어졌다 해서 '아편전쟁'이라 불리는 이 전쟁은 역사상 가장 추악한 전쟁 중 하나다. 세계 제국으로 도약한 영국은 중국이 망국의 길을 걷는 것과 함께 그 추악한 기억도 잊혀지기를 바랐을 것이다. 그러나 아편 더미에서 꿈틀거리며 태동한 새 중국은 과거를 잊지 않았다. 오히려 그 기억을 곱씹으며 투쟁하고 성장하여, 잃었던 본토와 홍콩을 되찾고 세계인이 보는 앞에서 영국인에게 그 기억을 되돌려주기에 이르렀다.

9 이홍장이 설립한 난징의 무기 제조국 모습. 이홍장은 특히 군사 분야에서 서구식 근대화를 추구하며 청나라를 다시 강국으로 만들려고 하였다. 그러나 봉건적 체제 유지를 위한 군사적 근대화운동은 한계에 부딪히고 말았고, 정치·사회적 개혁을 추구한 변법자강운동에 자리를 내주게 되었다.

서구적 근대에 대한

척사 V

1

동아시아 각국은 서유럽으로부터 '근대'라는 새로운 문명이 밀려들어오기 전에도 수준 높은 문명을 누리고 있었다. 그러나 과학 기술을 앞세운 서유럽 문명 앞에서 동아시아는 속절없이 무장해제를 당하고 말았다. 그때까지 동아시아의 지배층을 이루고 있던 지식인들은 성난 파도와 같이 밀려드는 서유럽의 물질 문명에 대해 두 가지 태도를 보였다. 하나는 동아시아의 수준 높은 정신 문명을 그대로 유지하면서 서구적인 것이면 무엇이든 배척하는 태도였다. 다른 하나는 낡은 전통 문화로는 결코 서유럽에서 비롯된 근대 문명을 이길 수 없다면서 적극적으로 서구 문물을 수용하는

1 일본과의 강화를 반대하고 서양인을 금수와 같다며 배척했던 척사파의 거두 최익현.

S 개화

태도였다. 첫번째 태도는 서구 문물을 사악한 것으로 배척한다는 '척사'(斥邪), 두번째 태도는 새로운 문명을 연다는 '개화'(開化)로 요약된다. 두 가지 입장 사이에는 동아시아의 정신 문명을 바탕으로 서유럽의 물질 문명을 수용하자는 절충적인 입장도 있었다. 그런데 척사든 개화든 근본적으로 지배층의 입장이었다. 피지배층인 농민 입장에서는 기존 지배층도 싫고 외세도 달갑지 않았다. 그러한 입장이 행동으로 나타나기는 쉽지 않았으나, 중국의 태평천국운동이나 조선의 동학농민운동은 척사도 아니고 개화도 아니었던 당대 민중의 생각을 엿보게 해준다.

2 서구적 부르주아혁명을 지향했던 개화파의 지도자 김옥균.

서구화와 전통 계승 사이

19세기 후반 이래 우리나라 역사는 서구화의 역사였다. 정치·경제·사회·문화 등 모든 분야가 발전하면 할수록 우리나라는 더욱더 서유럽과 미국을 닮아갔다. 그 과정은 아직도 꾸준히 진행되고 있으며, 최근에는 영어를 공용어로 사용하자는 주장까지 나오고 있다. 외교·통상 등 각 분야에서 국제어로 가장 많이 쓰이는 영어를 국어와 나란히 공용어로 삼으면, 우리나라의 세계화가 더욱 촉진되고 그만큼 서구 선진국을 빨리 따라잡을 수 있다는 계산이 그 밑에 깔려 있다.

그러나 이런 낙관적인 시각을 경계하도록 만드는 통계도 있다. 국립국어연구원 자료에 따르면 영어를 공용어로 쓰는 나라는 스리랑카, 싱가포르, 오스트레일리아, 가나, 나이지리아, 도미니카 등 50여 개 국가이다. 그런데 이 많은 나라 가운데 선진국에 드는 나라는 캐나다, 오스트레일리아, 뉴질랜드 정도라고 한다. 나머지 나라들은 영어 문화권에 흡수되어 정체성은 정체성대로 잃어버리고 사회 발전은 사회 발전대로 이룩하지 못하는 딜레마에 빠져 있다.

이 통계대로라면 서구 문화를 무조건 따른다고 해서 선진국 대열에 들어갈 수 있는 것은 아닌 셈이다. 특히 우리나라처럼 수준 높은 전통 문화를 가진 나라는 서구 선진 문물을 받아들이는 것과 전통을 계승 발전시키는 것 사이에서 더욱 큰 갈등을 겪을 수밖에 없

3 일본 메이지 시대의 문명개화론자이자 사상가인 후쿠자와 유키치. 유키치의 사상은 우리나라 개화파들에게도 많은 영향을 끼쳤다. 유키치는 1862년 일본 정부의 해외 사절단에 끼어 영국·프랑스·네덜란드·독일 등을 다녀온 후 『서양 사정』이라는 책을 써서 서양의 정치·경제·문화·제도를 널리 알렸다. 그는 "아시아를 벗어나 서양 세계로 진입하자"는 탈아입구(脫亞入歐)론을 주장하기도 했다.

다. 지금도 우리 사회가 이런 갈등에서 자유롭지 못할진대 서구 문물이 처음으로 밀려들어오던 19세기 후반의 갈등은 더 말할 나위도 없었을 것이다. 이질적인 서구 문물을 배척하고 우리 고유의 문명을 발전시킬 것인가? 아니면 서구 문물의 우월함을 인정하고 그것을 받아들여 우리 사회를 개혁할 것인가? 그 첨예했던 갈등의 전면에 나섰던 여러 세력의 맞수 관계는 이미 지나가 버린 한때의 일화가 아니다. 그것을 살펴보면서 아직 끝나지 않은 우리 자신의 과제를 새삼 깨닫게 될 것이다.

척사 — 외세를 물리치고 전통 질서를 지키자

1842년 중국이 아편전쟁에서 영국에 무릎을 꿇자 동아시아 세계는 심리적 공황 상태에 빠졌다. 천하의 중심인 줄 알았던 나라가 일개 서양 오랑캐 앞에 맥을 못 추고 무너졌으니, 이것이 어찌된 일인가? 중국이 세상에서 가장 부강한 나라가 아니었다는 말인가? 서양에는 영국 못지않게 강한 나라들이 많다는데 이들이 앞으로 동양 각국에 밀려와 문호

4 일제 치하의 명동 거리 모습. 사진 속의 전봇대가 세워지고 전기가 들어왔을 때 우리 조상들의 놀라움은 어땠을까. 밤도 낮같이 밝힐 수 있고, 철도를 통해 엄청난 속도로 이동할 수 있고, 우편제도를 통해 소식을 전할 수 있는 근대적 세상은 분명 당시 조선인들에게 신천지처럼 보였을 것이다.

개방을 요구하면 어떻게 할 것인가? 중국이 견디지 못했을진대 다른 작은 나라들이 어찌 버틸 수 있겠는가?

그러나 아무리 지리멸렬한 축구 팀에도 골을 막으려는 골키퍼는 있는 법. 아무리 강한 서양 군대가 열을 지어 다가온다 해도 동아시아 각국에는 그걸 막겠다고 두 팔을 떡 벌리고 나서는 사람들이 있었다. 유교 문명의 전통에 대한 강한 자부심으로 무장한 그들은 "우리가 일시적으로 서양에 밀리고 있으나 문을 닫아걸고 속히 내부 개혁을 이루면 곧 서양을 당해낼 힘이 생길 것"이라고 믿었다.

조선에서 이런 골키퍼로 나선 대표자는 고종의 아버지인 흥선대원군 이하응이었다. 그는 1866년(병인년)과 1871년(신미년)에 잇따라 프랑스와 미국의 군대를 물리친 뒤 전국 곳곳에 '척화비'(斥和碑)를 세우고 그 비에 다음과 같은 글귀를 새겨 넣었다.

"洋夷侵犯, 非戰則和, 主和賣國."(서양 오랑캐가 침입하는데 싸우지 않으면 화친하자는 것이니, 화친을 주장함은 나라를 파는 것이다)

이렇듯 그는 서양 세력을 고집스럽게 배척하는 한편, 기울어버린 국운을 되살리기 위해 단호한 개혁 정치를 폈다. 정권을 잡자마자 그 동안 나라 살림을 망쳐온 안동 김씨 세력을 숙청하고 당파를 초월하여 인재를 등용했으며, 부패 관리를 적발하여 파직시켰다. 또한 국가 재정의 낭비와 당쟁의 요인으로 지탄받아 온 서원*을 철폐하고, 『육전 조례』(六

5 조선 후기 문란해진 사회 기강과 질서를 바로잡고자 여러 개혁 조치들을 단행했던 흥선대원군. 그는 일본이 메이지 유신 이후 요구해온 근대적 조약 체결도 왜양일체, 곧 일본과 서양은 같은 무리라는 입장에서 거절했다.

* 서원(書院) : 16세기 중반부터 지방의 사설 교육기관으로 세워졌으나 조선 후기로 가면서 당쟁의 근거지가 되었고 운영이 문란해졌다. 이에 1871년 대원군은 당시 679개에 이르던 서원을 47개만 남기고 모두 철폐하는 서원 철폐 조치를 단행했다.

6

典條例)와 『양전 편고』(兩銓便攷), 『대전 회통』(大典會通) 등 법전을 편찬하여 국가 기강
도 바로잡았다. 관복과 서민들의 의복 제도를 개량하고 사치와 낭비를 억제하는 한편,
조세 제도를 개혁하여 양반과 상민의 차별 없이 세금을 징수한 것도 그의 업적 가운데
하나이다.

이러한 개혁 정치가 조금 더 일찍 단행되었거나 대원군의 치세를 서양 세력이 방해하지
않았다면, 19세기 조선 사회는 스스로의 힘으로 새 시대의 흐름에 대응하는 모습을 보여
주었을지도 모른다. 그러나 이미 시간은 대원군 편이 아니었다. 서양 세력은 그의 생각
보다 훨씬 강력하고 집요한 존재였으며, 나라 안에서도 서양 문물을 받아들이자는 '개화
파'가 점차 세력을 키워갔다.

결국 대원군은 외세와 개화파에 밀려 정권을 내놓게 되었다. 그 뒤에도 외세를 배척하는
골키퍼의 역할을 자처하고 나선 사람들은 있었지만, 그들은 대원군보다 훨씬 좁은 입지
위에서 기약 없는 싸움을 벌여야 했다. '위정척사파'라고 불리는 이 사람들이 얼마나 전
통 문화에 대한 자부심이 세고 서양 문물을 혐오했는지는 다음과 같은 글에 잘 나타나
있다.

"기자(단군 조선을 교체한 기자 조선의 시조)의 옛 강토이며 명나라의 동쪽 울타리로서 태
조 대왕 이래 중국 문물로 오랑캐 풍속을 고쳐 예절을 제정하고 아악(고려와 조선의 궁중

6 고종과 그의 아들 순종. 외세가 밀려 들어오는 가
운데 왕위에 오른 그는 1897년 국호를 대한제국으로
바꾼 뒤 우리 것을 근본으로 삼되 새로움을 더한다는
구본신참의 기치 아래 광무개혁을 추진했다. 그러나
1907년 헤이그 만국평화회의에 밀사를 파견한 일로
일본에 의해 강제 퇴위를 당하고 1919년 1월에 죽었
다. 일본이 그를 독살했다는 소문 속에 치러진 고종
의 장례식은 3·1운동의 한 계기가 되었다.

7

에 사용되던 전통 음악)을 만들어 인류를 크게 폈던 나라가 하루아침에 서양의 오물을 뒤집어썼다."(최익현, 「도끼를 들고 대궐 앞에 엎드려 척화를 호소함」)

개화 — 외세를 이용하여 전통 질서를 바꾸자

서양이 물질 문명에서 동양보다 압도적으로 우세하다는 것이 드러나면서 서양 문물을 받아들여야 한다는 주장이 대세를 이루게 되었다. 이 흐름을 주도한 개화파는 크게 보아 두 부류로 나눌 수 있다.

하나는 서양 문명이 우월한 분야는 과학 기술뿐이므로 유교적 정치 체제를 유지하면서 서양의 기술 문명을 받아들여 현재의 체제를 강화하자는 세력이다. 이것은 중국에서 1860년부터 30년간 '중체서용론'(中體西用論)을 내세우면서 벌인 양무운동과 맥을 같이한다. 중체서용이란 중화의 전통 문명이 체(體 : 근본 이념)이고, 서양 문명은 용(用 : 도구)에 불과하므로 서양 문명을 도입하여 중국의 전통 문명을 더욱 튼튼하게 하자는 사고방식이었다.

다른 하나는 서양의 의회 제도를 받아들여 기존의 정치 제도 자체를 바꿔야 부국강병이 실현된다고 주장하는 급진 개화파이다. 이들은 중국에서 변법자강(變法自彊 : 제도를 변혁하여 스스로 강해짐)을 추진하던 세력과 맥을 같이한다.

7 중국 변법자강운동의 지도자 캉유웨이.

이들 가운데 먼저 행동에 나선 세력은 김옥균, 박영효 등 급진 개화파였다. 그들은 1884년(갑신년) 일본의 지원 약속을 믿고 정변을 일으켜 그 당시 청나라에 기대어 정권을 유지하던 민씨 정권을 타도했다(갑신정변). 그들이 내세운 다음과 같은 정강(정부 또는 정치 집단이 국민에게 실현을 약속한 정책의 큰 줄기)을 보면 낡은 사회를 혁신하여 깨끗하고 강력한 새 나라를 이룩하려는 뜨거운 충정을 확인할 수 있다.

— 문벌을 폐지하고 인민 평등의 권리를 세워, 능력에 따라 관리를 임용할 것.

— 지조법(토지에 세금을 책정하는 규칙)을 개혁하여 관리의 부정을 막고 백성을 보호하며 국가 재정을 넉넉하게 할 것.

그러나 이들의 정변은 일본이 약속했던 지원을 철회하자 간단히 실패하고 말았다. 일본은 처음부터 개화파를 이용하여 조선에서 청나라 세력을 몰아내고 자신의 영향력을 확보하는 데만 관심이 있었다. 조선이 개혁에 성공하여 강한 나라가 되도록 지원할 생각은 꿈에도 없었다. 그래서 개화파 정권이 흔들리는 모습을 보이자 바로 발을 뺐던 것이다. 이처럼 스스로 개혁을 이룩할 힘도 없이 외세를 이용하려고 했던 개화파는 거꾸로 외세에 이용만 당하는 한계를 드러낸 채 무너지고 말았다.

10년간의 우여곡절을 거친 뒤 1894년 개화파는 갑오개혁(개화당이 집권한 이후 종래의 문물 제도를 근대적 형태로 고친 일)을 통해 다시 정권을 잡았다. 그러나 이때의 개화파는

8 한말의 개화사상가 유길준. 한국 최초의 국비 유학생으로 일본과 미국에서 공부했다. 일본 유학 시절에는 후쿠자와 유키치 집에 기거하며 그와 친분을 쌓았고, 미국에서는 서양의 사상과 문물을 직접 접하고 배웠다. 온건개화파에 속했던 그는 「개화의 등급」이라는 글에서 그 등급을 개화한 자, 반개화한 자, 미개화한 자의 세 가지로 나누면서 "미개화란 야만스런 종족을 가리킨다"고 말한다.

중국의 양무운동과 궤를 같이하는 온건 개혁론자들이었다. 개국기원 사용, 도량형 통일 등 그들의 개혁 정책은 철저히 일본의 입맛에 맞게 다듬어졌다. 그 뒤 개화파는 다시 10 년 동안 독립협회를 중심으로 활발한 활동을 펼쳤지만, 의도와는 달리 조선은 점점 더 일본의 식민지로 전락해갔다.

동학 — 외세도 물리치고 전통 질서도 바꾸자

개화파가 결국 외세의 침략에 길을 열어준 역할만 한 것은 물론 현실적인 힘의 한계 때문이었다. 그러나 "약한 나라는 강한 나라의 지배를 받을 수밖에 없다"라는 그들의 사고 방식에서 이미 그러한 결과는 예정되어 있었다. 개화파의 한 사람인 윤치호가 '몰라요 씨'라는 필명으로『독립신문』에 실은 글은 그들의 한계를 적나라하게 보여준다.

"아프리카는 풍요로운 자원을 가졌건만 토종들이 그 좋은 땅을 수천 년간 내버려두었다가 하늘의 미움을 받았다. 유럽 사람들이 아프리카를 나누어 가지고 세계에 유용한 물건을 만드니 하늘이 무심하지 아니함을 가히 알 수 있도다." (1898년 8월 30일자)

윤치호는 이어서 조선이 수려한 팔도강산을 제대로 가꾸지 않으면 외세에 길을 내주어도 할말이 없다는 자조 섞인 글을 썼다. 그러나 그렇게 들어온 외세가 과연 우리가 미처 개발하지 못한 이 나라의 자원을 대신 갈고 닦아 우리에게 이로운 일을 해줄 것인가? 오

9 한말의 계몽운동가 윤치호. 일본에서 유학하며 영어를 배우고 서양문물을 접했던 그는 메이지유신을 모델로 한 근대화 방안을 구상하기도 했다. 서재필·이상재 등과 독립협회운동을 주관했으며 을사조약 이후로는 신민회 회원으로 활동하기도 했으나 1920년대 이후에는 적극적으로 친일 활동을 했다. 그는 60여 년간 일기를 썼는데, 처음 3~4년은 한문으로, 그 뒤 2년은 한글로, 또 그 뒤 50여 년은 영어로 썼다. 영어 일기를 쓰는 이유를 그는 1889년 12월 이렇게 밝히고 있다. "한글로 나의 의도를 모두 전달하기에는 한글의 어휘가 너무 부족하다."

10

히려 그들은 자신들의 이익을 위해 이 나라의 자원을 긁어가고 이 나라 민중을 수탈하는 데만 혈안이 되지 않았던가?

이러한 외세, 즉 제국주의의 속성을 가장 먼저 알아채고 민족적 저항의 불길을 당긴 사람들은 외세의 수탈에 가장 직접적인 피해를 입을 수밖에 없는 농민들이었다. 그들은 먼저 전통 신분 사회의 억압에 반대하고 개화파의 철저하지 못한 개혁에 실망하여 1894년 대규모 봉기를 일으켰다(동학농민운동). 파죽지세로 정부군을 몰아붙여 호남 일대를 장악한 농민 봉기군은 전주에서 '폐정개혁 12조'를 내걸었다. 이것을 보면 그들이 얼마나 전통 사회의 철저한 혁신에 목말라 했던가를 잘 알 수 있다. 그 가운데 주목할 부분을 들어보면 다음과 같다.

— 탐관오리는 그 죄상을 조사하여 엄하게 처벌할 것.

— 불량한 유림과 양반의 못된 버릇을 징벌할 것.

— 노비 문서는 불태워 버릴 것.

— 7종의 천인 차별을 개선하고, 백정이 쓰는 평량갓은 없앨 것.

— 청상과부의 개가를 허용할 것.

— 공사채(公私債 : 공적·사적인 빚)를 막론하고 지난 것은 모두 무효로 할 것.

— 토지는 평균하여 고르게 나누어 경작할 것.

10 서울로 압송되는 전봉준. 반봉건·반제국주의 기치 아래 조선 사회를 변혁하려 했던 동학농민운동(갑오년에 일어났다 하여 '갑오농민전쟁'이라고도 한다)은 일반 민중에 의한 근대화운동이라고 할 수 있다.

이처럼 전통 사회를 바꾸려는 혁명적인 생각에 더해 농민군은 남의 나라를 호시탐탐 노리는 외세에 대해서도 강한 거부감을 나타냈다. 그래서 폐정개혁 12조에 "왜와 통하는 자는 엄징할 것"이라는 항목을 집어넣었다. 여기서 '왜와 통하는 자'가 개화파를 가리킨다는 것은 말할 나위도 없다. 외세의 간섭 없이 낡은 체제를 바꾸겠다는 이 자주적 사고 방식은 크리스트교를 가리키는 서학(西學)에 대응하는 동학(東學) 이념의 영향을 받은 것이었다. 그리하여 외세의 간섭도 물리치고 낡은 체제도 타도하자는 반제국주의·반봉건운동의 긴 장정이 이 나라 민중의 손에 의해 막이 오른 것이다.

하지만 동학농민운동은 결국 이들의 도전에 위협을 느낀 개화파 정부와 일본 제국주의의 공격을 받아 좌절되고 말았다. 그러나 위정척사파와 달리 구체제의 철저한 혁신을 부르짖고, 개화파와 달리 제국주의의 야심을 꿰뚫어보고 이를 반대한 농민군의 정신은 이후 우리 역사에 커다란 영향을 미쳤다. 봉기군 지도자 전봉준이 제국주의에 대한 민족의 대단결을 호소한 글에는 19세기 말 어려운 시절에 조선 사람이 가질 수 있었던 가장 고결한 정신이 깃들어 있다.

11 한말의 의병들 모습. 초기의 의병은 척사파가 중심이 되었으나 일본의 침략이 본격화된 시기에 일어난 의병은 농민이 주축이 되었다. 동학농민운동의 반봉건적 성격을 이어받았던 이들은 적극적으로 일본 제국주의에 저항했다.

"방백 수령이 모두 개화파 소속으로, 인민을 어루만지며 구휼하지 아니하고 살육을 좋아하며 생령(생명, 백성)을 도탄에 빠지게 하매 이제 우리가 일어나 왜적을 소멸하고 개화를 제어하고자 한다. …… 생각건대 조선 사람끼리라도 도(道)는 다르나 왜적을 배척하고 개화파를 배척하는 뜻은 하나이다. …… 조선이 왜국 되지 않도록 합심 협력하여 큰일을 이루게 할지라."

근대 자본주의 체제는 서유럽에서 시작되어 전세계로 퍼져 나갔다. 세계는 19세기 말에 이르러 서유럽과 미국, 일본 등 선진 열강을 중심으로 통합되었다. 그리고 20세기, 갑자기 이상한 일이 일어났다. 그 어느 때보다도 활기 넘치게 성장하던 근대 자본주의가 스스로 이룩해놓은 것을 마구 파괴하기 시작한 것이다. 세계는 20세기 전반기에만 두 차례나 소중한 인명과 근대 문명의 성과들을 해치는 큰 전쟁을 벌였다. 이 병적인 파괴 행위는 이미 세계를 나누어 가진 열강들이 서로 남의 것을 빼앗고 더 큰 세력을 이루려고 한 데서 비롯되었다. 두 차례의 세계대전이 끝났을 때 세계의 모습은 많이 달라져 있었다. 서유럽이 뒤로 물러나고 미국과 소련이 초강대국으로 등장했다. 미국은 서유럽에서 시작된 자본주의를 더욱 거대한 규모로 발전시켰고, 소련은 자본주의에 반대하는 사회주의

라이벌

세계체제를 건설했다. 세계는 이 두 나라를 중심으로 자본주의와 사회주의가 대결하는 전장이 되었고, 열강의 식민 지배에서 해방된 수많은 신흥 국가가 그 틈에서 생존과 발전의 길을 찾아 나갔다. '냉전' 이라고 불리는 두 체제의 대결은 20세기가 끝나기 전에 사회주의의 패배로 일단락되고, 세계는 유일 초강대국 미국이 주도하는 무한 경쟁의 자본주의 체제로 들어가게 되었다.

오늘날 미국이라는 이름으로 대표되는 세계 자본주의 체제 상층부나 세계의 대다수 대중은 세계가 점점 더 하나가 되어야 한다는 점에 이의를 달지 않는다. 그러나 하나 된 세계의 모습에 관해서는 상층부와 대중 사이에 근본적인 입장 차이가 있다. 이러한 차이는 현대 세계의 모든 문제들에 대한 사람들의 태도를 갈라놓으며 전지구적인 맞수 관계를 빚어내고 있다.

현대사

271 다이얼 세계사 현대사

야만성의 한계에 대한 도전들

1차 대전 V

19세기 말 서유럽과 미국 등 열강이 앞 다투어 세계 각 지역을 식민지로 삼는 제국주의 시대가 열렸다. 이때 영국, 프랑스 등 앞선 제국주의 국가를 독일, 러시아 등 후발 주자들이 따라잡으려고 하면서 제국주의 국가들 사이에 편가르기가 일어났다. 이러한 제국주의 국가들끼리의 각축은 기어코 서로간에 불을 뿜는 세계대전으로 이어졌다. 세계대전은 두 차례에 걸쳐 일어났고, 두 번 모두 독일이 도발했다. 유럽에서 시작되어 전세계로 번져간 세계대전은 이전의 어떤 전쟁과도 달랐다. 과학 기술의 발달로 가공할 파괴력을 갖추게 된 살상 무기, 식민지 쟁탈 과정에서 단련된 상비군,

1 1차 대전 중 참호에서 휴식을 취하고 있는 영국 병사들.

S 2차 대전

2

전 국민의 전쟁 동원 체제 등 전쟁의 규모가 이전과는 비교할 수 없었다. 두 차례의 세계대전은 수천만 명의 희생자를 낳고 문명 세계를 잿더미로 만들어버린 후에야 끝났다. 우리의 현대 세계는 이 같은 종말론적 참극의 소용돌이 속에서 시작되었다. 다행히 인류는 비극을 딛고 세계 곳곳에서 활발한 삶을 이어가고 있다. 그러나 다시 한 번 세계대전이 벌어진다면 그후의 인류 생존을 장담할 수 없다는 점에서 두 차례의 세계대전은 두고두고 되새겨야 할 교훈이 아닐 수 없다.

2 포탄을 조립하고 있는 소련 여성들. 2차 대전 동안 남성들을 대신해 여성들이 군수물자 생산에 동원되었다.

같은 종족끼리도 미워하는 동물, 인간

어느 사상가가 말했다. "토끼는 토끼를 먹지 않는데, 왜 인간은 인간을 먹을까?"

이 이야기는 미개한 시대의 식인종에 관한 것이 아니다. 끊임없는 살육과 파괴로 얼룩진 인류 사회에 관한 비유이다. 이 말 속에는 인류가 현재까지 진화의 역사에서 최고 위치를 차지하고 있는 동물이지만, 종(種)으로서 인류 자신의 진화는 아직 끝나지 않았다는 철학적 의미가 담겨 있다. 토끼는 한 종으로서의 진화가 끝나서 자기 종을 먹는 일을 멈추었지만, 아직 진화가 덜 끝난 인간은 서로를 다른 종으로 인식하여 끝없는 자기 파괴를 거듭하고 있다는 것이다.

그러한 자기 파괴의 한 정점을 이룬 시대가 20세기 전반기였다. 인류의 자기 파괴가 가장 명료하고 극단적인 형태로 구체화되는 것이 바로 전쟁인데, 20년 간격으로 일어난 두 차례의 세계대전은 그 극단의 끝이었다.

두 차례의 세계대전에서 인간은 마치 어디까지 서로를 미워할 수 있으며, 어디까지 스스로의 존재를 부정할 수 있는가를 놓고 경쟁이라도 하듯 광란의 축제를 벌였다. 역사적이라고 보기에는 너무나도 종말론적인 이 두 사건을 놓고, 그 속에서 대립했던 인간이나 인간 집단의 맞수 관계를 이야기하는 것은 한가롭다 못해 한심한 노릇으로까지 느껴진다. 그러나 한 번은 짚고 넘어가야 하기에, 암흑 세계의 마왕처럼 인류 사회를 휩쓸고 지

LE TROISIÈME LARRON.

나간 두 전쟁을 역사의 저울 앞에 초대했다. 그토록 엄청난 희생을 감수한 끝에 인류는 자기 진화에 어떤 희망의 실마리를 남겼는가?

비교 1 : 전쟁이 일어난 배경

1차 세계대전을 흔히 '제국주의 전쟁'이라고 부른다. 서유럽과 미국의 선진 자본주의 국가들은 19세기 후반 제국주의로 나아가 아시아, 아프리카 등에서 식민지 쟁탈전을 벌이기 시작했다. 전세계를 대상으로 영토를 나눠 가진 제국주의 국가들은 서로가 차지한 영토를 놓고 뺏고 뺏기는 재분할 경쟁을 벌였다. 1차 세계대전은 바로 이러한 제국주의 국가들의 영토 재분할 경쟁, 즉 '땅따먹기 싸움' 끝에 벌어진 그들끼리의 패싸움이었다.

본래 유럽에서 땅따먹기 하면 영국이 단연 으뜸이었다. 가장 먼저 자본주의 체제를 확립한 영국은 일찍 힘을 길러 북아메리카, 인도, 남아메리카 등을 닥치는 대로 차지했다. 프

3 1906~1912년 사이에 모로코를 둘러싸고 벌어진 두 차례의 국제적 갈등은 1차 세계대전으로 이어지는 국제적 긴장을 불러일으켰다. 그림은 「세 도둑」이라는 제목의 풍자화로 모로코를 놓고 경쟁하던 영국의 에드워드 7세(왼쪽), 프랑스의 델카세(오른쪽), 독일의 빌헬름 2세(위)를 풍자하고 있다. 이들은 모두 1차 세계대전 발발에도 큰 책임이 있는 인물들이다.

4

랑스도 영국 못지않았지만 영국과 맞붙어 싸우기만 하면 무릎을 꿇는 바람에 항상 2인 자로 만족해야 했다.

두 나라가 자본주의 경제와 근대적 국가 체제로 힘을 키운 걸 알게 된 독일과 러시아도 뒤늦게 근대화를 서두르면서 영토 분할 경쟁에 나섰다. 일찌감치 자본주의로 나아간 영국, 프랑스와 달리 급하게 국가 주도의 자본주의화를 이룬 두 나라는 영국과 프랑스가 남겨놓은 지역을 차지한 뒤 영국과 프랑스가 이미 갈라놓은 땅도 빼앗으려고 덤볐다.

먼저 러시아가 중국과 대한제국 땅을 노리고 영국에 도전장을 내밀었다. 영국은 직접 러시아를 상대하는 대신 일본과 협정을 맺고 동아시아 지역에서 물러났다. 그리하여 일어난 것이 1905년 러일전쟁이었다. 전쟁은 예상을 뒤엎고 일본의 승리로 끝났다. 러시아는 하는 수 없이 동아시아를 포기하고 발칸 반도, 서아시아 등 옛 오스만투르크 지역으로 눈을 돌렸다. 그런데 이들 지역에서는 러시아보다 훨씬 사나운 독일이 먼저 영국과 프랑스에 덤벼들고 있었다. 독일과 사이가 벌어진 러시아는 영국 편으로 돌아서 자신의 세력권을 확보하였다(1907년 영국-러시아 협상). 이러자 독일은 영국, 프랑스, 러시아 등 유럽 열강 대부분과 대립하는 처지에 놓이게 되었다. 독일은 형제 국가인 오스트리아와 함께 악착같이 전쟁 연습을 하고 무기를 늘렸다.

그러던 중 발칸 반도를 놓고 오스트리아와 러시아가 충돌했다. 러시아가 세르비아를 침

4 1차 세계대전에 참전하기 위해 출정 중인 오스트리아 군대. 1914년 오스트리아의 프란츠 페르디난트 대공이 암살당한 사라예보 사건을 계기로 오스트리아는 세르비아에 선전포고를 했다. 이 선전포고가 곧 1차 세계대전으로 확산되었고, 이 전쟁이 4년이나 지속된 끝에 결국 독일·오스트리아를 포함하는 삼국동맹의 패배로 막을 내리게 되었다.

5

공한 오스트리아를 겨냥하여 총동원령을 내리자 오스트리아 편인 독일은 러시아를 향해 선전포고를 하였다. 그러면서도 독일은 정작 군대를 프랑스로 보냈고, 이에 영국과 러시아는 프랑스를 구하기 위해 군대를 일으켰다. 1차 세계대전의 막이 오른 것이다.

이처럼 1차 세계대전은 선발 자본주의 국가로서 일찌감치 해외 식민지 개척에 나선 영국·프랑스 등에 대해 후발 자본주의 국가 독일이 도전장을 내민 전쟁이었다. 그렇다면 이 같은 추악한 '땅따먹기' 전쟁 이후 벌어진 2차 세계대전은 어떤 이유로 일어났을까? 1차 세계대전보다는 그럴 듯한 명분이 있었을까?

2차 세계대전의 원인은 1차 세계대전으로 거슬러 올라간다. 1차 세계대전은 도전자였던 독일과 오스트리아의 패배로 끝났다. 승리한 영국, 프랑스, 미국 등은 이들이 다시는 재기하지 못하도록 가혹한 배상금을 물리고 모든 해외 영토와 유럽 내 영토 일부를 빼앗았다. 그러나 독일을 이렇게까지 궁지로 몰아넣은 결과, 독일에서는 복수심에 불타는 극렬한 정치 세력이 정권을 잡게 되었다. 극단적인 민족주의와 국가 사회주의를 표방한 이 정권의 이름은 '나치스'*였다.

히틀러를 중심으로 결집한 나치스는 악에 받친 독일 국민의 분노를 볼모로 삼아 다시 한 번 선진 자본주의 국가들에게 도전장을 내밀었다. 그것이 2차 세계대전의 시작이었다. 이 새로운 전쟁은 1차 세계대전의 승전국들이 스스로 초래한 것이나 다름없었다. 승전

5 1918년 11월 3일 독일혁명이 일어나 제정이 무너지고 임시정부가 수립되었고, 11월 11일 이 임시정부와 연합군 사이에 휴전협정이 맺어졌다. 사진은 전투에 참가했던 미군들과 함께 연합군의 승리를 자축하고 있는 파리 시민들.

* 나치스(Nazis) : 아돌프 히틀러를 당수로 하여 1933년부터 1945년까지 정권을 장악한 독일의 파시즘 정당으로 정식 명칭은 '국가 사회주의 독일 노동당'(NSDAP)이다. 19세기 말 유럽에 퍼져 있던 반(反)유대주의·백색 인종 지상주의·국가주의·제국주의 및 반(反)민주주의 사상을 기초로 하여 발생했다.

6 1933년 11월 12일 국민투표와 제국의회 재선거에
참여할 것을 독려하는 나치스 당원들의 모습. 이 선
거를 통해 나치스는 이미 다수를 점하고 있던 제국의
회의 의석 전체를 확보했다.

7

국들은 1차 세계대전의 엄청난 비극을 겪고도 근본적인 대책을 세우기는커녕 독일로부터 영토를 빼앗고 전리금을 챙기기에 급급하다가 복수심만 자극했던 것이다. 따라서 2차 세계대전은 1차 세계대전의 본질이었던 제국주의 국가들의 영토 빼앗기 다툼이 다시 한 번 벌어진 것이라고 할 수 있다.

이때 나치스의 편에는 이탈리아의 파시즘,* 일본의 군국주의 등 극우파 독재 정권들이 공동 전선을 이루고 있었다. 전쟁을 도발한 세력이 1차 세계대전 때보다 훨씬 악랄하고 강력해진 것이다. 이들 '추축국'(Axis-Powers: 무솔리니가 처음 말한 것으로서 독일·이탈리아를 비롯한 동맹국을 가리킴)의 도전을 받은 영국, 미국, 프랑스 등은 연합국을 구성해 맞싸웠다.

그런데 2차 세계대전은 진행되는 과정에서 단순한 제국주의 국가들끼리의 전쟁에 그치지 않게 되었다. 1차 세계대전 중에 러시아는 사회주의 국가인 소련으로 변신했다. 이 소

7 1941년 독일은 비밀리에 맺었던 독소불가침 조약을 깨고 소련을 침공한다. 결과는 독일의 참패. 히틀러의 예상과 달리 전쟁이 길어지자, 독일군들은 제대로 된 장비도 없이 혹독한 추위와 맞서야 했다. 이에 비해 추위에 익숙한 소련군은 레닌그라드와 스탈린그라드에서 격렬히 저항했고, 독일은 수많은 사상자를 남긴 채 물러나야 했다. 사진은 스탈린그라드 전투에서 포로가 된 독일군들의 모습.

* 이탈리아 파시즘 : 1919년 무솔리니가 조직한 국수적·권위주의적·반공적인 정치운동 및 그러한 사상을 말한다.

8

런이라는 나라는 처음에 독일과 불가침 조약을 맺고 전쟁을 피해보려 했다. 그런데 독일이 이 조약을 위반하고 대대적으로 소련을 침공했다. 그러자 소련은 체제를 지키기 위해 독일의 적인 연합국에 가담해 싸우지 않을 수 없었다. 사회주의를 혐오했던 독일의 나치스는 2차 세계대전 중에 유대인보다 훨씬 더 많은 소련인을 학살했다. 이런 점에서 2차 세계대전은 자본주의의 극단적인 형태인 나치즘과 사회주의 국가가 맞서 싸운 '체제간 전쟁'의 성격도 띠게 되었다.

한편 군국주의 일본의 침략에 시달리던 중국도 연합국에 가담하여 일본과 싸웠다. 중국 뿐 아니라 일본에 강제로 점령당한 조선도 미군, 중국군, 소련군과 손을 잡고 해방전쟁을 벌여 나갔다. 전세계에 퍼져 있는 제국주의 식민지들이 중국과 조선처럼 독립을 위해 세계대전 속으로 뛰어들었다. 이런 점에서 2차 세계대전은 제국주의에 대한 식민지들의 '민족해방전쟁'이라는 성격을 추가로 갖게 되었다.

비교 2 : 전쟁의 규모와 파괴력

1945년 8월 6일 오전 8시 15분. 일본 히로시마 시민들은 간밤을 방공호에서 가슴 졸이며 보낸 뒤 모처럼 맑게 갠 하늘을 보며 거리로 나섰다. 그들은 하늘 높이 나는 미군 폭격기 B-29에서 작은 낙하산 하나가 떨어지는 것을 보았다. 그것은 그들이 이 세상에서 마

8 핵폭발 후 폐허가 된 히로시마의 모습. 군데군데 간신히 버티고 선 건물 몇 채와 길이 있었던 자국 이외에는 아무것도 남아 있지 않다.

지막으로 본 물체였다.

낙하산에 매달린 작은 폭탄이 폭발하자 섭씨 수천만 도의 화염이 순식간에 모든 것을 녹여버렸다. 이어 불어 닥친 폭풍으로 히로시마 시가지는 황량한 벌판으로 변했다. 공중으로 7km까지 솟아오른 버섯구름에서 떨어지는 방사능 낙진은 또 다른 재앙이었다. 통계에 따르면, 이때 히로시마 인구 30만 명 가운데 대략 3분의 2가 사망했다고 한다. 이 작은 폭탄은 대량 살상 무기의 결정판이라고 할 수 있는 원자폭탄이었다.

1, 2차 세계대전은 전선에서 싸우는 군인끼리만 죽고 죽이는 전쟁이 아니었다. 전쟁 당사국 국민이라면 히로시마처럼 전선에서 멀리 떨어진 곳에서 일상 생활을 이어가다가도 처참한 희생을 당할 수 있게 된 것이다.

1차 세계대전 당시 독일군 참모였던 루덴도르프는 전선이 따로 없는 현대 전쟁의 성격에서 '총력전' 이라는 개념을 만들어냈다. 현대전에서는 참전국들이 군사력뿐 아니라 정치, 경제, 사회 등 각 분야의 힘을 전쟁에 집중하기 때문이다. '국가 총동원' 이라는 무시무시한 구호 아래 노인과 부녀자까지 생산이나 수송, 간호 등 군사 업무에 동원할 정도였다.

이 같은 '총력전' 이 등장한 것은 무엇보다 대량 살상 무기가 발달했기 때문이다. 장거리포와 전폭기는 군인과 민간인을 가리지 않고 폭탄을 퍼부었고, 적의 요새뿐 아니라 대도

9 국한된 전선에서 벌어지던 이전의 전쟁과는 달리, 핵폭탄이나 장거리 무기, 화학 무기 등 대량살상 무기가 등장하는 현대전은 후방의 일상 생활까지 위협한다. 사진은 학생들에게 화학전 대비 훈련을 시키는 2차 세계대전 중의 학교 모습.

시, 산업 시설, 교통 시설 등을 모두 표적으로 삼았다. 이에 따라 일반 시민이 군인보다 더 많이 죽는 사태가 생겨났다. 이제 전쟁은 그야말로 전 국민 대 전 국민의 사생결단으로 확대되었다. 그리고 2차 세계대전은 이러한 대량 살육전을 극한까지 밀어붙였다. 그리고 그 절정에는 단 한 번의 폭발로 수만 명의 목숨을 흔적도 없이 앗아가 버리는 원자폭탄의 위력이 있었다.

그렇다면 1, 2차 세계대전은 얼마나 많은 사람들을 끌어들여 죽음으로 몰고 갔을까? 먼저 1차 세계대전에는 4년간 전세계 36개국에서 4,500만 명의 병력이 동원되었다. 각국 정부가 전쟁에 쏟아 부은 돈은 2,000억 달러를 넘었다. 전사자는 850여 만 명에 이르렀고 2,000만 명 이상이 부상당했다. 전쟁을 일으켰던 독일에서는 모두 180여 만 명이 목숨을 잃었다.

그러나 이 정도는 2차 세계대전 앞에서는 비교 대상도 되지 않는다. 2차 대전이 진행되는 6년간 57개국에서 1억 1,000만 명이 넘는 군인이 동원되었다. 각국 정부의 전쟁 비용을 다 합치면 무려 1,000조 달러가 넘었다. 전사한 군인 2,700만 명, 민간인 희생자 2,500만 명(1차 세계대전의 50배를 넘는 수)을 포함해 5,000만 명이 훨씬 넘는 사람들이 목숨을 잃었다. 전쟁을 일으켰던 독일은 350만 명의 군인과 78만 명의 민간인을 잃었고, 그들 손에 570만 명 이상의 유태인과 1,000만 명에 이르는 소련인이 학살당했다.

10 1945년 미군에 의해 해방되던 당시의 부헨발트 수용소. 부헨발트 수용소는 나치에 의해 가장 먼저 세워진 수용소로 2차 세계대전 중 최대 2만 명까지 수용되어 있었다고 한다. 이 수용소에서는 수용자들을 대상으로 티푸스와 바이러스 실험이 이루어지기도 했다. 나치에 의해 강제수용소에서 학살당한 유태인은 모두 400여 만 명에 이르는 것으로 추정된다.

이처럼 수치로 볼 때, 규모와 파괴력에서 1, 2차 세계대전의 우열은 쉽게 판가름 난다. 그러나 그러한 통계치의 비교가 무슨 의미를 가질 수 있으랴?

비교 3 : 전쟁이 인류 사회에 미친 영향

1946년 10월 2일, 독일 뉘른베르크에서 전세계의 이목이 집중된 가운데 진행되어온 국제 군사재판이 1년간의 대장정을 마쳤다. 영국, 미국, 프랑스, 소련의 판사들로 구성된 재판부는 선고 공판에서 모두 19명에게 교수형을 비롯한 극형을 선고했다. 죄목은 범죄적인 나치스 구성, 침략 전쟁의 공동 모의와 도발, 전쟁 범죄 및 반인도적 범죄 행위 등이었다. 이러한 죄목은 모두 기간에 관계없이 소급 적용되었다. 이러한 전범 재판은 일본에서도 도조 히데키 등 전쟁 최고 책임자들을 상대로 진행되었다.

인류 역사상 전쟁에 대한 법적 책임을 개인에게 물었던 적은 일찍이 없었다. 옛날에도 '전쟁 범죄' 라는 규정이 없었던 것은 아니다. 그러나 그것은 어디까지나 전쟁 중에 자행한 부당한 행동에 국한되었다. 침략 전쟁 자체가 범죄로 규정된 것은 2차 세계대전이 처음이었다.

그렇다면 1차 세계대전 때는 어떠했을까? 이 전쟁은 승전국과 패전국 모두에게 어떤 이익도 없이 엄청난 심리적 충격을 안겨주었다. 그럼에도 불구하고 1919년 그 뒤처리를 위

11 뉘른베르크 전범 재판 모습.

해 열린 베르사유 회담의 참가국들에게 대량 살육전이 재발하지 않도록 할 의지가 있었는지는 의심스럽다. 독일은 알자스-로렌을 비롯해 엄청난 영토를 잃었다. 전쟁 배상금은 330억 달러라는 천문학적 액수였다. 회담에 영국 대표로 참석했던 경제학자 케인스조차 "독일 경제를 붕괴시킬 정도로 가혹한 조치"라고 경고했을 정도이다. 그러면서도 영국, 미국, 프랑스가 주도하는 제국주의 체제는 그대로 유지해 나갔다. 2차 세계대전은 이러한 조치에서 이미 예고되고 있었던 셈이다.

2차 세계대전을 치르고 난 다음에야 인류는 태도를 바꾸었다. 전쟁을 일으키는 행위 자체를 범죄로 규정하는 데 누구도 이의를 제기하지 않았고, 인류 사회의 갈등과 분쟁을 조절하기 위해 국제연합(UN)이라는 세계 기구도 순조롭게 출범시켰다. 인류가 두 차례의 엄청난 전쟁을 겪고서야 비로소 정신을 차린 셈이다.

2차 세계대전이 단순한 제국주의 전쟁만은 아니었기 때문에 이러한 변화가 일어날 수 있었다. 나치스를 비롯한 파시즘 체제는 극단적인 전체주의로 치달았다. 이 비인간적 이데올로기는 프랑스혁명 이후 서유럽 사회가 기본적으로 지향해오던 보편적 민주주의를 뿌리부터 위협했다. 서유럽 국가들은 힘을 합쳐 파시즘의 위협을 제거해야 했다. 따라서 2차 세계대전은 제국주의전쟁을 넘어 파시즘 대 민주주의의 대결이라는 성격을 띠게 되었다.

12 2차 세계대전이 종반으로 치닫던 1945년 2월 전쟁의 뒤처리를 위해 영국, 미국, 소련의 수뇌들이 얄타에서 모였다. 처칠, 루즈벨트, 스탈린이 한 자리에 앉아 담소를 나누고 있다. 이 회담에서 베를린의 분할 문제가 다뤄졌고, 독일 항복 후 3개월 안에 대(對)일본전에 참전한다는 조건으로 소련에게 동아시아 지역에서의 많은 이권을 보장해주는 비밀협약이 맺어지기도 했다.

여기에다 독일은 최초의 사회주의 국가인 소련을 향해서도 총부리를 거누었다. 소련은 자신들의 체제를 말살하려는 독일에 대항하여 영국, 프랑스 등과 협력했다. 전쟁이 끝나갈 무렵인 1945년 4월, 독일 엘베 강에서 만난 미군과 소련군이 환호하며 감격을 나누는 극적인 장면이 연출되었다. 이 장면은 이 전쟁에서 이루어졌던 '반파시즘 연합 전선'을 상징한다.

이처럼 전쟁의 진화 과정에서 생겨난 거대한 악의 세력이 세계를 압박하는 바람에, 2차 세계대전에서는 많은 인류가 자의든 타의든 보편적인 정의의 편에서 싸웠다. 그리고 전쟁이 끝나자 인류는 더 이상의 자기 파괴를 막고 종(種)으로서의 진화를 이룩해야 한다는 합의에 이른 듯했다. 정당하지 못한 전쟁을 도발하는 행위를 명백한 범죄로 간주하게 되었고, 국제연합도 출범시켰다. 그후 수십 년이 지난 오늘날에도 인류는 아직 전쟁의 위험에서 벗어나지 못했지만, 인간이 인간을 잡아먹는 야만 상태에서 벗어나려는 진화의 노력은 계속되고 있다.

13 전후 처리 과정에서 미국·영국·프랑스·소련에 의해 분할 점령된 베를린은 결국 베를린 장벽이 건설되면서 새로운 전쟁인 냉전의 상징이 되었다. 월경을 막기 위해 1961년부터 건설된 베를린 장벽은 1989년 독일 통일로 무너지기까지 한반도의 휴전선과 함께 냉전의 최전선을 형성했다. 사진은 동독의 인부들이 베를린 장벽을 쌓고 있는 모습.

사회주의 탄생부터

사회주의 V

1

세계 최초의 사회주의 국가는 1차 세계대전의 와중에 생겨났다. 전제군주제를 유지하고 있던 후발 자본주의 국가 러시아에서 혁명이 일어나 나라의 성격이 확 바뀐 것이다. 러시아는 곧 14개의 다른 공화국과 함께 소비에트사회주의공화국연방(줄여서 '소련')을 이루었고, 2차 세계대전에 연합국으로 참전하여 승전국이 되었다. 전쟁이 끝나자 동유럽과 중국 등에서 잇따라 사회주의 국가들이 태어나 소련을 중심으로 한 사회주의 세계 체제를 건설하게 되었다. 전후 미국과 함께 세계 질서를 주도한 소련은 짧은 기간에 미국을 위협하는 세계 2위의 정치·경제 대국으로 성장하여 세계를

1 에이젠슈테인 감독이 1927년 러시아혁명 10주년을 기념해 만든 영화 「10월」의 포스터.

S 사회민주주의

놀라게 했다. 세계 역사상 이처럼 빠른 발전은 일찍이 없었다. 그러나 승승장구하던 소련은 1980년대 들어 미국과의 체제 대결에서 밀리는가 싶더니 1990년대 들어서 자마자 동유럽의 형제 국가들과 함께 자멸하고 말았다. 이처럼 소련 사회주의가 급격하게 몰락한 데는 세계 사회주의운동의 분열이 큰 원인으로 작용했다. 특히 사회주의 사상의 고향인 서유럽에서는 소련의 사회주의와 노선을 달리하는 사회민주주의가 대두하면서 소련의 존립에 큰 영향을 미쳤다. 소련의 종말을 앞당긴 개혁 노선, 곧 페레스트로이카는 소련 내부로 침투한 사회민주주의였다.

2 1923년, 독일 바이마르공화국의 초대 대통령 프리드리히 에베르트의 연설 모습.

사회주의의 역사

한국 사회에서 사회주의를 지향하는 사람들이 사회 표면에 등장한 것은 1980년대의 일이었다. 그전까지 우리나라에서 사회주의 하면 북한 체제를 가리키는 것이었고 사회주의자는 남파 간첩이거나 북한의 조종을 받아 남한을 공산화하려는 일부 세력에 국한되었다. 한마디로 사회주의라는 것은 남한 내부에서 자생적으로는 나올 수 없는 것으로 인식되었다.

그런 터에 북한 체제를 지지하지도 않는 남한 사람이 "나는 사회주의자요"라고 주장하기 시작한 것은 큰 변화였다. 1988년에 결성된 한 운동권 조직의 이름은 '남한 사회주의 노동자 동맹'(사노맹)이었다. 이들은 이름에서부터 북한 노동당과는 관계없이 남한에서 자생적으로 성장한 사회주의자들의 조직이라는 것을 분명히 했다. 이 단체의 등장을 전후하여 한국 사회 곳곳에서는 공공연하게 자생적 사회주의자를 자처하는 사람들이 나타나기 시작했다.

그 당시 그들이 추구한 사회주의는 소련을 중심으로 막강한 세력을 형성하고 있던 마르크스·레닌주의*였다. 다른 사회주의, 예컨대 서유럽에서 오랜 역사를 이어 온 사회민주주의** 같은 것은 안중에도 없었다.

역설적인 것은 바로 그때 마르크스·레닌주의의 발생지인 소련에서 일어나고 있던 변화

3 레닌의 러시아 사회민주노동당은 1917년 혁명으로 세계 최초의 사회주의 국가인 소련을 세웠다. 사진은 왼쪽부터 스탈린, 레닌, 트로츠키.

* 마르크스·레닌주의 : 마르크스가 죽은 뒤 레닌에 의해 계승·발전된 혁명적 사회주의 이론 체제로, 생산 수단의 사회화를 통한 무계급 사회 실현을 지향하였다. 일반적으로는 공산주의를 가리킨다.

였다. 1985년, 소련 공산당 서기장에 취임한 고르바초프는 소련에서 절대적 지위를 누리던 마르크스·레닌주의를 깎아내리고 사회민주주의를 재평가했다. 그리고 급기야는 마르크스·레닌주의의 주요 원칙들을 수정해 나갔다.

소련 사회주의가 몰락하면서 세계 사회주의도 함께 추락했다. 이제 막 기지개를 펴던 한국의 자생적 사회주의자들도 꼬리를 감추었다. 그렇다고 사회주의를 표방하는 세력이 아주 없어진 것은 아니다. 사회주의자들이 경찰과 법의 탄압을 받던 1980년대와 달리 1990년대 들어서는 사회주의나 노동자 정부를 주장하는 사람들이 합법 정당을 만들고 공공연하게 활동했다. 하지만 그들은 더 이상 마르크스·레닌주의를 따르지 않았다. 오히려 1980년대에는 괄시받던 사회민주주의를 드러내놓고 따르는 사람들이 많았다.

1980년대 한국 사회 일각을 풍미한 마르크스·레닌주의는 무엇이고, 1990년대 들어 고개를 내밀기 시작한 사회민주주의는 무엇일까? 마르크스·레닌주의도 사회주의이고 사회민주주의도 사회주의라고 한다면, 도대체 사회주의라는 것은 무엇일까?

200가지가 넘는 사회주의

사회주의란 말의 창시자로 알려진 19세기 프랑스 사회사상가 르루는 이렇게 말했다.

"나는 사회주의라는 새로운 말을 개인주의에 대립하는 것으로 처음 사용했다."

4 고르바초프는 소련을 미국이나 독일과 같은 자본주의 국가들과 동등한 경제 수준으로 끌어올리기 위해 페레스트로이카 노선을 채택했다. 이 노선은 정치·사회·경제 등 전 분야에 개혁 정책을 가져왔고, 마르크스·레닌주의의 원칙들을 폐기시켜 나갔다.

** 사회민주주의 : 정치 과정을 통해서 자본주의에서 사회주의로 평화적이고 점진적인 사회 변화를 추구하는 정치 이념.

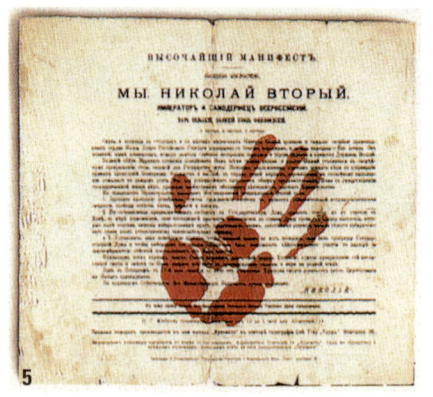

자본주의는 개인의 이윤 추구를 목적으로 하고 개인 소유, 개인간의 경쟁을 주요한 요소로 삼는 개인주의 경제 체제이다. 19세기 사회사상가들은 이러한 자본주의가 자본 집중, 자원 낭비, 실업과 빈곤의 증대, 주기적 공황 등 여러 병폐를 낳는다고 생각했다. 따라서 자본주의 사회를 개조하려면 개인주의에 반대되는 원리를 도입해야 한다고 생각했는데, 그 반대 원리가 사회주의였다.

그리하여 사회주의는 개인이 아닌 사회가 생산 수단을 소유하고 계획적으로 관리하여 평등과 사회 정의를 실현하자는 사상에서 출발했다. 19세기 이후 사회주의를 표방한 사상은 무려 200여 종에 이르렀으나, 그 모두는 세세한 차이에도 불구하고 생산 수단의 사회적 공동 소유와 계획 경제를 주장했다는 점에서 같다.

이러한 사회주의 사상이 현실에서 혁명의 원동력으로 작용하기 시작한 것은 19세기 후반 마르크스주의가 등장하면서부터였다. 마르크스주의는 사회주의가 공상이 아니라 자본주의 사회 속에서 그 전제 조건이 마련되고 있는 현실의 운동이라고 주장했다. 자본주의가 발달할수록 사회주의를 이루기 위한 물질적 토대가 마련되어 결국에는 사회주의로 바뀔 수밖에 없다는 것이다. 그리고 자본주의 사회를 사회주의 사회로 이끌고 갈 현실의 주체 세력은 프롤레타리아트, 즉 자본주의 사회의 노동자 계급이라고 못 박았다.

이 같은 마르크스주의는 자본주의 사회에서 억압받는 노동자 계급과 자본주의 사회의

5 러시아 사회주의운동 포스터. 피 묻은 손바닥은 초기 사회주의운동의 상징이었다.

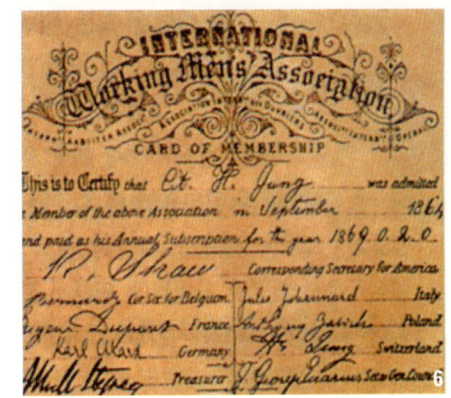

개조를 꿈꾸는 혁명가들을 묶어 강력한 사회주의 정치 세력을 탄생시켰다. 그 중심에는 1875년 마르크스의 조국인 독일에서 결성된 사회민주노동당(오늘날 독일 사회민주당의 전신)이 있었다. 엥겔스, 베벨, 리프크네히트 등 기라성 같은 마르크스주의자들이 이끄는 이 정당을 중심으로 유럽 각국에 마르크스주의가 뿌리를 내렸다. 그리고 1889년 파리에서는 프랑스혁명 100주년을 맞아 유럽 각국 마르크스주의 정당들의 국제 조직인 제2인터내셔널*이 결성되기에 이르렀다.

사회주의가 마르크스 · 레닌주의와 사회민주주의로 갈라지다

마르크스주의가 사회주의와 노동운동의 주류로 나섰을 때, 마르크스주의를 표방하는 정당들은 '사회민주주의'를 내걸었고 당의 이름도 사회민주당이나 사회당으로 바꾸었다. 그러니까 19세기 말에는 사회민주주의 하면 곧 마르크스주의였고 마르크스주의 하면 곧 사회민주주의였다. 이러한 사회민주주의의 통일성에 금이 가기 시작한 것은 서유럽 자본주의 국가들이 독점자본주의로 나아가면서부터였다.

독점자본주의는 자본주의가 자체의 원리에 따라 발전한 결과였지만, 그 이름부터 자본주의의 기본 원리와 충돌했다. 자본주의는 자유 경쟁이 핵심 요소인데, 독점자본주의는 소수의 대기업이 시장을 독점하고 다른 기업을 경쟁에서 밀어내는 체제이기 때문이다.

6 제1인터내셔널 가입증. 왼쪽 밑에서 두번째 줄에 마르크스의 이름이 보인다.

* 인터내셔널은 노동자 및 사회주의 단체의 국제적 조직으로 제4인터내셔널까지 결성되어 활동했다.

이 체제에서 독점 기업과 그 지원을 받는 정부는 노동자 계급에게도 같은 원리를 적용했다. 일부 상층 노동자에게 많은 혜택을 주어 노동 귀족으로 키웠던 것이다. 이러한 노동 귀족 중 일부는 사회민주당의 간부이기도 했다.

그 당시 사회민주주의의 중심에 있던 독일 사회민주당이 가장 먼저 이러한 변화에 반응했다. 사회민주당의 엘리트 간부 베른슈타인이 그 선두 주자였다. 그는 자본주의 환경의 변화에 적응하려면 마르크스주의도 수정되어야 한다고 주장했다. 그가 분석한 바에 따르면, 자본주의는 결코 스스로 붕괴의 길을 걷지 않는다. 따라서 노동자 계급도 폭력혁명으로 자본주의를 타도하려 할 것이 아니라, 점진적·민주적 개혁을 통해 처지를 개선할 필요가 있다는 것이다.

이 같은 베른슈타인의 수정주의는 로자 룩셈부르크, 카를 카우츠키 등 동료들의 강력한 비판을 받았지만, 유럽 각국 사회민주당의 상층 간부에게 많은 영향을 주었다. 그리고 1차 세계대전이 일어나자 수정주의자들은 각자 자기 나라 정부에 협력했다. 제2인터내셔널을 통해 국제적인 연대를 맹세했던 사회주의자들이 각국 정부의 편에 서서 서로를 향해 총부리를 겨누었던 것이다. 당연히 제2인터내셔널은 붕괴하고 사회민주당은 분열 위기를 맞았다.

유럽 각국 사회민주당의 수정주의를 가장 강하게 비판한 것은 레닌을 중심으로 한 러시

7 에두아르트 베른슈타인. 바이마르공화국의 경제·
재무 장관으로 지명되기도 했던 그는 보편적인 개혁
운동으로서의 사회민주주의를 확립시켰다.

아 사회민주노동당이었다. 이 당은 1917년 폭력혁명을 통해 세계 최초의 사회주의 국가인 소련을 세웠다. 그리고 사회민주노동당이라는 당 이름을 공산당으로 바꿨다. '사회민주주의'라는 말이 수정주의를 의미하게 되었기 때문이다.

공산당이 유럽 사회민주당과 구별되는 가장 큰 차이점은 자본주의를 폭력으로 타도하는 혁명 노선을 택했다는 점과, '프롤레타리아 독재'(자본주의 체제가 폐지되고 공산주의 체제로 가는 과도기 단계에서 나타나는 프롤레타리아 지배 체제)를 사용했다는 점이었다. 이러한 소련 공산당의 노선에 동조하는 각국 사회주의자는 사회민주당을 박차고 나와 공산당을 세웠다. 그리고 이들은 사회민주주의에 반대하는 자신들의 노선을 마르크스·레닌주의라고 불렀다.

마르크스·레닌주의와 사회민주주의가 치열한 경쟁을 벌이다

소련은 독자적으로 사회주의혁명에 성공했지만, 선진 유럽 각국의 사회민주당이 사실상 혁명을 포기한 것은 소련에게 큰 부담이었다. 유럽과 미국, 일본 등 강력한 자본주의 국가에 포위된 상황에서 소련 사회주의가 버틸 수 있다는 보장이 없었기 때문이다.

소련 공산당은 이 위기를 돌파하기 위해 1919년 각국 공산당과 함께 국제 공산주의자동맹, 즉 코민테른(제3인터내셔널)을 창립했다. 그리고 이 국제 기구를 통해 이탈리아와 독

8 독일 사회민주당의 지도자 가운데 한 사람이었던 카를 카우츠키.

일의 마르크스·레닌주의혁명을 적극 지원했다. 특히 마르크스주의의 산실인 독일에서 사회주의혁명이 일어나기를 간절히 바랐다.

그러나 모든 것은 수포로 돌아갔다. 1922년 이탈리아에서는 무솔리니의 파시즘 정권이 들어섰고, 1923년 독일에서는 공산당을 두려워한 사회민주당의 지지를 얻어 군부 독재가 수립되었다. 코민테른은 이들 나라에서 혁명이 실패한 것은 사회민주주의가 노동자 계급을 현혹했기 때문이라고 비난했다. 반면 유럽 사회민주당들은 나름대로 사회주의 노동자 인터내셔널(2.5인터내셔널이라고 부른다)을 결성하여 코민테른에 대항했다. 마르크스·레닌주의와 사회민주주의의 격렬한 대립은 여기서부터 본격 궤도에 올랐다.

기대하던 사회주의 혁명이 서유럽에서 일어나지 않자 소련은 관심을 동쪽으로 돌렸다. 서유럽 제국의 식민 지배를 받던 동방 여러 나라의 사회주의자들을 지원하여 이 지역을 자기편으로 만들고자 했다. 아니나 다를까, 2차 세계대전이 끝나고 얼마 안 돼 동유럽 각국과 중국, 북한 등에는 사회주의 국가가 들어서서 소련과 공동 전선을 펼치게 되었다.

서유럽 사회민주당들은 강력해진 소련과 그 우방의 마르크스·레닌주의에 맞서 더욱더 우경화하면서 반공적인 성격을 드러내었다. 1951년 독일 프랑크푸르트에 모인 각국의 사회민주당은 제2인터내셔널의 부활을 목적으로 한 사회주의인터내셔널(SI)을 구성했는데, 이것이 오늘날까지 이어지는 사회민주주의의 국제 협력 기구이다. 특히 여기서 발

9 코민테른 기관지 『코뮤니스트 인터내셔널』 창간호.

10 그림은 프랑스의 사회민주주의 정당인 사회당의 상징이다. 붉은 장미를 꼭 잡고 있는 손은 사회민주주의의 국제적 상징이기도 하다.

11

표된 프랑크푸르트 선언은 사회주의 사상을 근본적으로 거부했다. 이 선언은 200개가 넘는 사회주의 사상 가운데 처음으로 생산 수단의 공동 소유와 공동 관리가 사회주의의 유일한 목적이 아니라는 내용을 담고 있었다.

사회민주주의는 이제 경제 성장과 분배의 평등화를 통해 사회 보장과 완전 고용, 생활 수준의 향상을 추구하게 되었다. 그것은 물론 본래의 사회주의와는 완전히 다른 길이었다. 이러한 노선은 미국 같은 강력한 자본주의 국가와의 체제 대결에 힘겨워하던 소련에게 엄청난 부담을 안겨주었다. 그리고 마침내 고르바초프의 페레스트로이카 노선과 함께 소련과 동유럽의 마르크스·레닌주의는 종언을 고하고 말았다.

그런데 막상 마르크스·레닌주의가 현실 세계에서 힘을 잃자 그 맞수였던 사회민주주의도 각국 정치 무대에서 퇴조하기 시작했다. 소련과 동유럽의 사회주의가 몰락한 것은 사회민주주의와의 경쟁에서 졌기 때문이 아니라 '신자유주의' 라는 이름으로 세계를 휩쓸기 시작한 자본주의의 공세를 견디지 못했기 때문이었다. 소련이라는 거대한 적을 쓰러뜨린 신자유주의의 도도한 물결 앞에서는 자본주의의 혁명적 타도를 외치지 않는 사회민주주의조차 설 자리가 없었다.

마르크스·레닌주의와 사회민주주의가 함께 휩쓸려 가버린 오늘날, 세계의 사회주의자들은 곳곳에서 표류하면서 사회주의의 새로운 진로를 고민하고 있다.

11 독일을 이념에 따라 동과 서로 갈라놓았던 베를린 장벽은 1989년 11월에 무너졌다. 사진은 장벽의 잔해와 브란덴부르크 문에 올라가 1989년의 마지막 밤을 보내고 있는 독일인들의 모습이다.

현대에 다시 만난 동서양의 거인

미국 V

소련이 붕괴하기 직전인 1989년 6월, 세계의 이목은 중국 베이징으로 쏠렸다. 자유화를 요구하는 학생과 시민 시위대가 베이징 한복판 톈안먼 광장을 꽉 메우고 있었기 때문이다. 위기를 직감한 중국 공산당은 군대를 동원하여 시위를 진압하고 시위대에 유화적인 태도를 취했던 자오쯔양 총서기를 실각시켰다. 얼마 뒤 소련과 동유럽의 사회주의가 몰락하자 많은 이들이 중국도 멀지 않았다고 생각했지만 중국 공산당은 건재했다. 항일 투쟁기부터 쌓아온 인민의 신뢰가 있었고 계속되는 경제 성장이 있었다. 오히려 중국은 소련이 무너진 세계에서 유일 초강대국 미국을 견제할 수

1 오른손에 횃불을, 왼손에 독립 선언서를 들고 있는 자유의 여신상. 미국의 대표적 상징물이다.

S 중국

있는 강대국으로 떠오르고 있다. 그렇다고 해서 옛 소련이 그랬던 것처럼 중국이 세계 사회주의의 수호자로서 미국과 맞선다는 뜻은 아니다. 중국은 공산당이 통치하는 나라이기는 하지만 한 발 물러난 채 세계 자본주의 경제 질서에 최대한 적응해 나가고 있다. 중국의 힘은 이념보다는 오랜 역사와 전통에서 비롯된 잠재력과 폭발적인 경제 성장에 있는 것처럼 보인다. 중국이 향후 사회주의의 색채를 강화할지 자본주의 국가로 변신할지는 알 수 없고, 그것은 중국 인민이 선택할 문제다. 그러나 그 선택이 전세계의 미래를 좌우하게 될 것이라는 점만은 분명하다.

2 중국 베이징의 톈안먼. 1949년 중화인민공화국 정권 수립식을 비롯한 국가 행사들이 여기서 시행되었다.

세계를 주름잡는 거대한 두 나라

세계 지도를 펼쳐놓고 보면 눈이 번쩍 뜨일 만큼 좋은 자리를 차지하고 있는 나라가 둘 있다. 하나는 동반구인 유라시아 대륙의 중국, 다른 하나는 서반구인 아메리카 대륙의 미국이다.

중국의 면적이 960만km², 미국의 면적이 952만km². 각각 한반도의 50배에 이르는 거대한 땅덩어리를 가지고 있다. 물론 이들이 지구상에서 가장 큰 나라는 아니다. 중국 위에 있는 러시아, 미국 위에 있는 캐나다가 이들에 앞서 면적 1, 2위를 차지한다. 그러나 러시아와 캐나다는 국토의 상당 부분이 북극 쪽에 가까운 동토(凍土)라, 사람이 살기에 적당한 곳은 그리 많지 않다. 반면 중국과 미국은 가장 살기 좋은 온대 지역을 넓게 차지하고 있어서 실질적으로는 세계에서 가장 큰 나라들이다.

이러한 두 나라의 특징을 한마디로 표현하면, '지대물박'이라 할 수 있다. 그리고 그러한 조건에 걸맞게 한 나라는 세계를 주도하는 현재의 초강대국이고, 다른 한 나라는 머지않아 그 자리를 위협할 잠재적 초강대국으로 인정받고 있다.

그런데 하늘에 두 해가 있을 수 없는 이치 때문일까? 두 나라의 관계는 그리 편치가 않다. 서로 드러내놓고 으르렁거리지는 않지만, 상대방을 경계하고 견제하는 샅바 싸움이 만만치 않다. 그런데 이러한 두 나라의 맞수 관계는 단순히 세계 1위를 겨루는 신경전만은

3 1853년 일본 앞바다에 내항한 페리. 서유럽 문명권에 속해 있으면서도 열강의 틈바구니에 있지 않았던 미국은 남북전쟁(1861~65년) 이전부터 태평양 쪽으로 눈을 돌렸다. 그 성과가 바로 1854년 일본 개항이다. 미국 동인도함대 사령관 페리는 1853년 6월 3일네 척의 흑선을 이끌고 일본에 입항, 함포 사격 훈련으로 무력 시위를 벌이며 통상 교섭을 요구하였다. 이듬해 다시 입항한 페리는 가나가와에서 시모다, 하코다테의 개항 등을 골자로 하는 조약(미일화친조약)을 체결하였다. 이후 미국은 태평양 지역의 조그만 섬들을 손에 쥐었고 필리핀을 얻는 데도 성공하여, 19세기 식민제국의 강자로 떠올랐다.

아니다. 그 밑바탕에는 한 나라는 자본주의, 한 나라는 사회주의라는 체제 대결도 숨어 있다. 또한 오랜 옛날부터 세계를 크게 양분해온 동서양 문명의 자존심 대결도 숨어 있다.

우리는 이러한 정치적·역사적 이유의 무게 때문에 두 나라의 맞수 관계에 주목한다. 그러나 우리가 두 나라를 주목하는 더 큰 이유는 그러한 맞수 관계가 어떤 모습으로 전개되느냐에 따라 인류의 미래가 달라지기 때문이다.

19세기 – 추락하는 용, 날아오르는 독수리

고대 중국의 통일 왕조인 한나라와 고대 서양 세계의 패자인 로마 제국이 서로의 존재를 의식하고 사절단을 주고받은 것은 2세기의 일이었다. 그 뒤 중국은 여러 나라로 나뉘는 분열의 시기를 겪기도 했지만 기본적으로는 통일의 열망을 항상 갖고 있었다. 그리고 이 나라가 세계의 중심이라는 중화사상도 굳게 간직하고 있었다. 반면 로마 제국은 곧 서양 세계의 중심이라는 지위를 잃어버리고, 서유럽 여러 나라들이 그 지위를 계승하게 되었다. 로마 제국이 멸망하고 난 다음 서양에서는 18세기까지도 나라의 규모에서나 경제력에서 볼 때, 중국에 필적할 만한 나라가 등장하지 않았다.

그러나 19세기에 들어서면서 사정은 완전히 달라졌다. 영국, 프랑스, 독일, 네덜란드 등

4 일본측의 그림에 묘사된 청일전쟁(1894~95년). 아편전쟁 이후 청나라는 몰락을 거듭했고, 유럽 제국주의 열강은 그 누구도 청나라를 두려워하지 않았다. 1857년에는 영국과 프랑스의 연합군이 2차 아편전쟁을 일으키면서 베이징의 관문인 톈진을 함락, 또 하나의 불평등 조약인 톈진 조약을 체결하고 이어 베이징 조약까지 체결하며 식민지 경영에 나서게 된다.

또한 안으로는 기층 민중들의 분노가 폭발하여 태평천국운동을 비롯한 여러 운동이 일어나 내외의 혼란에 빠진 청나라는 제 힘을 발휘하지 못하는 지경이 되었다. 약해질 대로 약해진 청나라는 이제 더이상 동아시아의 패권을 움켜쥘 수 없게 되었다. 제국화한 일본은 1894년 청일전쟁을 일으켜 청나라 군사를 한반도에서 완전히 몰아냈다.

서유럽 열강이 나라의 힘을 키우며, 전세계로 식민지 늘리기 경쟁을 벌였다. 그러는 사이 중국의 통일 왕조였던 청나라는 '지대물박'에만 안주한 채 정체되어 있었다. 그러다가 마침내 1840년 서유럽 열강의 선두 주자인 영국이 아편전쟁을 일으켜 청나라에게 참담한 패배를 안겨주었다. 이때 영국이 열어놓은 문을 비집고 들어가 중국 땅을 유린하기 시작한 열강 중에는 태어난 지 100년도 안 된 미국도 끼어 있었다. 중국과 미국의 첫 만남은 이처럼 수천 년의 중화 문명이 유럽 세력 앞에 바람 앞의 촛불처럼 꺼져갈 때 이루어졌다.

중국을 상징하는 동물은 용이고, 미국을 대표하는 동물은 독수리이다. 두 동물은 모두 하늘을 날고 있을 때 가장 위엄 있고 아름답다. 그러나 하늘로 오르지 못한 용은 물 속에서 이무기라는 추한 동물로 취급받고, 독수리는 허기져서 썩은 고기라도 훔쳐 먹어야 할 때 지상에 내려앉는다.

수천 년 동안 세계에서 가장 부강한 나라로 군림했던 중국이 순식간에 3류 국가로 전락한 것은 마치 용이 하늘에서 떨어져 내리는 모습을 연상케 한다. 반면 서양의 신생 국가 미국이 열강의 대열에 당당히 끼어 있는 모습은 마치 독수리가 대기를 헤치고 하늘 높이 솟아오르는 모습을 연상케 한다.

1844년 미국은 무력으로 청나라를 위협한 끝에 마카오에서 '왕샤 조약'을 맺고 영국 못

5 일본을 패망시킨 미국은 한반도의 공산화를 막기 위해 일본군의 무장 해제와 전후 처리라는 명목을 갖고 한반도에 진주했다. 그러나 북한·소련과의 갈등이 증폭되어 한국전쟁이 발발했고, 이에 미국은 맥아더를 사령관으로 유엔군을 조직하여 전쟁에 나섰다. 전투에서 승승장구하며 북진하던 유엔군은 중국의 군사 개입으로 다시 남하하고, 이후 지리한 전투가 이어지다 1953년 7월 27일 휴전을 맺게 됐다. 사진은 전쟁 당시 중국 보병을 향해 발포하고 있는 미군의 모습.

지않은 특권을 보장받았다. 이처럼 미국과 중국의 관계는 날아오르는 독수리 발톱에 추락하는 용이 갈기갈기 찢기는 볼썽사나운 광경으로부터 시작되었다.

20세기—적의 적은 나의 친구

미국은 중국에서 세력을 확보한 데 이어 1854년에는 페리 제독을 앞세워 일본을 개항시켰다. 그런데 영국과 미국의 총칼 앞에 종이호랑이로 전락한 늙은 대국 중국과는 달리 일본은 개항 뒤 발 빠른 근대화에 나서며 서유럽 열강을 위협할 아시아의 새끼 호랑이로 성장했다.

19세기 말 서유럽 열강이 일제히 제국주의로 나아갈 때 일본도 이들과 함께 조선, 중국, 동남아시아 등지에서 세력을 다투는 제국주의 국가로 성장해 있었다. 1910년 일본은 미국의 묵인 아래 조선을 식민지로 삼았다. 그리고 1931년에는 만주를 강제로 점령한 뒤 중국 전역을 집어삼키려는 야심만만한 계획을 세웠다. 그러한 계획은 중국에서 미국, 영국 등 구미 열강이 갖고 있는 이권을 위협하는 것이었다.

1937년 일본과 중국 사이에 전면전이 벌어지자 미국과 일본은 적으로 바뀌었다. 따라서 일본의 침략에 맞서 싸우는 중국과 미국 사이에는 일종의 연대가 생겨나게 되었다. 그 당시 중국에서는 쑨원이 이끄는 혁명 세력이 청나라를 무너뜨리고 근대적 공화국인 중

6 1946년 마오쩌둥의 중국 공산당은 국민당과 결별하여 내전을 개시, 1949년 10월 본토를 장악하고 중화인민공화국을 건설했다. 이로 인해 2차 세계대전의 공동 승전국이었던 중국과 미국의 관계는 급격히 냉각되었다. 사진은 당시 정치선전대의 모습.

화민국을 세웠다. 쑨원 이후에 새로운 중국을 이끈 세력은 장제스를 지도자로 하는 군벌
이었지만, 여기에 대해 마오쩌둥을 중심으로 하는 공산당이 만만치 않게 도전장을 내밀
고 있었다. 군벌과 공산당은 때로는 서로 싸우면서도 일본의 침략에 공동 대응하는 복잡
하고 어려운 길을 걸어야 했다.

이때 미국이 지원한 것은 당연히 반공 세력인 장제스였다. 1939년 독일의 폴란드 침공으
로 일어난 2차 세계대전에서 일본과 독일이 손을 잡자, 미국과 중국은 손을 맞잡고 이들
에 대항했다. 1945년 일본이 항복하고 2차 세계대전이 끝났을 때, 미국과 중국은 공동
승전국으로서 서로가 세운 공을 칭찬하며 축배를 들었다. 그리하여 한때 미국 등 열강에
게 이리 뜯기고 저리 뜯기던 중국은 다시금 세계사의 전면에 나설 수 있었다. 그뿐 아니
라 미국과 더불어 세계 5강의 대접을 받기도 했다.

그러나 미국과 중국의 이러한 밀월 관계도 잠깐. 믿었던 장제스 정권이 공산당에 밀려
타이완으로 들어가고 대륙에 공산당 정권이 들어서자, 양국 관계에는 지금까지 볼 수 없
었던 냉기류가 흘렀다. 1950년 한국전쟁이 터지자 두 나라는 각각 남북한을 지원하며 서
로 죽고 죽이는 치열한 전쟁을 벌이기까지 했다.

그 뒤로도 오랫동안 세계는 자본주의와 사회주의 진영으로 나뉘어 냉전을 벌였다. 이때
각각 서로 다른 진영에 속한 미국과 중국은 적일 수밖에 없었다. 그러나 그럴 때에도 두

7 1972년 닉슨과 마오쩌둥의 만남. 1970년대 들어
미국과 중국 두 나라는 '핑퐁 외교'를 발판으로 화해
의 분위기를 타 미국 대통령 닉슨이 베이징을 방문하
며 우호를 다졌다.

나라가 함께 견제해야 할 공동의 적수가 있었다. 소련이었다. 자본주의의 맹주인 미국은 사회주의 종주국인 소련과 건곤일척의 승부를 겨루었고, 중국은 사회주의 체제 내에서 소련과 이데올로기 경쟁을 벌였다. 중국과 미국은 버거운 적인 소련과 대결하면서 서로를 이용하고자 했다. 1970년대 들어 미국의 탁구 선수들이 중국을 방문해 친선 경기를 벌이면서 두 나라 사이에는 이른바 '핑퐁 외교'가 시작되었다. 그리고 미국 대통령 닉슨이 베이징을 방문하면서 양국은 역사적인 화해를 했다.

21세기 — 눈치 보며 으르렁거리는 두 거인

지금까지 살펴본 것처럼 미국과 중국은 20세기 전반기에는 일본, 후반기에는 소련이라는 공동의 적 때문에 서로를 필요로 했다. 그랬던 두 나라의 관계에 위기가 찾아온 것은 1991년 소련이 몰락하면서부터였다.

소련은 1980년대부터 시작된 금융 자본의 총공세에 맞서 안간힘을 썼지만, 마침내 체제 경쟁의 부담을 이기지 못하고 무너졌다. 그리고 세계는 미국이라는 유일 초강대국이 군림하고 매우 다양한 나라들이 이합집산하는 시대로 넘어갔다. 이 시대에 세계는 미국과 맞설 잠재력을 갖춘 세력으로 유럽공동체(EC)와 함께 중국을 주목하게 되었다.

특히 중국은 유럽공동체와 달리 정치적으로 사회주의 체제를 유지하고 있으므로 미국과

8 1979년 1월 지미 카터를 만난 덩샤오핑. 덩샤오핑은 이 미국 방문 이후, 중국을 발전시키는 데에는 자본주의 경제 체제건 공산주의 경제 체제건 관계없다는 흑묘백묘론(검은 고양이든 흰 고양이든 쥐만 잘 잡으면 된다는 뜻)을 내세운다.

는 여러 가지로 불편한 관계에 놓여 있었다. 중국이 1990년대에 사회주의권에 불어 닥친 위기를 잘 넘기고 개혁과 개방에 성공하자 머지않아 중국과 미국 사이에 다시 냉전이 시작될지 모른다는 관측도 나왔다.

그러나 중국은 1970년대 말부터 덩샤오핑이 제창한 실용주의 노선에 따라 자본주의 체제와의 직접 대결을 피하고, 적극적으로 자본주의 요소를 받아들이는 정책을 취했다. 이러한 정책 노선을 뒷받침하는 것이 "향후 100년간 사회주의와 자본주의가 공존한다"는 덩샤오핑의 생각이었다. 따라서 중국은 장쩌민 전 국가 주석의 전용기에서 미국의 도청 장치가 발견되었을 때나 미국의 첩보기가 중국에 떨어졌을 때에도 극단적인 대응을 삼가는 자세를 취했다.

싸움을 거는 쪽은 주로 미국이었다. 미국은 중국의 성장에 대해 신경을 곤두세우고 사사건건 견제하고 나섰다. 2000년 올림픽의 주최 도시로 유력했던 중국의 베이징이 막판에 시드니에 패배한 것은 미국의 방해 전략 때문이었다고 중국은 믿고 있다. 중국이 세계무역기구(WTO) 체제에 가입하기까지 미국과 중국은 치열한 신경전을 펼쳤다. 특히 미국이 내정 간섭이라는 말까지 들어가면서까지 펼친 중국의 인권에 대한 비판은 대단했다.

이러한 미국과 중국의 샅바 싸움은 단지 두 나라가 서로 다른 체제를 가졌기 때문에 벌어지는 것은 아니다. 오늘날 미국이 대표하는 서양 세계는 오랜 옛날부터 중국에 대해

9 9·11 이후 팍스아메리카나(미국 주도의 세계 평화 질서)를 주도하고 있는 도널드 럼스펠드, 조지 W. 부시, 딕 체니, 토미 프랭크스(왼쪽부터). 이들은 미국의 막강한 군사력과 경제력을 바탕으로 전세계에 걸쳐 정치적 영향력을 행사하고 있다. 미사일 방어(MD) 체제, 아프가니스탄과 이라크 침공 등이 그 활동의 대표적인 예이다.

막연한 두려움을 품어왔다. 그 두려움은 이른바 '황화' (黃禍)라는 것으로, 중국이 언젠가는 옛 세력을 되찾고 서양에 큰 위협이 될지도 모른다는 생각이다. 최근 백여 년간 서양 여러 나라가 중국을 침략하고 착취했기 때문에, 중국으로부터 복수를 당하지 않을까 두려워하는 것이다.

수천 년 동안 나뉘어 있던 동서양 문명이 점점 하나가 되어가는 오늘날, 미국과 중국의 맞수 관계는 어떤 모습으로 전개될까? 그것이 어떤 충돌을 불러일으킨다 하더라도 핵을 동원한 괴멸적 전쟁이 아니라 문명 대국다운 문화적 역량의 대결이 되기를 많은 사람들은 바라고 있을 것이다.

10 WTO에 가입하고 세계 자본주의 경제 체제에 한 발 들여놓은 중국은 고도의 경제 성장을 이룩하고 있다. 사진은 중국 경제의 중심지인 상하이.

무한 경쟁의 세계인가,

세계화 V

일본의 번역 문학가 이케다 가요코가 인터넷의 메일을 통해 전해지던 글을 다듬어 엮은 『세계가 만일 100명의 마을이라면』이라는 책에는 이런 말이 있다. "마을 사람들 중 1명은 대학 교육을 받았고, 2명은 컴퓨터를 가지고 있습니다. 그러나 14명은 글도 읽지 못합니다." 인류의 14%가 문맹이고, 1%만이 대학을 나왔다는 말이다. 이렇게 불평등하고 차이가 많은 인류 사회를 하나로 묶는, 얼핏 생각하면 불가능해 보이는 프로젝트가 진행 중이다. 그것도 브레이크 없는 자동차를 연상시킬 만큼 빠른 속도로. 이 프로젝트는 언젠가부터 '세계화'(Globalization)라 불리기 시작했다. 21세기 들어 가속화된 세계화의 원동력은 인류의 2%에게 보급된 컴퓨터를 서로 연결하는 정보통신혁명이었다. 그리고 이러한 세계화를 맨 앞에서 이끄는 사람들은 이

공동체적 세계인가

S 반세계화

마을의 모든 부(富) 가운데 59%를 차지한 소수의 부자들인데, 그들은 모두 미국 사람이라고 한다. 이처럼 21세기의 쟁점인 세계화는 미국의 주도 아래 첨단 정보 네트워크의 혜택을 받는 사람들 중심으로 전개되고 있다. 이러한 세계화 프로젝트에는 항상 그 발목을 잡으며 방해하는 반세계화 세력이 그림자처럼 따라다니고 있다. 세계화의 명분은 어쨌든 세계를 하나로 묶자는 것인데, 여기에 반대하는 이유는 무엇일까? 또 세계화가 세계 통합을 지향한다면 반세계화는 몇몇 국가끼리의 고립을 지향하는 것일까? 21세기라는 최첨단 시대를 맞아 세계 전체를 무대로 펼쳐져온 세계화와 반세계화의 맞수 관계를 추적해보자.

1 G8 회원국 정상들의 모습.　　　　　**2** 2001년 미국 워싱턴에서 벌어진 반세계화 시위.

3

세계화가 질주하기 시작하다

1498년 포르투갈의 바스코 다 가마가 인도 항로를 발견하면서, 서유럽의 여러 나라는 식민지 쟁탈전에 나섰다. 이미 이때부터 세계화의 씨앗은 뿌려졌다. 포르투갈, 에스파냐, 네덜란드, 영국 등이 앞 다투어 무역·항해 사업과 식민지 획득에 나섰다. 그리하여 세계는 서유럽을 중심으로 빠르게 통합되어갔다.

열강의 식민지 쟁탈전은 결국 자기들끼리의 전쟁으로 이어졌다. 그러더니 열강이 소유한 식민지까지 전쟁에 끌려들어가 인류가 일찍이 경험하지 못한 세계대전으로 비화되었다. 2차 세계대전이 끝나자 각국은 파괴된 세계 경제를 재건하기 위해 관세 및 무역에 관한 일반협정(GATT)* · 국제통화기금(IMF) 체제를 출범시켰다. 이 체제가 가장 중점을 둔 사업은 무역 자유화였다. 세계의 여러 나라는 다른 나라에 비해 경쟁력이 약하다고 생각하는 산업 분야를 보호하기 위해 무역 장벽을 설치하게 마련이다. 경쟁력이 강한 외국 제품이 들어올 때 높은 관세를 매기는 것이 가장 일반적인 무역 장벽이다. 그밖에도 다양한 장벽이 있다.

GATT 체제는 나라들끼리 우호적으로 협정을 맺어 이러한 무역 장벽을 없애려고 노력했다. 그러나 나라마다 유지하고 있는 관세 및 비관세 장벽**은 약해지지 않았다. 자본이 나라 사이를 원활하게 넘나들도록 하는 협정도 맺어졌지만, 이 협정을 지키는 나라들은

3 GATT와 함께 2차 세계대전 이후 세계 경제 질서를 주도해온 IMF는 국제수지 적자로 외환위기를 맞은 국가들에게 구제금융을 제공하고 있다. 그러나 이런 표면적 기능 외에도 대상국의 경제구조를 결정할 수 있는 권한을 가지고 세계 곳곳에 자유주의 경제질서를 이식하고 있다. 그림은 IMF의 휘장.

* GATT : 관세 및 각종 비관세 장벽 등 국가간 상품 거래에 장애가 되는 조치를 완화·철폐하여 국제 무역을 증진시키기 위해 1947년 제네바에서 출범한 기구로 1995년 세계무역기구(WTO)로 대체될 당시 120여 개국이 참여하고 있었다.

** 관세 장벽은 높은 관세를 수입품에 적용시켜 판매 가격을 인상함으로써 국제 수지를 개선하거나 같은 종류의 상품 또는 경합 상품을 생산하는 국내 산업을 보호하는 조치를 말하며, 비관세 장벽은 보조금 지원이나 인프라 제공 등 관세 이외의 방법으로 자국의 산업을 보호하는 조치를 말한다.

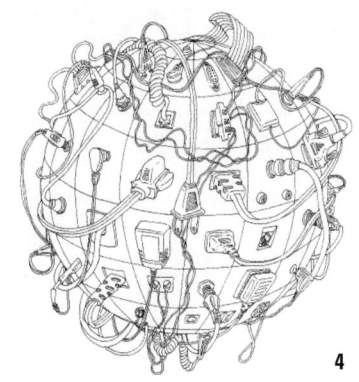

4

별로 없었다.

세계화에 커다란 전환점이 된 것은 1993년 12월 타결된 우루과이 라운드*와 1994년 4월 출범한 WTO 체제였다. WTO 체제에서 관세 장벽과 비관세 장벽은 무너지기 시작했다. 드디어 모든 나라의 시장이 거대한 하나의 시장으로 통합되기 시작한 것이다.

1990년대 들어 이처럼 세계화가 본격적으로 추진된 원동력은 무엇일까? 무엇보다도 컴퓨터와 정보통신 기술의 발달을 꼽을 수 있다. 정보통신 기술이 향상되면서 초고속 통신망이 세계 곳곳에 거미줄처럼 깔리기 시작했다. 나라와 나라 사이의 거리는 의미를 잃어갔다. 자연히 서로 다른 나라의 사람들끼리 교류하는 데 걸리는 시간도 놀랄 만큼 줄어들었다. 누구든 마음만 먹으면 세계 어느 시장에나 빠르게 접근할 수 있게 되었다. 무역은 인터넷 교역이나 전자상거래로 바뀌어가고 있다. 서비스 거래도, 자본의 국제 이동도 초고속 통신망에서 빛의 속도로 이루어지고 있다. 정보통신혁명은 세계 시장의 통합을 촉진하면서 달리는 세계화에 날개를 달아주고 있는 것이다.

질주하는 세계화에 제동을 건 반세계화

1999년 11월 30일. WTO 각료 회의가 미국의 시애틀에서 화려한 개막을 앞두고 있었다. 이날 전세계에서 모여든 6만여 명의 시위대가 새벽 5시부터 시애틀 도심에 거대한

4 네트워크로 연결된 세계. 인터넷과 통신 기술의 발달로 세계를 하나의 경제 질서로 묶겠다는 세계화의 시도는 더욱 속도를 높이고 있다. 아무런 지역적 특색도 없이 전선만 가득한 그림 속의 모습은 이미 현실일지도 모른다. 물론 궁핍으로 고통받고 있는 지구상의 많은 지역은 아직 이 네트워크에 연결되지 않았지만 말이다.

* 우루과이 라운드(UR) : GATT 체제 하에서 논의된 제8차 다자간 무역 협상으로 1980년대 들어 세계 경제가 침체되고 세계 교역 질서가 보호주의에 휩싸여 GATT 체제를 위험한 데 대한 대응으로 출범했다. 가장 큰 쟁점은 농산물에 대한 보조금 및 수입 관세 등의 철폐, 농산물 수입 자유화 여부였다.

인간 사슬을 만들고, 'WTO 해체'를 외치기 시작했다. 그것은 베트남 반전 시위 이후 가장 큰 시위였다. 주 방위군까지 투입되어 고무탄을 쏘며 시위를 진압해야 할 정도였다.

'시애틀 대전'이라고까지 불린 이 시위를 시작으로 세계화에 앞장선 세력과 반세계화 시위대의 전쟁은 불이 붙었다. 반세계화 시위대는 세계화와 관련된 행사가 있는 곳이면 어디든 따라다니면서 방해했다. 2000년 4월 미국 워싱턴에서 열린 국제부흥개발은행(IBRD)* 및 IMF 춘계 회의는 1만 5,000명의 인간 사슬에 포위되었다. 그 해 9월 체코 프라하에서 열린 IBRD 및 IMF 연차 회의도 격렬한 시위를 피할 수 없었다. "프라하의 봄 이후 최악의 사태"라는 말까지 나왔다.

2001년 4월 캐나다 퀘벡에서 열린 미주 정상 회담, 6월 스웨덴 예테보리에서 열린 유럽 연합 정상 회담도 시위대의 집중 포화를 맞았다. 그해 7월 이탈리아 제네바에서 열린 G8(미국·일본·영국·프랑스·독일·이탈리아·캐나다 등 서방 선진 7개국[G7]과 러시아) 정상 회담에서는 시위대원 한 명이 경찰에 의해 살해되기까지 했다.

이처럼 격렬한 반세계화운동의 역풍을 맞은 세계화 추진 세력은 고뇌하며 중얼거렸다.

"도대체 어디서 회의를 해야 한단 말인가?"

2001년 6월 IBRD는 에스파냐의 바르셀로나에서 열 예정이던 국제 개발 회의를 취소하고, 인터넷을 이용한 온라인 회의로 대체하겠다고 발표하기에 이르렀다.

5 반세계화 시위대는 세계화 확산을 위한 회의가 열리는 곳이라면 어디에서든 격렬한 시위를 벌였고, 이에 해당국의 경찰 역시 강력하게 대응했다. 사진은 1999년 11월 시애틀 시위 모습으로 경찰이 시위대에 고무탄을 쏘려 하고 있다.

* IBRD : 2차 세계대전 뒤 각국의 전쟁 피해 복구와 개발을 위해 1946년에 설립된 국제연합 전문 기관이다.

한편, 2001년 1월 스위스에서 열린 다보스 포럼(매년 스위스 다보스에서 개최되는 세계경제포럼 연차 총회)에서는 또 다른 적극적인 형태의 반세계화운동이 등장했다. 다보스 포럼이 진행되는 동안 반세계화 진영은 브라질에서 다보스 포럼에 대응하는 시민 사회 포럼을 갖고 연대를 다졌다. 세계화를 추진하는 회의 장소에 모여들어 이를 방해하는 데 그치지 않고, 그곳에서 멀리 떨어진 장소에서 반세계화의 전략을 논의하게 된 것이다.

그렇다면 반세계화 세력은 왜 세계화를 반대할까?

반세계화운동에 참여하는 집단은 매우 많고 성격도 다양하다. 따라서 세계화를 반대하는 이유와 목적도 서로 다르다.

우선 세계화가 추진하는 세계 질서를 전면 부정하고 완전히 다른 대안을 모색하는 사회운동 단체와 무장 조직이 있다. 멕시코의 농민들로 이루어진 사파티스타 반군이 대표적인 조직이다.

아시아에서 가장 큰 반세계화 단체인 '포커스 온 글로벌 사우스', 환경 단체인 '지구의 친구들', 프랑스 월간지 『르 몽드 디플로마티크』, 미국 소비자운동의 대부 랠프 네이더 등도 세계화 자체를 전면 거부한다.

그런가 하면 자유무역의 긍정적 측면을 인정하면서도 인간의 얼굴을 한 세계화를 추진해야 한다는 입장도 있다. 반세계화운동의 대명사처럼 불리는 '아탁'(ATTAC, 시민 지원

6 북미자유무역협정(NAFTA)이 체결되었던 1994년 1월 1일. 멕시코 남부 치아파스 주에서는 사파티스타 민족해방군이라는 원주민 농민단체가 봉기했다. 멕시코 사회의 구조적 모순을 해소하고 신자유주의적 폭력에 맞서기 위해 봉기한 이 단체는 1997년 신자유주의에 맞서기 위한 대륙간 회합을 개최하는 등 활발한 활동을 벌여, 현재 가장 유명한 반세계화 단체 중 하나로 자리잡았다. 사진 속 검은 마스크를 쓴 인물은 사파티스타 민족해방군의 지도자 마르코스.

을 위한 금융 거래 과세 추진 협회)을 비롯하여 '주빌리 2000', '코퍼릿 워치' 등 대다수의 반세계화 비정부기구(NGO)가 그런 입장을 가지고 있다.

이 같은 반세계화운동은 초국적 자본과 강대국이 추진하는 세계화와 다른 방향에서 지구촌 인류의 화합을 꿈꾼다. 세계화는 각국의 무역 장벽을 제거하고 무한 경쟁의 시대를 열자고 하는 움직임이다. 반면 반세계화 세력은 가난한 나라와 잘사는 나라, 가난한 사람과 잘사는 사람이 함께 살아갈 수 있는 진정한 세계 공동체를 꿈꾸고 있다. 세계가 100명으로 이루어진 마을이라면, 그 100명이 서로에게 진정한 우애를 느끼고 함께 사는 마을을 만들자는 것이다.

그러나 반세계화운동은 앞에서 말한 것처럼 이질적인 집단들로 이루어져 있다. 이러한 다양성이 바로 세계화라는 획일화에 대항하는 힘이라는 주장도 있다. 그러나 세계화라는 거대한 시대적 흐름에 대항하는 운동이라면 단결할 필요가 있다. 실제로 많은 반세계화 단체가 이 점을 알고 서로 연대하는 움직임을 보이기도 했다.

9·11 테러와 세계화

대표적 반세계화 단체인 아탁의 국제 업무 간사 크리스토프 방튀라는 이런 말을 했다. "반세계화운동은 언론에서 사용하는 용어이지만, 우리는 그 용어에 불만입니다. 우리는

7 "이익보다는 사람을." 신자유주의적 세계화는 인류의 모든 가치를 경제적 이익이라는 관점에서 바라보도록 만들었다. 세계적으로 확산되고 있는 이런 획일적인 가치관에 맞서기 위해 다양한 성향의 반세계화 단체들은 각각의 목소리를 내면서도 연대를 모색하고 있다. 사진은 2001년 반세계화 시위.

'세계화'에 반대하는 것이 아니라, '자유주의 형태의 세계화'에 반대하는 것입니다. 우리는 (민족이나 국가끼리 따로 살자는 것이 아니라 세계화 세력이 만들려고 하는 것과는 다른) '또 다른 세계'를 만들어야 한다고 주장한 것입니다."

'시애틀 대전' 이후 벌어진 반세계화운동은 이런 문제 의식 아래 불균등 발전, 빈부격차, 환경·노동 문제 등 세계화가 가진 문제점을 폭로했다. 이것이 계기가 되어 지식인들은 세계화의 윤리적 문제를 고민하게 되었고, 반세계화운동은 기존 사회 체제에 실망한 민중을 자기편으로 끌어들일 수 있었다.

반세계화 단체들은 정치 세력으로 변신하는 문제도 고민해왔다. 유럽에서는 선거에 후보를 내자는 목소리도 나왔고, 최소한 선거를 둘러싼 논쟁에 참여하자는 목소리도 점점 높아졌다. 동유럽 사회주의가 몰락한 뒤 힘을 잃어가던 공산당 등 좌익 정당들은 반세계화의 기치를 높이 들면서 부활하려는 몸짓을 보이기도 했다.

그런데 이러한 반세계화운동의 성장에 찬물을 끼얹은 결정적인 사건이 일어났다. 세계화의 중심인 미국 심장부에 타격을 입힌 2001년의 9·11 테러였다. 이 사태는 반세계화 진영에 심각한 상처를 입혔다. 그날 이후 세계화를 추진하는 진영, 특히 미국에서는 반세계화 단체에 '반미'라는 낙인을 찍으려는 움직임이 일어났다. 거센 역풍 속에 반세계화운동은 점점 설 자리를 잃어갔다.

8 9·11 테러는 반세계화 진영의 입지를 축소시켰지만, 이 사건을 빌미로 테러와의 전쟁에 나선 미국 역시 테러와 전쟁의 악순환이라는 수렁 속으로 빠져들게 되었다.

세계화 진영은 테러와의 전쟁을 기회로 삼아 반세계화운동에 대해 매카시즘*적 공세를 취했다. 시애틀 회의에서 시위대의 저항과 각국 이해관계의 충돌로 인해 타결되지 못했던 뉴 라운드** 협상도 그해 11월 카타르 도하에서 공식 출범했다.

이 같은 세계화 진영의 움직임에 분노한 아탁 의장 베르나르 카상은 '테러는 반미, 반미는 반세계화, 따라서 반세계화는 테러'라는 삼단논법을 깨뜨려야 한다고 외쳤다. 그리하여 미국을 중심으로 추진되는 '테러와의 전쟁'을 반대하는 것이 반세계화 진영의 주요한 전략이 되었다.

미국이 9·11 테러를 빌미로 삼아 아프가니스탄과 이라크를 침공하기 전까지 반세계화 진영은 주로 WTO를 반대하고 제3세계의 가난한 나라들이 진 빚을 탕감하자고 주장했다. 그런데 이제 '반전'이라는 항목이 그들의 주요 의제에 추가되었다. 오늘날 전세계에서 벌어지는 반전 시위에는 대다수 반세계화 단체들이 가담하고 있다.

2002년 브라질의 포르투 알레그레에서 채택된 반세계화 진영의 선언문은 오늘날 세계화 대 반세계화의 대립 구도를 이렇게 정리했다.

"테러와의 전쟁이라는 이름 아래 전세계에서 시민적·정치적 자유가 공격받고 있다. 아프가니스탄에 대한 보복전쟁이 다른 지역으로 확대되면서 미국과 그 동맹국들은 세계를 대상으로 한 영구전쟁을 통해 자신들의 지배를 강화하려 하고 있다. …… 신자유주의적

9 이익을 위해 세계 곳곳에서 지구를 파괴하고 있는 세계화 세력을 풍자한 그림. 지구라는 '저금통'이 깨지는 날 몇 푼의 이익이 아니라 파멸이 닥칠 것이라는 점을 풍자화의 형식을 빌려 강조하고 있다.

* 매카시즘(McCarthyism) : 1950년 미국의 상원의원인 매카시가 미 국무부에 공산주의자가 있다고 주장하면서 시작된 미국 내의 극단적인 반공주의 열풍이다. 이후 반대 세력을 공산주의자로 몰아 억압하는 행위를 지칭할 때 사용되었다.

** 뉴 라운드(New Round) : WTO 4차 다자간 무역 협상으로 공식 명칭은 도하개발아젠다(DDA)이다. 우루과이라운드 이후 변화된 세계 무역 질서의 새로운 문제들을 해결하기 위한 협상으로 농수산물·서비스·환경 등을 주요 의제로 다룬다.

경제 모델은 노동자의 권리와 생존권을 파괴하고, 해고·임금 삭감·살인적 노동을 강요하고 있다. 경제 위기에 직면한 각국 정부가 민영화와 사회 복지 예산 축소, 노동권 약화에 나서면서도 늘 불경기에 시달리고 있다는 사실은 신자유주의가 내놓은 성장과 번영의 약속이 거짓임을 드러낸 것이다."

현재로서는 세계화 세력이 도덕성 여부와는 관계없이 매우 현실적인 흐름을 타고 있는 반면, 반세계화운동은 도덕적 우위를 점하고는 있으되 현실에서는 약세를 면치 못하고 있는 것처럼 보인다. 만약 이러한 흐름이 대세로 굳어진다면 우리는 위에서 본 포르투알레그레의 선언문이 거짓이기를 바랄 수밖에 없다. 그러나 그 선언문이 진실을 담고 있다면, 지구촌의 대다수 주민은 역사적 위기의 순간에 항상 그랬듯이 스스로의 삶을 위하여 비상한 용기를 내고 역사의 전면에 나서게 될 것이다.

10 2005년 홍콩에서 열린 반세계화 시위에서 한국 농민회가 내건 플래카드. 피카소의 「한국에서의 학살」을 패러디하고 있는 이 플래카드에는 2003년 멕시코 칸쿤에서 반세계화 시위 도중 자결한 농민 이경해의 마지막 말인 "WTO가 농민을 죽인다"(WTO Kills Farmers)라는 구절이 적혀 있다.

라이벌 세계사
찾아보기